Patricia MacDonald

Familienkiller

Roman

Aus dem Amerikanischen
von Ingeborg Ebel

Knaur

Die amerikanische Originalausgabe erschien 1994 unter dem Titel
»Mothers Day« bei Warner Books, Inc., New York.

Besuchen Sie uns im Internet:
www.knaur.de

Vollständige Taschenbuchausgabe 2003
Droemersche Verlagsanstalt Th. Knaur Nachf., München
Dieser Titel ist bereits unter den Bandnummern 60634
und 61067 erschienen.
Copyright © 1994 by Patricia Bourgeau
Copyright © 2003 der deutschsprachigen Ausgabe bei
Droemersche Verlagsanstalt Th. Knaur Nachf., München
Alle Rechte vorbehalten. Das Werk darf – auch teilweise –
nur mit Genehmigung des Verlags wiedergegeben werden.
Umschlaggestaltung: ZERO Werbeagentur, München
Umschlagabbildung: Photonica, Hamburg / John Sleeman
Druck und Bindung: Clausen & Bosse, Leck
Printed in Germany
ISBN 3-426-62275-0

5 4 3 2 1

Für Sara Clair,
mein Spodee-Mädchen,
von ganzem Herzen.

Mein besonderer Dank gilt Dr. med. Charles Horan für seine detaillierten Informationen, die ich hoffentlich exakt zusammengefaßt wiedergegeben habe; Jane Berkey und Don Cleary für ihre unermüdliche Unterstützung; Stephanie Laidman für ihre umfassenden Bemühungen; Maureen Egen für ihr Verständnis und ihren Enthusiasmus; Shellie Collins und vor allem Mary B. Hackler für die Zeit und Seelenruhe, mein Manuskript zu schreiben, und meinem Mann, Art Bourgeau, meinem Kritiker, dem ich vertraue, meinem unerschütterlichen Felsen.

Prolog

Oktober

Crystal Showack benutzte den mechanischen Dosenöffner, damit das Schrillen des elektrischen Öffners ihre Großeltern nicht weckte. Der Geruch nach Katzenfutter aus Fisch hing in der winzigen Küche des Bungalows. Crystal zog ihre Jacke an, steckte für später eine Handvoll Kekse in ihre Tasche, packte ihre Schulbücher in ihren Ranzen und warf einen Blick auf die Keramikuhr über dem Ofen, die wie ein Apfelkuchen aussah. Noch vierzig Minuten bis zur Abfahrt des Busses. In einer Hand hielt sie die Dose mit Katzenfutter und eine Plastikgabel, mit der anderen öffnete sie die Hintertür und schlüpfte nach draußen.

Der Himmel wurde gerade hell, und ein früher Frost hatte während der Nacht eingesetzt und Bäume und verkümmerte Büsche mit Silberstaub überzogen. Crystal schaute zum Bungalow zurück, als sie die Straße hinunterlief. Das Haus war ein Strand-Cottage in typischem Neuengland-Stil, mit dunklen Zedernschindeln und weißen Zierleisten, deren Farbe in der ständigen salzigen Luft abblätterte. Ihr Großvater pflegte diese Zierleisten immer frisch zu streichen, doch seit kurzem schien er keine Energie mehr zu haben, sich draußen auf die Leiter zu stellen, obwohl er ständig davon redete, daß er die Leisten anmalen müsse.

Crystal war im Sommer schon immer gern hierhergekommen, vor allem seit ihre Großeltern ständig in ihrem Sommerhaus in der am Meer gelegenen Stadt Bayland in Massachusetts lebten. Sie und ihre Mutter Faith hatten in einem schäbigen Einzimmerapartment in New York City gelebt, und ein Besuch in Bayland bedeutete ein Stückchen vom Paradies in einem sonst tristen Leben. Crystal liebte ihr schmales Wandbett mit der alten Steppdecke und das Geräusch der Brandung, die nur ein paar Straßen weiter, hinter den Dünen, an die Küste rollte. Doch dann, im letzten Sommer, ein paar Wochen vor Crystals neuntem Geburtstag, war Faith, ihre Mutter, gestorben, und Crystal war für immer zu ihren Großeltern gezogen. Die Leute hatten versucht ihr zu erzählen, daß Faith an einer Lungenentzündung gestorben wäre, doch Crystal kannte sich mit Drogen aus und wußte, was eine Überdosis ist. Sie tat so, als glaubte sie den Leuten; es hatte keinen Zweck, dieses Thema zu diskutieren.

Zu dieser frühen Stunde lag die Strandstraße verlassen da. Crystal überquerte die sandige Teermakadamstraße und erreichte den Eingang zu dem Naturschutzgebiet, der die Straße von den Dünen trennte. Im Naturschutzgebiet gab es drei Pfade, die durch verschiedenfarbige Pfeile markiert waren. Jeder Pfad bestand aus Zedernholzbohlen mit einem Geländer auf jeder Seite. Einer führte zum Strand. Die beiden anderen schlängelten sich durch das Naturschutzgebiet und wurden an verschiedenen Stellen breiter. Dort hatte man Bänke und Schautafeln aufgestellt, um Besucher auf die spezifische Fauna und Flora hinzuweisen. Crystal wußte, wo sich die Katzen aufhielten. Sie folgte den Pfeilen des blauen Pfades.

»Verdammte Sommertouristen«, hatte ihr Großvater geschimpft, als sie ihm von den Katzen erzählte, die sie vor ein paar Wochen in dem Vogelschutzgebiet entdeckt hatte. Sie hatte gehofft, er möge vorschlagen, die Katzen einzufangen und mit heimzunehmen. Aber dann wußte sie gleich, daß er sich nicht für diesen Gedanken erwärmen würde. »Diese

Leute wollen im Sommer ein Tier zum Schmusen haben, und dann reisen sie wieder ab und lassen die Tiere hier. Und wir haben sie am Hals«, sagte er finster. Die Art und Weise, wie er das sagte, verursachte Crystal Magenschmerzen. Eigentlich wollte sie ihm sagen, daß auch er früher ein Sommergast gewesen sei, aber sie spürte, daß er nicht zum Scherzen aufgelegt war. Kürzlich hatte sie ihn eines Abends zu ihrer Großmutter sagen hören: »Eigentlich hatte ich nicht geplant, im Herbst meines Lebens noch ein Kind großzuziehen.« Und sie hatte ihre Großmutter murmeln hören, er solle leiser sprechen.

»Hier, Kätzchen, Kätzchen«, lockte sie. Crystals Turnschuhe quietschten auf den Holzbohlen. Zu beiden Seiten des Pfads wuchs braunes Röhricht mannshoch empor und raschelte ständig im Wind. Nackte, gebeugte, verkrüppelte Bäume mit ineinander verschlungenen Ästen bildeten brüchige Hindernisse um sie herum. Diese Landschaft erinnerte sie immer an das Märchen von Dornröschen. »Kommt her, kommt her, wo auch immer ihr seid«, rief sie, ein leises Zittern in der Stimme.

Drei Katzen schienen an einer bestimmten Stelle am blauen Pfad zusammenzuleben. Als Crystal sie zum ersten Mal sah, war sie überrascht. Die Katzen hatten sie von ihrem Zufluchtsort im Moor aus angestarrt und waren dann pfeilschnell davongesprungen. Am nächsten Tag war sie mit Futter zurückgekommen, hatte sich über das Geländer gebeugt und es auf einem trockenen Grasbüschel ausgeleert. Die Katzen hatten sie mit ihren Blicken aus der Geborgenheit der wirren Vegetation heraus verfolgt, in sicherer Entfernung vom Weg. Crystal nahm es ihnen nicht übel, so wachsam und vorsichtig zu sein. Wer so brutal allein gelassen wurde, hütete sich vor Menschen. Aber vor kurzem war eine der Katzen kühn geworden. Die kleinste, eine bunt gescheckte. Sobald sie das Futter ausschüttete, kam die Buntgescheckte und aß sich schnell satt, wobei sie Crystal nicht aus den Augen ließ, während die beiden anderen Katzen furchtsam warteten. Nach ihrer letzten Fütterung hatte Crystal einen Entschluß gefaßt. Sie konnte die kleine Katze nicht alles auffressen lassen, während die anderen hungrig blieben. Und sie verabscheute den Gedanken, daß die Katzen im Naturschutzgebiet Vögel töteten, um zu überleben. Sie wußte, daß es aus Gründen des Naturschutzes und weil es sich um sumpfiges Gelände handelte, nicht erlaubt war, den Weg zu verlassen. Aber das hier war ein Notfall. Der Winter nahte. Die Katzen würden ohne ihre Hilfe verhungern. Crystal kannte die Stellen, wo sie auf der Lauer lagen. Und sie glaubte, daß sie sich sicher durch den Sumpf bewegen könnte. Das würde schon in Ordnung gehen. Solange sie nicht von einem der Wächter des Naturschutzparks erwischt wurde. Deshalb kam sie auch so früh. Das ganze Gelände gehörte ihr.

Crystal legte ihren Schulranzen auf den Weg und spähte durch die Binsen. Nur wenig später hatten sich die Katzen an einer Stelle versammelt und schauten sie an. Wie gewöhnlich kam die kleine Katze auf sie zugekrochen.

»Oh, nicht schon wieder«, sagte Crystal. »Nicht heute.«

Nach einem schnellen Blick in die Runde, um sich zu vergewissern, daß niemand in der Nähe war, kletterte sie über das Geländer und ließ sich mit einem Plumps auf den Boden darunter fallen. Das Geräusch erschreckte die Katzen derart, daß sie auseinanderstoben, als wäre ein Schuß in ihrer Mitte abgefeuert worden. »Habt keine Angst«, murmelte sie. »Ich bin eure Freundin.«

Natürlich kam die Buntgescheckte zuerst zurück. Damit hatte Crystal auch gerechnet. Sie schaufelte mit der Plastikgabel Häufchen Futter auf eine unbewachsene Stelle in der

Nähe des Pfads. Dann ging sie vorsichtig weiter, wobei sie die morastigen Stellen vermied und das knisternde Röhricht beiseite schob. Sie schaute zurück – die kleine Katze war bereits zum Futter gekrochen und beschnupperte es. Crystal lächelte. Gut, dachte sie. Das wird sie beschäftigen. Sie kam zu der Stelle, wo die Katzen sich immer aufhielten, und wunderte sich, daß diese Tiere sich im Moor so behende fortbewegen konnten, ohne in dem sumpfigen Morast zu versinken. Katzen waren schlau und vorsichtig.

Crystal kauerte sich hin und kratzte das übrige Futter aus der Dose. Sie konnte die beiden Katzen nicht sehen, spürte aber, daß sie in der Nähe waren. Nahe genug, daß sie ihren Hunger stillen konnten, wenn Crystal zum Pfad zurückkehrte.

Schaut her! dachte sie, richtete sich wieder auf und war auf ihre Idee ganz stolz. Wenn es funktionierte, mußte sie wohl für eine ganze Weile so vorgehen. Bis die Katzen ihr vertrauten. Bis sie gelernt hatten, daß Crystal nur kam, um ihnen zu helfen.

Etwa anderthalb Meter von ihr entfernt tauchte die schwarze Katze im Gestrüpp auf und starrte sie argwöhnisch an. Die leere Dose und die Plastikgabel noch in den Händen, wich Crystal zurück, weil sie hoffte, daß die Katze näher kommen würde. Da sie ihre ganze Aufmerksamkeit auf das Tier richtete, paßte sie nicht auf, wohin sie ihre Füße setzte. Sie merkte nicht, daß der Boden sumpfig war, bis ihr Fuß im Morast versank und braunes Wasser in ihren Schuh quoll.

»Oh, nein!« rief sie und dämpfte sofort ihre Stimme. Sie sprang zurück und starrte kläglich auf ihre Schuhe. Ihre Strümpfe waren naß. Crystal seufzte.

Das Naturschutzgebiet war jetzt zum Leben erwacht. Vögel zwitscherten, und der Himmel hatte eine gelbgraue Farbe angenommen. Crystal starrte in das moorige Brackwasser und überlegte, was sie tun sollte. Falls sie nach Hause ging, um Strümpfe und Schuhe zu wechseln, würde sie den Bus versäumen. Aber wenn sie den ganzen Tag mit nassen Strümpfen rumlief, würde sie sich sicher erkälten und zu Hause bleiben müssen, und wer würde dann die Katzen füttern?

Sie war so sehr damit beschäftigt, dieses Problem zu lösen, daß sie eine Weile brauchte, bis sie merkte, daß die dunkle Gestalt unter glitschigen Binsen kein mit Seegras bedeckter Fels war. Die wellenförmigen Ranken auf der bleichen Oberfläche waren Haare. Der schwärzlichbraune Felsen hatte Augenhöhlen. Der lange Stock war kein Ast, sondern ein Knochen. Crystal fuchtelte mit den Armen und sprang zurück; ihr Herz raste. Sie war zu entsetzt, um zu schreien. Einen winzigen Moment dachte sie, daß dieses Ding sich aus dem Wasser recken und nach ihr greifen würde. Doch das Skelett blieb, wo es war, in dem Tümpel gefangen, inmitten abgestorbener Äste und toter Gräser. Crystal fing an zu weinen. »Mami«, wimmerte sie den im Wind raschelnden Binsen zu. »Mami.« Dann zitterte sie unkontrolliert in ihren nassen Strümpfen.

Dale Matthews, der Chief des Bayland Police Departments, fuhr zügig rechts ab und auf den nicht asphaltierten Parkplatz in der Nähe des Naturschutzgebiets. Dort parkte er seinen blauen Lincoln zwischen zwei schwarzweißen Streifenwagen, deren Funkgeräte plärrten. Er hatte hier schon fast den ganzen Morgen verbracht, doch wegfahren müssen, weil er eine Rede während des Mittagessens im örtlichen Rotary Club zu halten hatte. Während seiner Abwesenheit war die Suche im Naturschutzgebiet unter der Leitung seines dienstältesten Detectives, Walter Ference, fortgesetzt worden. Der Chief hatte nach dem Essen über Funk erfahren, daß trotz der intensiven Suche, bei der die Polizei von mehreren Einheiten aus Nachbarstädten unterstützt worden war, keine anderen Leichen mehr gefunden worden waren – außer des Skeletts, das das Schulmädchen beim Füttern der Katzen entdeckt hatte.

Als Chief Matthews aus seinem Wagen stieg, trat eine Frau mit krausem Haar auf ihn zu, die einen Button mit der Aufschrift »Recycling, was sonst?« trug und die die Anführerin einer Gruppe von vier Frauen war, die die gleichen Buttons angesteckt hatten. Dale winkte ihr beschwichtigend zu. Die Frau ignorierte den Gruß.

»Wie lange noch«, fragte sie mit schriller Stimme, »soll das hier so weitergehen? Dies ist ein empfindliches Ökosystem. Männer stapfen in Stiefeln im Moor rum und zerstören alles. In dieser Region nisten ein paar sehr seltene Vögel. Sie müssen dem Einhalt gebieten.«

Dales glattes, faltenloses Gesicht drückte Geduld aus. »Sobald wir mit unserer Arbeit hier fertig sind, verschwinden wir, Madam«, sagte er höflich.

»Ihre Leute verwüsten dieses Heiligtum!« schrie sie, und die kleine Schar ihrer indignierten Anhängerinnen nickte beifällig. »Wir bestehen darauf, daß Sie diese plündernden Horden sofort zurückrufen.«

»Madam«, sagte Dale beschwichtigend, »diese ›Plünderer‹ sind nur Polizisten, die ihre Arbeit tun. Wir suchen nach Leichen. In diesem Fall wiegt das Interesse der Menschen schwerer als das der Vögel.«

»Gerade daran krankt ja die Welt«, schnaubte die Frau. »Kämen die Vögel an erster Stelle, ginge es uns viel besser.«

Dale lächelte freundlich. »Vielleicht haben Sie recht«, sagte er, »würden Sie mich jetzt entschuldigen?« Er war erleichtert, denn er sah seinen leitenden Beamten, Lieutenant Ference, und George Jansen, einen praktischen Arzt aus der

Stadt im Ruhestand, der als Leichenbeschauer fungierte, aus dem Naturschutzgebiet auf sich zukommen. Chief Matthews ging den beiden entgegen und winkte grüßend. Er ging vorsichtig und versuchte, nicht zuviel Sand aufzuwirbeln, damit seine schön polierten schwarzen Schuhe nicht ihren Glanz verloren.

Dale wußte sehr gut, daß eine Menge Leute in Bayland ihn für zu jung für das Amt des Polizeichefs hielten und daß ein erfahrener, aus der Stadt stammender Polizist diese Position hätte bekommen sollen und nicht ein Außenseiter. Aber, überlegte er, außer meiner Ausbildung und meinen Empfehlungsschreiben habe ich noch eine Menge, was den anderen fehlt: Takt, Diplomatie und Redegewandtheit. Was ich bei diesem Lunch bewiesen habe. Oder wie ich gerade diese Ökofreaks abgefertigt habe. Man muß sich eben in jedem Gesellschaftskreis souverän bewegen können.

Walter Ference und Doc Jansen hatten wegen der Kälte dieses Oktobertages ihre Köpfe zwischen die Schultern gezogen, als sie auf ihn zukamen. Walter trug eine dicke Wolljacke, doch er sah blaß und anämisch aus, wie ein Mann, der die Kälte wirklich spürte, ganz gleich, was er anhatte. Sogar seine Stahlbrille sah aus, als wäre sie mit Rauhreif beschlagen. Die einzige Stelle in seinem Gesicht, die nicht krankhaft grau aussah, war eine keilförmige Narbe über seiner linken Braue, die eine hellrote Farbe hatte. Der Arzt hingegen hatte außer seinen fünfzig Pfund Übergewicht das rosige Aussehen eines Mannes, der die Kälte mit reichlich Essen und Trinken bekämpfte.

»Nichts Neues?« fragte der Chief, als sie einander gegenüberstanden.

Walter schüttelte den Kopf. »Sieht aus, als bliebe es bei der einen.«

»Wie viele Männer sind noch da drin?« fragte er.

Walter warf einen Blick in die Richtung, aus der die beiden gekommen waren.

»Ungefähr ein Dutzend, würde ich sagen.«

Dale zupfte an seinen Handschuhen und steckte die Hände in die Taschen seines grauen Flanellmantels. »Wir suchen noch bis Sonnenuntergang«, sagte er. »Wurden die Überreste schon fortgebracht?«

Walter und der Arzt nickten.

Dale sah Doc Jansen an. »Ich nehme an, es war Mord?«

Dr. Jansen zuckte mit den Schultern. »Mal sehen, was bei der Autopsie herauskommt. Falls wir eine Kugel finden, ja. Aber wie es aussieht, können wir uns glücklich schätzen, wenn wir ihre Identität überhaupt feststellen. Es ist so gut wie nichts von ihr übrig.«

Der Chief schüttelte den Kopf und konnte sich des Gedankens nicht erwehren, daß ein vielleicht unlösbarer Fall so kurz nach seinem Amtsbeginn ihm durchaus ungelegen kam. »Also, alles, was wir wissen, haben Sie mir bereits heute morgen gesagt?«

Der Arzt nickte. »Weiß, weiblich, ein Teenager. Das ist alles. Was von der Kleidung übrig ist, muß von einem Experten untersucht werden. Natürlich haben wir dann noch das Zahnschema.«

»Haben Sie eine Vorstellung, wie lange sie darin gelegen haben könnte?« fragte der Chief.

»Das wird die Untersuchung ergeben. Aber ich würde sagen, mindestens ein paar Jahre.«

Der Chief verzog das Gesicht.

»Was soll das da drüben?« fragte Walter und deutete auf die Umweltschützerinnen, die Dale den Weg verstellt hatten. Jetzt redeten sie angeregt mit einer Reporterin und einer Fotografin von der Lokalzeitung, die sich schon den größten Teil des Tages hier herumtrieben.

Der Chief seufzte. »Das sind Vogelliebhaberinnen. Sie wollen, daß wir die Suche abbrechen, weil wir die Vogelpopulationen in ihrem Reservat stören.«

»Gütiger Himmel!« sagte Dr. Jansen wütend. »Was ist nur mit diesen Leuten los? Wie führen die sich denn auf? Hier sind Eltern vermißter Kinder, die sich fragen, ob ihre Tochter die Tote im Moor sein könnte. Verschwenden diese Leute denn keinen Gedanken daran, was diese Eltern durchmachen? Das Leid, wenn man ein Kind verliert? Und diese Weiber plustern sich nur auf.«

Chief Matthews nickte verlegen und warf Walter einen verstohlenen Blick zu. Doch der stand gleichmütig da, sein Gesichtsausdruck verriet nichts. Walters zwei Kinder waren vor Jahren bei einem Autounfall ums Leben gekommen. Walters Frau hatte am Steuer gesessen und die Kontrolle über den Wagen auf einem regennassen Straßendamm verloren. Er war in die Bucht gestürzt. Beide Kinder waren umgekommen, doch sie hatte überlebt. Walter sprach nie darüber, aber es war eine der ersten Geschichten gewesen, die Dale gehört hatte, als er nach Bayland gekommen war. Nie hatte er Walter deswegen angesprochen, weil man einfach nicht über solche Dinge redete. Aber Dale dachte oft daran, wenn er Walter sah, der so ruhig und effizient seinen Job machte.

In gewisser Weise, mußte Dale sich eingestehen, hatte dieser Unfall vor langer Zeit dazu beigetragen, daß er und nicht Walter der Chief war. Walter war älter und stammte aus einer angesehenen hiesigen Familie. Er war ein guter Beamter, war sehr geachtet, genau der Mann, dem man einen solchen Posten anvertrauen würde. Doch das Ganze war wieder eine Frage der Diplomatie, denn die Frau eines Chiefs mußte gesellschaftlichen Pflichten nachkommen. Und dazu war Emily Ference nicht in der Lage. Alle wußten,

daß sie nach dem Unfall Alkoholikerin geworden war. Und wer konnte es ihr verübeln? Ich würde nach so etwas auch trinken, dachte Dale, und ihn schauderte bei der Vorstellung, welche seelischen Qualen sie gelitten haben mußte. Voller Dankbarkeit dachte er an seine Frau, Denise, und an ihre Tochter, Sue. Die perfekte Familie. Und Denise war in Gesellschaft brillant.
»Übrigens«, sagte er, »wie geht es dem kleinen Mädchen, das sie gefunden hat?«
Walters in die Ferne gerichteter Blick wanderte zu Dale. »Vor einer Weile habe ich das Krankenhaus angerufen. Es geht ihr besser. Die Ärzte wollen sie nur noch etwas unter Beobachtung halten, um sicherzugehen, daß sie den Schock überwunden hat. Ihre Großeltern holen sie heute abend ab.«
»Armes kleines Mädchen«, sagte der Chief.
»Gruppen mit speziellen Interessen«, tobte Dr. Jansen weiter, »die ruinieren diese Stadt. Zum Teufel, sie ruinieren das ganze Land. Niemand kümmert sich mehr um seinen Nächsten. Diese Leute nehmen immer nur die Interessen ihrer eigenen kleinen Lobby wahr. Das ärgert mich maßlos.«
Ein grüner Ford fuhr auf den Parkplatz, und ein Mann und eine Frau stiegen aus dem Wagen. »Wer ist denn das jetzt?« wunderte sich Dale laut.
Walter schaute zu dem Paar hin. »Das sind Leute, über die Sie gerade geredet haben, Doc.«
Dr. Jansen sah Walter fragend an. »Wofür engagieren die sich?«
»Das habe ich nicht gemeint«, sagte Walter. »Ich meinte, sie hatten ein Kind, das verschwunden ist.«
»Oh, mein Gott«, sagte der Arzt besorgt.
»Sie heißen Emery; ihre Tochter ist seit Jahren nicht mehr aufgetaucht.«

»Oh«, sagte Dale ernst. »Sie müssen das hier in den Nachrichten gehört haben.«
Das alternde Paar kam auf die drei zu. Die Frau trug eine Brille, einen blaßlila Regenmantel und Sportschuhe. Sie marschierte mit verbissener Entschlossenheit auf die Männer zu. Ihr Mann hatte einen Hut auf und eine leichte Jacke im Baseballstil an. Er blieb zurück und spielte mit seinem Schlüsselring. Es klang wie das Klingeln von Glöckchen in der feuchten Luft. Ganz offensichtlich war seine Frau die Initiatorin dieses Besuchs, dem er sich nur widerstrebend angeschlossen hatte.
»Wie viele Jahre liegt das zurück?« fragte Dale leise.
Walter dachte nach. »Das muß jetzt ... dreizehn oder vierzehn Jahre her sein. Die beiden kommen regelmäßig aufs Revier und fragen nach ... ich kenne sie. Sie gehen in meine Kirche. Das heißt, in die Kirche meiner Frau.«
»Diese Tote hat keine vierzehn Jahre im Wasser gelegen«, sagte der Arzt schnell.
»Entschuldigen Sie«, sagte Alice Emery. »Oh, Detective Ference.«
»Hallo, Mrs. Emery«, sagte er. »Mr. Emery.«
Jack Emery murmelte einen Gruß, schaute aber nicht auf. Er war ein blasser, zerbrechlich wirkender Mann mit tränenden Augen. Seine Finger spielten weiter mit dem Schlüsselring, als wäre dieser ein Rosenkranz.
»Wir hörten, daß Sie ein Mädchen gefunden haben«, sagte Alice. Ein Zittern lag in ihrer Stimme, doch der Ton war sachlich.
»Detective Ference hat mir gerade gesagt, daß Sie Ihre Tochter vermissen«, sagte Dale mitfühlend.
»Ja. Unsere Linda. Natürlich ist es schon eine Weile her«, gab sie zu.
»Diese hier ist nicht Linda«, sagte Walter grob.

»Wie können Sie da sicher sein?« flehte Alice. »Was hatte sie an?«

Walter verzog das Gesicht. »Das ist kaum noch festzustellen. Und der Doc hier sagt, daß dieses Mädchen nicht so lange im Wasser gelegen hat.«

»Sie ist es nicht, Alice«, sagte Jack Emery barsch. »Komm, wir gehen.«

»Haben wir alle Informationen über Ihre Tochter?« mischte sich Dale ein.

»Ja, die haben wir«, sagte Walter automatisch.

»Laß uns gehen«, wiederholte Jack.

»Wenn wir mehr Erkenntnisse über die Tote gewonnen haben, benachrichtigen wir Sie, ob es sich eventuell um Ihre Tochter handeln könnte«, sagte der Chief beschwichtigend.

Alice kämpfte, um ihre Fassung wiederzugewinnen. »Das alles war sehr schwer für uns. All die Jahre. Vor allem für meinen Mann.«

Dale legte ihr tröstend die Hand auf die Schulter. »Wir verstehen das«, sagte er.

»Danke«, flüsterte Alice und wandte sich ab. Jetzt trottete sie hinter ihrem Mann her. Die Reporterin und die Fotografin stürzten sich auf das Paar, als die beiden zu ihrem Wagen kamen.

Dale schüttelte angewidert den Kopf. »Die kleine Hodges ist eine richtige Pest, nicht wahr?«

Walter lächelte und nickte. »Wußten Sie, daß ihr Dad früher zur Polizei gehörte? Ich kann mich noch an sie erinnern, als sie klein war. Sie gehörte zu den irritierenden Kindern, mit dem kein anderes Kind spielen wollte. Eines Tages gewinnt sie bestimmt den Pulitzer-Preis.«

Dale nickte. Er konnte ehrgeizige Frauen nicht leiden. Sie strahlten etwas Unnatürliches aus, doch er tat sein Bestes, um dieses Gefühl zu verbergen. Das mußte man heutzutage tun.

Dr. Jansen beobachtete, wie die Emerys sich aus den Fängen von Phyllis Hodges und ihrer Kollegin befreiten und sich in ihren Wagen einschlossen. Ihn schauderte. »Es gibt nichts Schlimmeres, als wenn man nicht weiß, ob ein Kind lebt oder tot ist. Mit dem Tod kann man leichter fertig werden, als wie diese beiden Menschen in einem ständigen Schwebezustand zu leben.«

Dale ärgerte sich plötzlich über den alten Arzt. Es war lange her, doch sicher wußte er von Walters Verlust. Sein ganzes Leben hatte er in dieser Stadt verbracht. Der Chief warf Walter einen flüchtigen Blick zu. Wie gewöhnlich war der Gesichtsausdruck des Polizisten undurchdringlich. Aber Dale vermutete, daß ein derartiger Verlust selbst mit der Zeit nicht viel leichter zu ertragen war. Es gab keinen Grund, alte Wunden wieder aufzureißen.

Ein rothaariger Beamter in Wasserstiefeln tauchte auf, und der Chief war froh über die Gelegenheit, das Thema wechseln zu können.

»Larry«, rief er dem jungen Cop zu, der sich einen Becher Kaffee aus dem Proviantwagen holen wollte. »Gibt's was Neues?«

»Nichts, Chief«, rief der Polizist zurück.

Chief Matthews schaute auf seine Uhr. In zwanzig Minuten mußte er zu einer Sitzung des Stadtrats im Rathaus. »Ich muß jetzt gehen. Walter, leiten Sie die Suche weiter, bis zum Einbruch der Dunkelheit?«

»Natürlich.«

»Solange wir die Identität des Opfers nicht kennen, ist die Suche nach dem Mörder ziemlich aussichtslos«, sagte der Chief. Ein Mord war in einer Kleinstadt wie Bayland ein seltenes Ereignis. Auch hatte er mit der Untersuchung eines

Mordfalls wenig Erfahrung, und es war entmutigend, die Ermittlungen mit so wenigen Anhaltspunkten zu beginnen. Aber die Menschen in dieser Stadt neigten dazu, in Panik zu geraten, wenn sie einen Mörder in ihren Reihen vermuteten. Jemand, der ein junges Mädchen ermordet und sich ihrer in dieser Wildnis entledigt hatte. Dale hoffte, daß der Täter aus dem Umkreis der Familie stammte. Das war meistens der Fall, wie auch der unerfahrenste Cop wußte. Wenn die Tote identifiziert war, waren sie ein gutes Stück weiter. »Wir kriegen ihn«, sagte er, vor allem, um sich selbst zu überzeugen. »Finden Sie heraus, wer das Mädchen war, Doc.«
Dr. Jansen seufzte. »Das ist leichter gesagt als getan«, sagte er.
Walter starrte nachdenklich über die Dünen auf das unablässig rauschende Meer dahinter. »Die See gibt ihre Geheimnisse nicht so leicht preis«, sagte er.

1

Mai

»Welche Krawatte soll ich umbinden?«
Karen Newhall saß auf dem Rand der Badewanne in ihrem Bademantel und sah ihren Mann Greg an, der gerade die Tür geöffnet hatte und zwei Schlipse in der Hand hielt: einen roten und einen grüngestreiften. Er trug einen blauen Blazer, eine Freizeithose und ein weißes Hemd. »Du siehst gut aus«, sagte sie.
»Du solltest jetzt lieber duschen«, sagte er freundlich. »Ich habe den Tisch für ein Uhr reserviert.«
Karen nickte geistesabwesend und glättete den Stoff ihres Bademantels.
»Liebling, geht's dir gut? Warum sitzt du da?«
»Mir geht's gut«, sagte sie schnell. »Ich habe mich nur einen Augenblick ausgeruht.« Der besorgte Blick flößte ihr Schuldgefühle ein. »Mir geht's glänzend«, beharrte sie. »Ich bin für die grüne Krawatte.«
»Bist du dir sicher?« fragte er.
»Na, ja«, sagte sie leichthin, »die rote ist auch schön ...«
»Du weißt, was ich meine.«
»Bind dir deinen Schlips um. Ich bin in Null Komma nichts fertig.«
»Okay.« Greg ging ins Schlafzimmer zurück, und Karen schloß die Tür, zog langsam ihren Bademantel aus und hängte ihn an einen Haken neben der Dusche.
Seit ungefähr sechs Jahren führte Greg Karen und Jenny, ihre Tochter, immer am Muttertag zum Mittagessen ins »Bayland Inn« aus. In der Familie scherzten sie stets dar-

über, daß alles, was sie öfter als zweimal unternahmen, zur Tradition wurde, und der Besuch im »Bayland Inn« am Muttertag fiel ganz bestimmt in diese Kategorie.
Karen betrachtete sich kritisch in dem großen Spiegel hinter der Tür. Sie war achtunddreißig und ihr Körper noch immer schlank und gut in Form dank des jahrelangen Unterrichts als Tanzlehrerin für Kinder. Als sie Anfang Zwanzig gewesen war und verzweifelt versucht hatte, schwanger zu werden, hatten die Ärzte natürlich ihren durchtrainierten Körper dafür verantwortlich gemacht, daß sie kein Kind bekam. Daher hatte Karen zwei Jahre mit dem Tanzen aufgehört, zwanzig Pfund zugenommen und sich jeder nur erdenklichen Therapie unterzogen; alles ohne Erfolg. Schließlich hatten sie und Greg ein Kind adoptiert. Ihr einziges: Jenny. Und dann, vor weniger als einem Jahr, als sie sich wegen ständiger Kopfschmerzen einer Routineuntersuchung unterzogen hatte, hatten die Ärzte an ihrer Hypophyse einen winzigen gutartigen Tumor festgestellt. Das Medikament, das sie zur Beseitigung des Tumors hatte einnehmen müssen, hatte einen anderen, höchst unvorhersehbaren Effekt gehabt. Innerhalb von ein paar Monaten war Karen schwanger geworden. Der Arzt hatte den überraschten zukünftigen Eltern erklärt, daß Karen den Tumor schon seit Jahren gehabt haben und daß er der Grund für ihre Sterilität gewesen sein müsse. Doch habe man in den Jahren zuvor nicht die Möglichkeit gehabt, einen solchen Tumor zu diagnostizieren. Karen und Greg hatten die Praxis des Arztes in Hochstimmung verlassen, überglücklich über dieses unerwartete Geschenk. Sie waren nach Hause geeilt, um Jenny die Neuigkeit schonend mitzuteilen, daß sie ein Schwesterchen oder Brüderchen haben würde.
Karen ging unter die Dusche und ließ heißes Wasser auf ihren Körper prasseln. Tränen strömten über ihr Gesicht

und mischten sich mit dem Wasser, rannen an ihr herab. Sofort hatte sie aufgehört zu arbeiten, sich jeden Tag hingelegt, die verschriebenen Hormone genommen und fast nur noch Gemüse und Obst gegessen. Und dann, vor zwei Wochen, als sie schon die Babyausstattung kaufen wollte, anfing, über Namen nachzudenken, erwachte sie eines Morgens mit höllischen Krämpfen und dem entsetzlichen Gefühl, als laste ein Stein auf ihrer Brust. Mit Anbruch der Nacht war alles vorbei. Das Erstaunen, das Träumen, die Hoffnung wider die Hoffnung. Das Leben ging wieder seinen normalen Gang.
Sie trat aus der Dusche, trocknete sich ab und rieb den beschlagenen Spiegel trocken, um ihre Augen zu betrachten. Sie wollte nicht, daß Greg merkte, daß sie wieder geweint hatte. Sie wußte, daß es ihn quälte, nichts für sie tun zu können. Und es war auch eine schmerzliche Erinnerung an ihre ersten Ehejahre, als beide feststellen mußten, daß Karen offensichtlich unfruchtbar war. Und als sich Karen schließlich mit der Realität abgefunden hatte, begannen drei frustrierende und angstvolle Jahre, in denen sie alles in Bewegung setzten, um ein Kind zu adoptieren. An jene Jahre erinnerte sie sich wie an einen Alptraum, ständig zwischen Hoffnung und Niederlage schwankend. Jede Enttäuschung machte sie depressiver, doch Greg richtete sie immer wieder auf und gab ihr die Kraft, weiterzumachen. Nie sprach er von seinem eigenen Schmerz. Als wäre es gestern gewesen, so deutlich konnte sich Karen an jenen Tag erinnern, als sie schließlich ihr Baby bekamen und sie die Kleine mit nach Hause nahmen. Karen hatte Jenny in die Arme genommen, und die winzige Hand des schlafenden Kindes hatte Karens Zeigefinger gepackt und ihn festgehalten. Obwohl Karen und Greg immer davon geträumt hatten, mehrere Kinder zu haben, hatte sie sich an jenem

Tag geschworen, kein Kind mehr zu adoptieren. Nie würde sie die ängstlichen Augen der anderen Paare vergessen, die die Wartezimmer der Anwälte und Adoptionsagenturen bevölkerten. Es wäre habgierig, noch ein Kind zu wollen, wo so viele Menschen auf eins warteten.

Und das ist es, was du jetzt bist, sagte sie ernst zu sich. Habgierig. Habgierig, und du läßt dich gehen. Trauere nicht mehr dem nach, was du verloren hast, sondern sei dankbar für all das, was du hast, sagte sie zu dem traurigen Gesicht im Spiegel.

Als Karen und Greg Jenny adoptiert hatten, gab es keinen Kummer und keine Spannungen mehr in ihrer Ehe. Glück herrschte wieder in ihrem Leben. Es war von ihr nicht fair, Greg noch einmal dieser Situation auszusetzen. Du bist verletzt, aber denk einmal darüber nach, wie glücklich du bist, befahl sie sich.

Sie ging über die Diele ins Schlafzimmer. Greg hatte seinen Schlips umgebunden und sah sie, wie immer, nach Zustimmung heischend, an.

»Du siehst sehr gut aus«, sagte sie lächelnd. Nur selten sah sie ihn so gekleidet, denn er war Bauunternehmer von Beruf und trug meistens Arbeitshemden und robuste Stiefel.

»Für meine Mädchen muß ich mich schön machen«, sagte er fröhlich.

Wohl zum tausendsten Mal wurde Karen von dem ungebetenen Gedanken heimgesucht: Wäre es ein Mädchen oder ein Junge gewesen? Greg konnte in ihrem Gesicht lesen.

»Liebes«, sagte er, »wenn du nicht ausgehen möchtest, bleiben wir hier.«

Karen kniff die Augen zusammen. »Soll ich auf meine Verabredung zum Lunch verzichten? Darauf habe ich mich die ganze Woche gefreut.« Sie nahm sein Lieblingskleid aus

dem Schrank und schlüpfte hinein. »Mach mir bitte den Reißverschluß zu, Liebling.«
Greg zog den Reißverschluß hoch und küßte sie auf den Nacken.
»Es tut mir leid, daß ich so schlechter Laune war«, sagte sie.
»Das warst du nicht«, sagte er.
Karen bürstete ihr Haar und warf einen Blick auf das Foto im Silberrahmen auf ihrem Toilettentisch: das lächelnde Kind mit den Zahnlücken. »Außerdem wäre Jenny enttäuscht.«
Greg sah auf seine Armbanduhr. »Besser, wir beeilen uns jetzt. Ich habe ihr gesagt, sie soll uns dort um Punkt eins treffen.«
»Muß sie nicht jemand von Peggy dorthin fahren?« Ihre dreizehnjährige Tochter hatte die Nacht im Haus von Peggy Gilberts Eltern verbracht. Peggy war eine neue Schulfreundin. Greg hatte sie am Vorabend dorthin gefahren.
»Nein. Peggy wohnt nur zwei Blocks vom Restaurant entfernt«, sagte er.
Karen legte etwas Rouge auf. Nun, da sie nicht mehr das Strahlen einer schwangeren Frau besaß, erschien ihr ihr Teint grau.
»Du siehst schön aus«, sagte Greg aufrichtig.
Karen lächelte ihn an. Sie hatten sich kennengelernt, als sie fünfzehn war. Manchmal glaubte sie, sie seien Menschen, für die die Zeit nicht existierte. Es war, als würden beide das Verstreichen der Jahre nicht bemerken. Wenn sie ihren Mann betrachtete, sah sie noch immer den breitschultrigen Mann mit dem hellblonden Haar und den strahlenden braunen Augen – die so den ihren glichen –, der in der High-School ihr Herz zum Klopfen gebracht hatte. Eines Tages, dachte sie, wenn ich ganz grau und verschrumpelt bin und mein Spiegel mir »alte Lady« entgegenschreit, kann

ich noch immer in seine Augen schauen und mich darin als junges Mädchen sehen.
»Ich bin fertig«, sagte sie.

»Es ist ein komisches Gefühl, dein Auto zu fahren«, sagte Greg, als er auf den Parkplatz neben dem alten Gebäude aus Ziegelstein fuhr. Normalerweise fuhr er nur seinen Van.
»Ich dachte, es wäre nett, zum Essen auszugehen, ohne überall Sägemehl auf den Kleidern zu haben«, neckte sie ihn.
»Entschuldigen Sie bitte, Mrs. Vanderbilt«, sagte er, stieg aus, umrundete den Wagen und öffnete ihr mit einer Verbeugung die Tür.
Karen kicherte, als sie ausstieg und das Gasthaus betrachtete. Schon während der Revolutionskriege war das »Bayland« ein Wirtshaus gewesen und hatte die Gäste beherbergt, die auf ihrem Marsch aus dem fünfzig Meilen entfernten Boston hierhergekommen waren. Jetzt war das »Bayland« nur noch ein Restaurant, und zwar das eleganteste der Stadt, die sich viel von ihrem historischen Charme bewahrt hatte.
Greg nahm den Arm seiner Frau, als sie beide hineingingen und mit der Empfangsdame sprachen. »Wir sind hier mit unserer Tochter verabredet«, sagte er. »Sie heißt Jenny, hat dunkelbraunes Haar, blaue Augen und ist ungefähr so groß.«
»Sie ist noch nicht da«, sagte die Empfangsdame strahlend. »Ich werde nach ihr Ausschau halten.« Sie führte die beiden an ihren Tisch. Er stand am Fenster, mit Ausblick auf einen kleinen Wasserfall und einen Bach. Karen setzte sich und bewunderte die Bäume in ihrem frischen Grün und die am Ufer blühenden Tulpen und Narzissen. Der Himmel war von einem zarten Pastellblau.
»Was für ein schöner Tag«, sagte sie.

»Wir tun unser möglichstes«, sagte er.
Sie schnitt ihm eine Grimasse, nahm die Speisekarte, warf einen Blick darauf und legte sie wieder hin. Sie sah sich in dem Raum um. Es war wirklich ein Familientag. An jedem Tisch thronte eine Mama in ihrem schönsten Kleid – einige hatten ein Bukett angesteckt –, und alle waren sie von Ehemännern und Kindern umgeben.
Eine untersetzte Bedienung mit hennarotem Haar kam zu ihrem Tisch, doch Greg deutete auf den leeren Platz. »Ich komme wieder«, sagte sie.
Greg folgte Karens Blick. »Ich hätte dir Blumen schenken sollen«, sagte er.
»Das ist nicht nötig«, sagte Karen und studierte wieder die Speisekarte.
»Aber ich habe etwas anderes für dich«, sagte er und holte aus der Innentasche seines Jacketts eine kleine, flache, in Geschenkpapier eingewickelte Schachtel hervor.
»Oh, Greg!«
»Mach's auf!«
»Sollten wir nicht auf Jenny warten?« fragte sie unsicher.
»Das ist schon in Ordnung. Wir zeigen es ihr, wenn sie da ist. Nun mach schon.«
Karen konnte nicht anders, sie mußte lächeln. Er war immer so ungeduldig, wenn er ihr ein Geschenk machte. Wie ein Kind, das darauf brennt, ein Päckchen zu öffnen, nur daß er es nicht selbst tun durfte.
»Als ich das sah, hatte ich das Gefühl, du brauchst so etwas«, sagte er.
Karen öffnete die kleine Schachtel. Auf schwarzem Samt lag ein altes, mit Weinblättern graviertes Medaillon. »Ach, Liebling, wie schön es ist!«
»Mach's auf«, sagte er.
Karen drückte auf den kleinen Knopf, und das Medaillon

schnappte auf. Drin waren zwei Fotos, sorgfältig aus Schnappschüssen ausgeschnitten, eines auf jeder Seite. Greg und Karen auf der linken, Jenny auf der rechten.
»Siehst du«, sagte er »da ist kein Platz mehr für noch jemanden. So wie es ist, ist das Herz voll.«
Karen spürte Tränen in ihre Augen steigen, und sie nickte. Sie wußte, was er damit sagen wollte – daß er glücklich war, so wie sie lebten, nur sie drei. Das sagte er immer. »Es stimmt, Liebling«, murmelte sie. »Wir sind sehr glücklich. Ich habe das schon heute gedacht. Daß ich sehr glücklich bin. Danke.«
Sie lächelte ihn an, obwohl sie wußte, daß Tränen in ihren Augen standen. Doch er drückte ihre Hand, schien zufrieden zu sein. Und sie verlor kein Wort darüber, was sie tief im Innersten wußte – daß im Herzen einer Mutter immer Platz für noch ein Kind ist.
»Nun«, sagte er und räusperte sich zufrieden, weil sein Geschenk so viel Anklang gefunden hatte, »weißt du schon, was du essen möchtest?«
»Ich habe mich noch nicht entschieden«, sagte sie und warf einen Blick zur Tür. »Hast du schon gewählt?«
»Ich glaube, ich nehme die Lammkoteletts«, sagte er und sah auf seine Armbanduhr. Dann sprach er Karens Gedanken laut aus. »Wo bleibt dieses Kind nur? Es ist schon Viertel nach eins.«
»Ach, diese Teenager«, sagte Karen und zwang sich, nicht wieder zur Tür zu schauen. »Sie haben überhaupt kein Zeitgefühl.«
»Ich habe ihr ausdrücklich gesagt, sie soll um Punkt eins hier aufkreuzen«, sagte er verärgert.
Die Bedienung kam zurück. »Möchtest du etwas trinken?« fragte Greg seine Frau. Karen schüttelte den Kopf.
»Nur noch ein paar Minuten«, sagte Greg zu der Bedienung.

»Bist du sicher, daß das Haus von Jennys Freundin nur zwei Blocks entfernt ist?« fragte Karen.
»Liebling, ich habe sie doch gestern abend hingefahren.«
Karen nickte. Sie hatte kurz mit Mrs. Gilbert am Telefon gesprochen, nur um sicherzugehen, daß es in Ordnung war, wenn Jenny die Nacht bei ihr verbrachte. Jenny verbat sich seit kurzem jede Einmischung in ihre Unabhängigkeit und war über den Anruf wütend gewesen. »Ich hasse es, wenn du hinter mir herspionierst«, hatte sie sich beklagt.
»Ich bin sicher, Peggys Mutter hätte dasselbe getan«, hatte Karen ruhig entgegnet. Sie hatte Jenny nicht erzählt, daß Mrs. Gilbert sich etwas unwirsch angehört hatte, als sei ihr der Anruf überflüssig vorgekommen.
»Du behandelst mich, als würde ich in die erste Klasse gehen«, hatte Jenny gemault.
Karen seufzte, als ihr der Wortwechsel wieder einfiel. Alle ihre Unterhaltungen schienen in letzter Zeit so zu verlaufen. Jeder Entscheidung, die Karen traf, wurde mit Ablehnung begegnet, jeder Vorschlag wurde als Einmischung betrachtet oder als langweilig abgelehnt.
»Was ist los?« fragte Greg.
»Ach, ich mußte nur gerade über mich und Jenny nachdenken.«
»Das ist nur eine Phase und geht vorüber.«
»Das sagst du immer.«
»Aber diese Phase ist wissenschaftlich bewiesen und wird allgemein als unerträgliche Adoleszenz oder Pubertät bezeichnet.«
Karen lachte, runzelte aber bald darauf die Stirn. »Ich weiß nicht recht«, sagte sie und versuchte, ihre Stimme ungezwungen klingen zu lassen. »Vielleicht hat sie beschlossen, nicht zu kommen. Vielleicht ist sie mir böse.«
»Böse weswegen?« rief Greg und wischte dann die Möglich-

keit mit einer Handbewegung beiseite. »Das würde sie jedenfalls nicht tun.« Aber er sah wieder zornig auf seine Uhr. Es war fast halb zwei. »Möchtest du jetzt bestellen?«
Karen schüttelte den Kopf. »Du glaubst doch nicht, daß ihr irgend etwas passiert sein könnte?«
»Nein«, sagte er, zu schnell, zu bestimmt.
Nein, dachte Karen. Es ist halb zwei Uhr nachmittags. Das darf ich nicht zweimal denken. Die Sonne scheint. Sie braucht nur zwei Blocks weit zu gehen. Aber keine rationale Überlegung konnte den Gedanken an Amber verscheuchen. Vor sieben Monaten hatte man ein Skelett im Naturschutzgebiet von Bayland gefunden. Und der Polizei war es bisher noch nicht gelungen, die Überreste des jungen Mädchens zu identifizieren, trotz der Rekonstruktion ihrer Gesichtszüge, einer Beschreibung ihrer Kleidung und der akribischen Suche in den Registern verschwundener Personen. In einer Großstadt wäre diese Tote wohl nach kurzer Zeit nur noch von statistischer Bedeutung gewesen, aber Bayland war eine Kleinstadt. Eine der hiesigen Reporterinnen, Phyllis Hodges, hatte der Toten in einem ihrer Artikel den Namen »Amber«, wie das Gelb des Bernsteins, gegeben, weil er zu der Jahreszeit zu passen schien, in der sie gefunden worden war, dem Herbst. Der Name blieb ihr. Als sich herausstellte, daß sich niemand um die Bestattung kümmern würde, wurde in der Stadt gesammelt, damit sie auf dem Friedhof der Stadt beerdigt werden konnte. Obwohl Amber kaum noch in der Presse erwähnt wurde, hatte die Bevölkerung sie nicht vergessen. In dieser Stadt kannten die Leute die Kinder der anderen, und sie vergaßen nicht, daß irgend jemand ein junges Mädchen ermordet und im Moor versenkt hatte. Und der Täter konnte noch immer hier leben, eine Gefahr für alle jungen Mädchen.
Greg sah seine Frau stirnrunzelnd an. »Ich weiß, was du

denkst«, sagte er. »Das ist absurd. Ich habe dir doch gesagt, die Gilberts wohnen nur zwei Blocks weiter. Wahrscheinlich kannst du ihr Haus sehen, wenn du nur etwas den Kopf reckst.«
»Entschuldige, bitte«, sagte Karen.
»Du machst dir unnötig Sorgen.«
»Ich kann nicht anders«, sagte Karen. »Vielleicht sollten wir bei ihnen anrufen.«
Greg schob seinen Stuhl zurück. »Ja, du hast wohl recht. Ich habe es satt, auf sie zu warten, und du bist so entsetzlich nervös. Also rufe ich an.«
Karen lächelte kläglich. »Wahrscheinlich wird sie fuchsteufelswild sein. Wenigstens bin diesmal nicht ich daran schuld.«
Greg stand auf und klimperte mit dem Kleingeld in seiner Tasche. »Ich bin gleich wieder da«, sagte er.
Karen schaute aus dem Fenster, ihre Finger zerknüllten die Serviette, während sie auf ihren Mann wartete. Die Bedienung kam wieder an ihrem Tisch vorbei, und Karen lächelte sie entschuldigend an. Sie schien wirklich Verständnis für die Situation zu haben, doch dadurch fühlte sich Karen noch elender. Sie sah wieder aus dem Fenster. Der strahlende Frühlingstag kam ihr plötzlich grell und aufdringlich vor. Wenn sie auch mit Jenny in letzter Zeit oft gestritten hatte, sah es ihr gar nicht ähnlich, die Verabredung nicht einzuhalten. Sie war immer gutherzig gewesen, und wenn sich diese Eigenschaft bei der Heranwachsenden jetzt weniger zeigte, wußte Karen doch, daß ihre Tochter sie noch besaß. Auch wenn Jennys Gesicht, das früher beim Anblick ihrer Mutter meistens aufleuchtete, jetzt meistens brummig wirkte. Die Schulberaterin hatte ihnen gesagt, es handele sich bei Jenny um eine Identitätskrise, wie sie die meisten Jugendlichen durchmachen und die besonders schwierig bei

adoptierten Kindern sei, die sich mit Zweifeln und unbeantworteten Fragen hinsichtlich ihrer Herkunft quälen. Nach dieser Besprechung hatte Karen dieses Thema mit Jenny erörtern wollen und sie gefragt, ob sie Probleme damit habe.
»Willst du damit sagen, daß es mich stört, daß meine Mutter mich völlig fremden Menschen überlassen hat?« hatte Jenny in diesem wohlbekannten sarkastischen Tonfall entgegnet, der Karen innerlich zusammenschrumpfen ließ. »Nein. Das ist etwas, was ich ganz toll finde.«
Als Karen versucht hatte, ihr zu sagen, daß sie und Greg sie mehr als alles auf der Welt liebten, mehr, als sie ihr eigenes Kind hätten lieben können, hatte Jenny nur gelangweilt geantwortet: »Das hast du mir schon hundertmal erzählt.«
Karen schüttelte den Kopf, als sie an das trotzig herausfordernde Benehmen ihrer Tochter dachte, an die Verletztheit in ihrem Blick und daran, wie sie sich das dunkle Haar mit der für sie so typischen Geste aus ihrem schmalen, blassen, mit Sommersprossen bedeckten Gesicht gestrichen hatte.
Greg erschien wieder in der Tür des Speisezimmers; er sah zornig aus. Karen sank das Herz. Ängstlich beobachtete sie ihn, wie er den Raum durchquerte.
Greg setzte sich, und Karen konnte jetzt sehen, wie wütend er war. »Was ist los?« fragte sie. »War Jenny da?«
Greg entfaltete seine Serviette und nahm die Speisekarte. Er sah seine Frau nicht an. Seine Stimme klang scharf. »Ich habe mit Peggys Vater gesprochen. Wie es aussieht, sind Jenny und Peggy ins Kino gegangen.«
Zuerst war Karen nur erleichtert. Aber dann fingen ihre Wangen an zu brennen. Jenny war nicht zu ihrem Ehrentag erschienen, dem Muttertag. Das traf sie tief.
Greg senkte die Speisekarte. »Warte nur, bis ich sie in die Finger kriege!« sagte er. Sein Gesicht war vor Zorn wie

versteinert, aber seine Augen drückten Verletztheit und Verwirrung aus.

»Vielleicht hatte sie irgendeinen Grund«, sagte Karen kläglich.

»Du brauchst sie nicht in Schutz zu nehmen«, sagte er. »Dafür gibt es keine Entschuldigung.«

»Wenigstens ist ihr nichts zugestoßen.«

»Verdammt noch mal!« sagte Greg. »Ich kann es nicht fassen, daß sie einfach ins Kino gerannt ist.«

»Sprich leiser«, flüsterte Karen, da die Leute sich am Nachbartisch umdrehten und zu ihnen herstarrten. »Das Ganze ist schlimm genug.«

»Entschuldige«, sagte Greg und lehnte sich zurück. »Es tut mir leid ...«

»Du kannst doch nichts dafür«, sagte Karen.

»Vielleicht hat sie es vergessen«, meinte er lahm.

»Wir beide wissen, daß sie es nicht vergessen hat«, entgegnete Karen.

Greg starrte eine Weile aus dem Fenster. Dann sah er seine Frau an. »Na«, sagte er schließlich, »dann wollen wir mal bestellen.«

»Ich kann nichts essen«, sagte Karen. »Ich habe keinen Hunger mehr.«

Greg beugte sich über den Tisch. »Liebste«, sagte er, »laß dir dein Fest nicht von ihr verderben. Nur, weil sie nicht da ist. Denk einfach, es wäre ein Rendezvous. Nur wir beide ...«

Karen sah ihren Mann hilflos an. »Es ist doch Muttertag«, sagte sie.

Greg seufzte. Er hatte verloren. »Ich weiß.«

»Komm. Wir gehen nach Hause«, sagte sie.

»Gut.«

Karen nahm ihre Handtasche und stand auf, während Greg mit Blicken den Raum nach der rothaarigen Bedienung

absuchte. Er winkte sie zu sich, als sie ihn bemerkt hatte. Karen kam es vor, als würde jeder im Restaurant sie anstarren, als Greg der Bedienung ein Trinkgeld gab und eine Entschuldigung murmelte. Als sie gingen, hielt Karen den Blick gesenkt.
Sie schwiegen, als Greg ihr die Autotür öffnete und dann hinters Steuer glitt. »Leg deinen Sicherheitsgurt an«, sagte er sanft und startete den Motor. Karen tat, wie ihr geheißen. Gerade als Greg rückwärts aus der Parklücke fahren wollte, erschien die Bedienung in der Tür des Restaurants und winkte ihnen zu. Karen schöpfte kurz Hoffnung, während die Frau auf ihren Wagen zuging.
Jenny hatte sicher angerufen. Alles war nur ein Mißverständnis. Sie war auf dem Weg zu ihnen. Karen kurbelte das Fenster herunter, als die junge Frau am Wagen war; ihr kupferrotes Haar glänzte in der Sonne.
»Sie haben das liegenlassen«, sagte sie atemlos und hielt Karen das Schmuckkästchen mit dem Medaillon hin.
Karen nahm die Schachtel und legte sie in ihren Schoß. »Danke«, sagte sie wie betäubt. Sie starrte auf ihr Geschenk. »Hoffentlich geht es Ihnen jetzt besser«, sagte die Bedienung freundlich. Sie winkte, als die beiden davonfuhren.

Greg bog in ihre Straße ein und fuhr dann die lange Auffahrt zum Haus hoch. Greg und Karen hatten dieses Haus gekauft, als sie jung verheiratet waren, ein heruntergekommenes Gebäude im Kolonialstil auf einem der schönsten Grundstücke der Stadt. In den folgenden Jahren waren die umliegenden Grundstücke unterteilt und bebaut worden, aber ihr Haus hatte noch immer eine ziemlich abgeschiedene Lage inmitten vieler Bäume. Greg hatte das Haus im Laufe der Jahre liebevoll renoviert. Manchmal sprachen sie davon, woanders hinzuziehen, aber sie bezweifelten, ob sie jemals ein so schönes Grundstück oder ein Haus mit so viel Charakter finden würden.

Greg half Karen beim Aussteigen, als wäre sie krank, führte sie, eine Hand unter ihrem Ellbogen, den Weg zur Haustür und schloß auf.

»Ich lege mich etwas hin«, sagte Karen. Sie fror, obwohl es ein warmer Tag war.

»Gut«, sagte Greg traurig. »Tu das. Soll ich dir ein Sandwich oder was anderes bringen?«

»Ich esse später etwas.«

»Es tut mir so leid«, sagte er wieder.

»Es braucht dir nicht leid zu tun. Du wolltest mir doch nur einen schönen Tag bereiten.«

Langsam stieg Karen die Treppe zu ihrem Schlafzimmer hoch und zog sich um – sie schlüpfte in Jeans und ein altes Sweatshirt. Das Medaillon legte sie in eine Schublade ihres Schreibtischs. Jennys Foto strahlte sie an. Sie zuckte zusammen, als hätte ihr jemand einen Stich versetzt. Nimm es dir nicht so zu Herzen, sagte sie sich immer wieder. Es schien sie ihre ganze Energie zu kosten, sich hinzulegen. Als sie unter die Steppdecke geschlüpft war, fiel sie in einen traumlosen Schlaf.

Irgendwann wurde sie vom Zuschlagen der Haustür und lauten Stimmen aus dem Parterre geweckt. Am liebsten hätte sie sich völlig unter der Decke vergraben, weil sie die schmerzhafte Kränkung so deutlich spürte. Schließlich raffte sie sich auf und ging nach unten. Ihre Füße, die in Hausschuhen steckten, machten kein Geräusch.

»Ich habe dir doch gesagt, wie wichtig das ist«, sagte Greg gerade, seine Stimme bebte vor Zorn. »Ich denke, ich habe das klargemacht. Deine Mutter hat in letzter Zeit eine Menge durchgemacht. Ich habe dich einzig und allein darum gebeten, daß wir gemeinsam einen schönen Tag verbringen, damit sie sich etwas wohler fühlt. Aber nein, nicht einmal das bringst du zustande.«

Jennys kleines Gesicht war weiß, ihre Sommersprossen hoben sich blaß von ihrer Haut ab, und ihre blauen Augen blitzten vor Zorn. »Ich kann es nicht fassen. Du schreist mich schon an, bevor ich richtig im Haus bin. Als hätte ich ein Verbrechen begangen.«

»Was hast du denn erwartet? Du benimmst dich wie ein egoistisches, kleines ... ich weiß nicht, was. Du denkst nur an dich selbst.«

»Niemand hier gibt mir eine Chance, mich zu verteidigen.«

»Hör auf, so rumzuschreien«, sagte Karen. Sie stand in der Tür zum Wohnzimmer.

Jenny drehte sich um und sah ihre Mutter an. Einen Augenblick wirkte sie schuldbewußt. Dann schob sie ihr Kinn angriffslustig vor. »Er hat damit angefangen«, sagte sie.

Greg schüttelte ungläubig den Kopf. »Du bist wohl nie an irgend etwas schuld, oder? Du bist die arme Leidende. Hast du dir je überlegt, wie sich deine Mutter fühlen könnte?«

»Natürlich habe ich das«, sagte Jenny abwehrend. »Aber Peggy wollte ins Kino gehen, und sie wollte, daß ich sie begleite.«

»Natürlich. Das verstehe ich«, sagte Greg sarkastisch. »Peggy wollte das so. Natürlich hattest du da keine andere Wahl.«

»Schon gut«, sagte Jenny.

»Hast du dir mal überlegt, daß wir uns Sorgen machen könnten?« Jetzt schrie auch Karen. »Warum hast du uns nicht wenigstens angerufen?«

»Weil ich wußte, daß ihr es mir verbieten würdet«, sagte Jenny.

»Das macht das Maß voll«, sagte Greg.

»Welches Maß?« fragte Jenny.

»Habe ich das richtig verstanden?« sagte Greg fassungslos.

»Wenn du etwas tun willst und glaubst, daß wir es verbieten, tust du es trotzdem und sagst es uns einfach nicht?«
»Nein«, sagte Jenny seufzend. »So habe ich das nicht gemeint.«
»Das würde ich dir auch nicht raten«, bellte Greg.
»Ich wußte, daß es so enden würde«, sagte Jenny müde.
»Jenny, um Himmels willen, was hast du denn von uns erwartet?« fragte Karen mit schriller Stimme. »Wie sollen wir reagieren, wenn wir nicht wissen, wo du bist oder was mit dir passiert ist?«
»Rede bloß nicht wieder davon«, sagte Jenny mit nachäffender quengeliger, hoher Stimme. »Wir können nicht vergessen, was Amber geschehen ist. Mensch, Amber kotzt mich an! Mir ist nichts passiert. Warum macht ihr ein solches Theater?«
»Es ist kein Theater«, sagte Karen mit zitternder Stimme. »Ich sitze hier und mache mir um dich Sorgen. Wenn wir uns nicht mehr darauf verlassen können, daß du uns sagst, wo du bist, verbieten wir dir, deine Freunde zu besuchen. Das ist alles.«
»Das ist nicht fair«, schrie Jenny. »Es ist nur ein einziges Mal passiert.«
»Du hast gehört, was deine Mutter gesagt hat«, meinte Greg.
»Ihr hört mir ja nicht einmal zu. Ihr schubst mich nur rum.«
»Jetzt reicht's. Ich habe genug gehört«, sagte Greg. »Du gehst jetzt in dein Zimmer hoch, und wenn du bereit bist, dich bei deiner Mutter zu entschuldigen und dich wie ein anständiger Mensch zu benehmen, kannst du wieder runterkommen.«
Vor sich hin murmelnd stapfte Jenny aus dem Zimmer und stürmte die Treppe hoch.
Da klingelte es. »Wer ist das denn?« sagte Greg stirnrunzelnd. »Um diese Zeit?«

»Ich gehe schon«, sagte Karen. Sie ging in den Flur und öffnete die Haustür. Eine Fremde stand vor ihr. Sie war etwa dreißig, schlank und gut gekleidet, mit dunklem, schulterlangem Haar. In der Hand hielt sie einen Strauß Blumen und eine glänzende, reichverzierte Dose aus Holz. Ihr Gesicht war blaß und herzförmig, auf der Nase hatte sie hellbraune Sommersprossen. Sie sah Karen mit ängstlichen blauen Augen an und strich sich das Haar mit einer nervösen Geste aus der Stirn, die Karen seltsam berührte.
»Mrs. Newhall?« fragte sie.
Karen nickte.
»Ich weiß, ich hätte zuerst anrufen sollen, aber ich hatte Angst, dann meinen Mut zu verlieren.«
Karens Herz klopfte plötzlich wie wild. »Das ist schon in Ordnung«, sagte sie automatisch, aber eine Stimme in ihrem Kopf protestierte heftig: Nein, nein, das ist es nicht. Sie hatte dieses Gesicht noch nie gesehen, diese Stimme noch nie gehört, kannte den Namen der jungen Frau nicht. Doch sofort und instinktiv wußte Karen, wer diese Person war.
»Darf ich reinkommen?«
Karen trat zur Seite, und die junge Frau ging in den Flur. Jenny, die auf der obersten Treppenstufe stehengeblieben war, als es geläutet hatte, kam halb die Treppe wieder herunter und beugte sich neugierig übers Geländer.
Die junge Frau blickte hoch und entdeckte Jenny. Ihre Augen wurden groß. »Bist du Jenny?« fragte sie.
Jenny nickte und ging noch eine Stufe die Treppe hinunter. Die Frau sah Karen um Entschuldigung bittend an. »Ich hoffe, Sie halten mein Benehmen nicht für zu ungehobelt, aber ich mußte einfach kommen.«
»Wer ist da?« fragte Greg und kam in den Flur.
Karen fühlte sich wie gelähmt, unfähig zu antworten, starrte sie das Gesicht der Besucherin an.

Der Blick der Frau war auf Jenny gerichtet. »Tausendmal habe ich versucht, dich mir vorzustellen«, sagte sie, wie zu sich selbst.
Jenny sah fragend von der Fremden zu Karen, dann wieder zu der Fremden. »Sollte ich Sie kennen? Was wünschen Sie?«
Karen merkte sofort, daß Jenny nichts ahnte. Für eine Dreizehnjährige stellt ihr eigenes Erscheinungsbild nichts als eine Sammlung unlösbarer Probleme dar, ist eine Quelle ständiger Angst. Eine Dreizehnjährige sieht ihr Spiegelbild nicht im Gesicht einer Erwachsenen. Aber Karen sah es. Und mehr als das: Sie fühlte es, gleich einer Bedrohung.
»Warten Sie!« platzte Karen heraus.
Aber es war zu spät. Die Besucherin war nicht mehr aufzuhalten. Sie lächelte ängstlich.
»Ich bin Linda Emery«, sagte sie zu dem verwirrten Mädchen. »Ich bin deine Mutter, Jenny. Deine richtige Mutter.«

2

Eine paralysierende Erstarrung durchdrang Karens Körper, als sie diese Worte hörte und sah, wie sich deren Bedeutung auf Jennys Gesicht ausbreitete. Das Mädchen stand wie gelähmt auf der Treppe; ihre Hand umklammerte das Geländer so fest, daß die Knöchel weiß hervortraten; ihr Blick fixierte die Fremde. »Sie sind meine Mutter?« fragte sie.

Tränen traten in Linda Emerys Augen und liefen über ihre sommersprossigen Wangen. Sie nickte und sah dann Karen um Entschuldigung bittend an. »Es tut mir leid«, sagte sie. »Ich hätte damit nicht so herausplatzen dürfen.« Dann wanderte ihr Blick zu Jenny zurück. Sie sah sie zärtlich an. »Aber dich jetzt zu sehen, nach all den Jahren …«

Jenny sah Karen an, dann Greg, der steif in der Türöffnung zum Wohnzimmer stand; sein Gesicht hatte jede Farbe verloren. Karen konnte die Verwirrung in Jennys Augen erkennen. Sie flehte stumm um eine Antwort, eine Erklärung, wie ein Kind. Sag etwas, dachte sie. Aber sie konnte nur hilflos die Fremde anstarren.

»Ich habe einen Beweis. Deine Geburtsurkunde, in meiner Handtasche«, sagte Linda. Sie wollte in ihre Handtasche greifen, wurde aber durch den Blumenstrauß und die glänzende Dose daran gehindert. Sie hielt beides hoch und bot es Jenny an. »Das ist für dich«, sagte sie. Jenny rührte sich nicht.

Unbeholfen legte Linda die Blumen und die Dose neben sich auf den Boden. Dann richtete sie sich auf und suchte

in ihrer Handtasche. »Ich habe sie in einen Umschlag getan. Ich weiß nicht ... hier ist sie.« Sie hielt das Papier Jenny hin, doch Jenny schüttelte nur den Kopf. Linda drehte sich um und hielt es Karen hin. Karen griff mechanisch danach und starrte darauf. Greg trat neben sie und nahm es sanft aus ihren eiskalten Fingern.
»Laß mich das sehen«, sagte er. Er runzelte die Stirn, während er das Dokument las und Lindas Blick zu Jenny zurückschweifte. Sie berauschte sich förmlich an dem Anblick des Mädchens. »Du weißt nicht«, sagte sie, »wie oft ich davon geträumt habe, dich zu sehen.«
Gregs Stimme unterbrach sie schroff. »Was wollen Sie?« fragte er. »Warum sind Sie hier?«
Linda riß ihren Blick von Jenny los und sah Karen und Greg an. »Entschuldigen Sie, Mrs. Newhall und Mr. Newhall. Ich weiß, ich hätte Sie nicht einfach in Ihrem Haus überfallen dürfen. Aber ich mußte sie sehen. Bitte, wenn wir nur reden könnten ...«
Langsam, als wäre sie in Trance, kam Jenny die Treppe herunter, ging zu Linda, beugte sich nieder und nahm die Blumen und die Dose.
»Das ist eine Spieldose«, sagte Linda eifrig. »Sie spielt ›Beautiful Dreamer‹.«
»Danke«, sagte Jenny. Sie stand neben Linda, sah sie aber nicht an.
Schließlich faßte sich Karen wieder so weit, daß sie sprechen konnte. »Warum setzen wir uns nicht?« sagte sie mit dumpfer Stimme. Sie deutete aufs Wohnzimmer, warf Greg einen warnenden Blick zu und ging Linda voran.
»Oh, wie hübsch Sie es haben!« rief Linda. »So gemütlich. Sie haben ein sehr schönes Haus.«
Karen wollte ihr gerade für das Kompliment danken, als Linda hinzufügte: »Ich bin so glücklich.« Karen empfand

die Andeutung wie einen Schlag ins Gesicht. Linda hatte nicht gesagt: »... für meine Tochter«, aber es war so, als hätte sie es gesagt.

Karen drehte sich um und sah Jenny an. Sie stand im Türrahmen, hielt ihre Geschenke in den Händen und sah wie ein Kind aus, das sich verirrt hatte und nicht mehr den Weg nach Hause wußte. Karen sah ihr an, daß sie Zeit zum Nachdenken brauchte, Zeit, sich wieder zu fassen. Karen ging zu ihr und nahm ihr die Spieldose aus der Hand. »Die Blumen brauchen Wasser«, sagte sie. »Warum stellst du sie nicht in eine Vase?«

Jenny nickte. »Okay«, sagte sie und floh, den Blumenstrauß an sich gepreßt, aus dem Zimmer.

Linda kauerte am Sofarand. Karen setzte sich in den Schaukelstuhl. In diesem Stuhl hatte sie Jenny wohl tausendmal in den Schlaf gewiegt. Die Spieldose legte sie auf den Couchtisch. Greg wollte sich nicht setzen.

»Sicher fragen Sie sich ...« fing Linda an.

»Wie haben Sie ...« sagte Karen im selben Moment.

»Reden Sie nur«, sagte Linda nervös.

»Ich möchte gern wissen«, sagte Karen, »wie Sie uns gefunden haben. Denn die Adoption wurde so durchgeführt, daß Sie von uns nichts wissen konnten.«

»Ich habe einen Privatdetektiv mit den Nachforschungen beauftragt«, sagte Linda entschuldigend. »Er bekam die Information über die Kanzlei des Rechtsanwalts.«

Karen warf Greg, der am Kaminsims lehnte, einen Blick zu. Sie wußte, daß er über diese Geschichte genauso verärgert wie sie war. Arnold Richardson war äußerst nachlässig, wenn diese Art Information publik werden konnte. Es gehörte zu seinen Pflichten, sie beide vor derartigen Vorkommnissen zu schützen.

»Ich weiß, es war ... falsch, so etwas zu tun. Doch versuchen

Sie bitte, mich zu verstehen. Ich stamme aus Bayland, obwohl ich schon seit langen Jahren in Chicago lebe. Vor kurzem starb mein Vater, und ich beschloß, meiner Heimatstadt einen Besuch abzustatten. Ich wußte, daß mein Kind von einem hiesigen Ehepaar adoptiert worden war, und als ich hier war, mußte ich es einfach sehen.«
»Wir wußten, daß die Mutter aus Bayland kam«, sagte Karen dumpf. Ihre Gedanken schweiften zu jenem Tag zurück, als Arnold Richardson sie beide in seine Kanzlei bestellt und von dem Baby geredet hatte. Sie konnte sich noch daran erinnern, wie schnell ihr Herz geschlagen hatte, wie feucht ihre Hände gewesen waren, als sie die Neuigkeit hörte. »Die Mutter stammt von hier«, hatte Arnold Richardson gesagt, und Karen hatte in ihrem Herzen geantwortet: »Gott segne dich, wer immer du auch bist. Ich danke dir für dieses wundervolle Geschenk. Ich hoffe, du hast ein reiches und glückliches Leben.«
Karen sah die Frau auf ihrem Sofa an und versuchte, diese Freude und Dankbarkeit wiederzubeleben. Aber sie fühlte nur Kälte in ihrer Brust.
Linda redete weiter, nervös versuchte sie, das Schweigen zu übertönen. »Ich war erst siebzehn, als sie geboren wurde. Und all die Jahre habe ich mich gefragt, wie sie wohl aussieht, was sie macht. Ich bin sicher, Sie verstehen, daß ...«
»Ja. Aber Sie hätten uns wenigstens vorher anrufen können«, sagte Karen steif.
»Davor hatte ich Angst«, sagte Linda. »Ich hatte Angst, Sie könnten meine Bitte abschlagen.« Sie nahm ein Papiertaschentuch und fuhr sich über die Augen.
Karen sah wieder ihren Mann an, der inzwischen zum Vorderfenster gegangen war und hinausstarrte. An seiner Haltung erkannte sie, daß er sich mühsam zurückhielt, in das Gespräch einzugreifen. Er überließ es ihr.

»Für Jenny ist das Ganze ein großer Schock. Sie sehen ja selbst, wie sehr sie sich aufgeregt hat.«
»Ich wußte, daß es für sie ein Schock sein würde, aber ich dachte, daß sie auch darüber glücklich sein würde. Ich meine, schließlich zu wissen, wer ihre ... ihre leibliche Mutter ist.«
Karen schämte sich fast über ihre bitteren Gefühle. Natürlich würde Jenny sie kennenlernen wollen. Wie viele Male hatte Karen Jenny fragen hören, wer wohl ihre richtige Mutter sei. Aber irgend etwas in ihrem Inneren konnte das diesem Eindringling gegenüber nicht zugeben. Diese Genugtuung gönnte sie der Frau nicht. »Mit solchen Dingen darf man ein Kind nicht plötzlich konfrontieren. Darauf muß man es behutsam vorbereiten. Außerdem haben Sie vor Jahren eine Verzichtserklärung unterschrieben. Es ist unverantwortlich von Ihnen, jetzt zu glauben, daß Sie jederzeit hier auftauchen können ...«
Linda schüttelte heftig den Kopf. »Sie haben recht, Sie haben ja so recht. Alles, was Sie sagen, ist richtig. Ich wende mich nur an die Mutter in Ihnen. Bitte, verzeihen Sie meine Impulsivität. Bitte, versuchen Sie, mich zu verstehen ...«
Mit dem Kopf, ja, sogar mit einem Teil ihres Herzens verstand Karen. Ein Kind zu haben und niemals zu wissen ... Das war unvorstellbar, ein lebenslanges Leid. Und sie spürte die Aufrichtigkeit der Frau. Aber sie *wollte* nicht einfühlsam sein. Denn sie fühlte sich bedroht. Diese Frau – ein Eindringling – erhob Anspruch auf ihr Kind. In ihr rührte sich ein primitiver Instinkt, gleich dem einer Bärin, die ein Junges führt. Ganz gleich, welches Verständnis sie auch aufzubringen versuchte, es gab eine irrationale Seite in ihr, die das, was ihr gehörte, schützen wollte.
»Eigentlich spielt es überhaupt keine Rolle, ob ich Sie verstehe oder nicht«, sagte Karen mit mehr Bitterkeit als beab-

sichtigt. »Jetzt ist es nun einmal geschehen, ganz gleich, wie ich darüber denke.«
Karen hatte nicht bemerkt, daß Jenny ins Wohnzimmer gekommen war, bis sie die klägliche Stimme ihrer Tochter vorwurfsvoll sagen hörte: »Mom.« Jenny trug die Vase mit den Blumen zum Kaminsims und stellte sie dorthin. Dann setzte sie sich auf das Sofa, so weit wir möglich von Linda entfernt, in die andere Ecke.
»Nein«, sagte Linda, »deine Mom hat recht. Ich hätte das nicht tun dürfen.«
Schließlich brach Greg sein Schweigen. »Nein, Sie hätten es nicht tun dürfen. Abgesehen von allem anderen, es ist nicht einmal legal«, sagte er finster zu der Besucherin.
»Ja«, sagte Linda, ohne ihn anzusehen. »Ja, das stimmt.«
»Aber ich bin froh, daß du gekommen bist«, sagte Jenny.
Karen war, als hätte sie einen schmerzhaften Schlag bekommen. Natürlich stimmte es. Jenny war nur ehrlich. Sie hätte allerdings gewünscht, das Gehörte würde sie nicht so verletzen.
»Da gibt's vieles, was ich gern wissen möchte«, sagte Jenny.
»Und ich möchte alles über dich wissen«, sagte Linda eifrig, das Gesicht Jenny zugewandt.
»Das Wichtigste für mich ist«, fuhr Jenny fort, und ihre Stimme zitterte leicht, »warum hast du mich nicht gewollt?«
Die Frage war schmerzlich, und Karen hätte ihr Kind am liebsten in die Arme genommen, aber Jenny sah Linda so erwartungsvoll, ja, sogar etwas herausfordernd an.
»Ach, Jenny«, sagte Linda traurig. Sie preßte die Lippen aufeinander und schüttelte den Kopf. »Ich weiß, das muß dir jetzt so vorkommen ...«
»So ist es. Du hast mich weggegeben«, sagte Jenny.
Linda nickte. »Damals ist so viel geschehen ... wenn ich dir das alles erzählen könnte ...«

»Ich will wissen, warum«, sagte Jenny eigensinnig.
Linda schwieg; in ihren Augen lag ein schmerzlicher und abwesender Ausdruck. »Ich habe darüber mit deinen Eltern gesprochen, als du die Blumen in die Vase gestellt hast. Ich stamme von hier. Ich bin in Bayland aufgewachsen. Ich war erst siebzehn, als ich schwanger wurde. Nur ein paar Jahre älter, als du jetzt bist. Und eine Ehe ... eine Ehe kam nicht in Frage.«
»Dann wollte mich mein Vater auch nicht«, sagte Jenny tonlos. »Ich war ein Irrtum.«
»Ach, das darfst du nicht sagen«, unterbrach Linda sie. »Sieh dich doch mal an. Du bist ein so hübsches Mädchen geworden. Manchmal frage ich mich, warum ich überhaupt geboren wurde. Aber wenn ich dich jetzt anschaue, weiß ich, daß ich wenigstens etwas Gutes in meinem Leben getan habe. Zwei gute Dinge. Ich habe dich geboren, und ich habe dich diesen guten Menschen anvertraut ...«
Karen konnte nicht anders, die Antwort, die Antwort der jungen Frau rührte sie. Ganz kurz fühlte sie sich mit dieser Fremden verwandt.
»Aber du hättest mich doch behalten können«, beharrte Jenny. »Es gibt eine Menge ledige Mütter ...«
Linda schüttelte den Kopf. »Vor dreizehn Jahren waren die Lebensumstände anders, Jenny. Die Leute akzeptierten solche Frauen nicht in der Weise, wie sie es heute tun. Außerdem ging ich auf die High-School. Und meine Eltern hätten diese Situation niemals ... niemals akzeptiert. Sie waren strenggläubige Katholiken. Ich hatte sogar Angst, es ihnen überhaupt zu sagen.«
»Und was hast du da getan?« fragte Jenny neugierig.
»Na ja«, sagte Linda forsch. »Ich gab dich zur Adoption frei und setzte mich deshalb mit einem Rechtsanwalt in Verbindung. Dann lebte ich in einem Heim für ledige Mütter in

Chicago. Als du geboren warst, kam der Anwalt und nahm dich mit. Und ich blieb in Chicago. Dort habe ich seither gelebt. Ich suchte mir Arbeit und machte meinen Schulabschluß in einer Abendschule.«
»Und was hast du deinen Eltern gesagt?«
»Gar nichts. Ich ging einfach von zu Hause fort«, antwortete Linda.
Jenny dachte darüber nach. »Hast du dann später geheiratet?«
»Nein«, sagte Linda, mit einer gewissen Schärfe in ihrer Stimme. »Ich lebe allein mit meiner Katze.«
»Ich liebe Katzen«, sagte Jenny vorsichtig.
»Hast du eine?« fragte Linda und sah sich suchend um.
»Nein. Mom ist gegen Katzenhaare allergisch.«
Karen wollte wegen des unausgesprochenen Tadels schon auffahren, hielt sich aber zurück.
»Nun aber genug von mir geredet«, sagte Linda. »Ich möchte etwas über dich hören.«
»Ich habe noch viel mehr Fragen«, sagte Jenny. »Kannst du zum Abendessen bleiben?«
Linda blickte auf, sah die Überraschung auf Karens und Gregs Gesicht und sagte: »Ich fürchte, das ist keine gute Idee.«
Jenny sah Karen an und erkannte sofort den Grund für Lindas Zurückhaltung. »Mom«, forderte sie ihre Mutter heraus, »sie ist doch eingeladen, oder nicht?«
»Darauf bin ich nicht eingerichtet. Wir wollten heute abend kalt essen«, sagte Karen nervös, »aber ich kann …«
»Jenny«, sagte Greg, »bring deine Mutter nicht in Verlegenheit.«
»Nein«, sagte Linda. »Ich habe mich schon genug aufgedrängt.«
»Ich will, daß du bleibst!« schrie Jenny.

»Nein. Ich muß noch meine Mutter besuchen. Heute ist Muttertag.«
Das stimmte Jenny irgendwie milder. »Seit wann hast du sie denn nicht mehr gesehen?«
Linda sah sie ernst an. »Nicht mehr, seit ich meine Eltern verlassen habe.«
»Oh, Mann!« sagte Jenny.
»Begreifst du jetzt? Ich könnte sowieso nicht bleiben.«
Jenny sah Karen an und konnte die Erleichterung in deren Gesicht lesen. Jennys Gesichtsausdruck wurde härter. »Ich wünschte, du könntest es«, sagte sie eigensinnig.
»Ich wünschte es mir auch. Aber ich mache dir einen Vorschlag ... natürlich nur, wenn deine Eltern damit einverstanden sind. Wir könnten uns doch morgen treffen, vielleicht zum Mittagessen. Damit wir uns näher kennenlernen.«
»Jenny hat Schule«, platzte Karen heraus.
»Das hier ist wichtiger«, schrie Jenny.
Linda stand schnell auf. »Vielleicht treffen wir uns nach der Schule. Ich rufe dich an.« Sie sah Karen an. »Ist Ihnen das recht?«
»Ja«, sagte Karen zögernd.
»Wir sprechen noch darüber«, sagte Greg.
»Warum denn nicht? Bin ich etwa eine Gefangene oder so was?« fragte Jenny.
»Du hast ein ziemlich kurzes Gedächtnis«, sagte Greg. »Du hast heute nachmittag Stubenarrest bekommen.«
Linda nahm ihre Handtasche und ging in den Flur. Die Newhalls folgten ihr.
»Ich rufe morgen an«, sagte sie. »Vielen Dank, daß ich Jenny kennenlernen durfte. Sie wissen gar nicht, was mir das bedeutet.«
»Warte!« rief Jenny. »Geh noch nicht. Ich bin gleich wieder

da.« Sie polterte die Treppe hoch und ließ die Erwachsenen in einem peinlichen Schweigen zurück.

»Das ist ein schönes altes Haus«, sagte Linda, um Konversation zu machen.

»Mein Mann hat im Laufe der Jahre eine Menge Arbeit hineingesteckt«, sagte Karen.

»Sind Sie Handwerker, Mr. Newhall?« fragte Linda.

»Ich bin Bauunternehmer«, sagte er knapp. »Das ist mein Beruf.«

Linda nickte und spielte mit ihrer Handtasche.

»Ich hoffe, der Besuch bei Ihrer Mutter verläuft angenehm«, sagte Karen, so freundlich sie konnte.

»Es wird ein Schock für sie sein«, gestand Linda mit einem nervösen Lachen. »Sie weiß nicht, daß ich komme.«

»Sie haben sie nicht von Ihrem Kommen benachrichtigt?« fragte Karen ungläubig.

Linda zuckte mit den Schultern. »Ich habe eine Vorliebe für Überraschungen.« Doch ihre Stimme klang nicht fröhlich. »Manche Dinge kann man nur persönlich regeln.«

Da polterte Jenny die Treppe herunter; in der Hand hielt sie eine in Geschenkpapier eingewickelte Schachtel. Mit ernstem Gesicht reichte sie Linda die Schachtel. »Alles Gute zum Muttertag«, sagte sie.

Linda nahm die Schachtel, sie sah verwirrt aus. »Aber, Jenny ...«

»Mach's auf!« drängte Jenny.

Linda wickelte die Schachtel aus dem Papier, während Karen darauf starrte. Sofort wurde ihr klar, daß Jenny von Lindas Kommen nichts gewußt haben konnte. Es gab nur eine Erklärung, warum Jenny dieses Geschenk parat hatte.

Linda öffnete den Deckel und sah in die Schachtel. Darin lag eine taubengraue, lederne Brieftasche, die Karen eines

Tages bewundert hatte, als sie mit Jenny im Einkaufszentrum gewesen war. Karen unterdrückte ein Stöhnen.
»Ich hoffe, du kannst sie gebrauchen.«
»Oh, das kann ich«, sagte Linda. »Meine ist völlig abgenutzt.«
Jenny strahlte.
»Ich bin überglücklich. Danke.« Plötzlich schien es Linda zu dämmern, daß dieses Geschenk ursprünglich nicht für sie bestimmt war. »Ich meine, es ist reizend von dir, aber ... ich geniere mich, dieses Geschenk anzunehmen.«
»Nein«, beharrte Jenny. »Heute ist Muttertag. Und schließlich bist du doch meine Mutter.«
Karen drehte sich um und ging wieder ins Wohnzimmer.
»Ich rufe Sie morgen an«, sagte Linda schnell und umklammerte die Schachtel. Jenny folgte ihr zur Haustür und winkte zaghaft, als Linda in ihr Auto stieg. Als sie zurückkam, waren ihre Eltern nicht mehr da. Sie ging zur Wohnzimmertür. Karen saß wieder in ihrem Schaukelstuhl. Greg ging hinter dem Stuhl auf und ab.
»Mom, eigentlich wollte ich dir die Brieftasche schenken.«
»Das weiß ich«, sagte Karen tonlos.
»Ich kaufe dir ein anderes Geschenk. Was Besseres. Sie hat mir diese Geschenke gemacht, und da wollte ich ihr auch etwas schenken.«
Karen schwieg. Tränen der Wut stiegen in ihre Augen.
»Ich wollte dir nicht weh tun«, protestierte Jenny.
»Wenn es eine Steigerung gibt, wie du die Gefühle deiner Mutter mehr verletzen könntest, dann wüßte ich das gern«, sagte Greg wütend.
»Ich wußte nicht, daß sie heute kommen würde. Ich wollte nur nett sein«, schrie Jenny.
»Und wir können zum Teufel gehen!« brüllte Greg.

»Jemand mußte doch nett zu ihr sein«, verteidigte sich Jenny. »Ihr beide habt sie entsetzlich behandelt.«
»Diese Frau hatte kein Recht, hierherzukommen«, sagte Greg.
»Nein. Sie ist nur meine Mutter. Meine richtige Mutter. Mir ist es egal, was ihr sagt. Mein ganzes Leben habe ich gebetet, daß sie eines Tages kommen möge.« Jennys Stimme brach, und sie lief aus dem Zimmer.
»Verdammt noch mal«, sagte Greg und schlug mit der Faust gegen den Türrahmen. Dann drehte er sich um und starrte hilflos auf seine Frau, die wie versteinert in ihrem Schaukelstuhl saß. Er ging zu ihr, kniete sich neben sie und rieb ihre kalten Hände. »Liebling«, fragte er, »bist du in Ordnung?«
Karen sah ihn an, nichts als Verwirrung in den Augen. »Ich bin ihre Mutter«, flüsterte sie. Doch es klang wie eine Frage.
»Natürlich bist du das«, sagte er heftig.
Karen beugte sich vor und öffnete die Spieluhr, die auf dem Couchtisch stand. »Beautiful Dreamer« erklang. Nach einer Weile schloß sie den Deckel wieder. Dann fing sie an zu schaukeln, so als wollte sie mit der Bewegung ein verängstigtes Kind beruhigen.

3

Alice Emery nahm ihr schönstes Paar silberner Kerzenleuchter aus dem eingebauten Eckwandschrank, in dem sie ihr Porzellan aufbewahrte, und stellte sie auf den gedeckten Tisch im Eßzimmer. Dann trat sie zurück, um ihren Tisch zu bewundern. Er war für fünf Personen gedeckt, und das schien seltsam. Heute fand das erste Familienessen statt, seit ihr Mann Jack gestorben war. Sie hatte hin und her überlegt und schließlich beschlossen, daß Bill den Platz seines Vaters am Kopfende des Tisches einnehmen sollte, denn schließlich war Bill jetzt das Familienoberhaupt.

Alice beugte sich vor und rückte die Serviette neben dem Teller ihrer Schwiegertochter Glenda gerade. Sie vergewisserte sich, daß der Kindersitz für ihren dreijährigen Enkel fest in seiner Verankerung ruhte und daß beide Kinder ihre eigenen Silberbestecke hatten, die die Großeltern extra für ihre Enkel gekauft hatten.

Tränen traten in ihre Augen, als sie daran dachte, wie Jack, ein Enkelkind auf jedem Knie, dagesessen hatte. Allein die Kinder hatten es vermocht, ihn seine Sorgen vergessen zu lassen. Er war immer ein stiller, in sich gekehrter Mann gewesen – sogar als er sie umworben hatte –, doch Kinder hatten eine Art, die ihn heiter stimmte. Sehr gesprächig war er nie gewesen, und Alice wußte, daß ihn viele Menschen fälschlicherweise für einen mürrischen, unzugänglichen Mann hielten, doch sie hätten ihn ganz anders beurteilt, hätten sie ihn im Umgang mit Kindern erlebt. Wenn sie plapperten, schien er geradezu aufzublühen. Er lachte mit ihnen und verlor jedes Zeitgefühl. Das war mit seinen eigenen Kindern so gewesen und mit seinen Enkeln ebenso. Alice ging ins Wohnzimmer und setzte sich. Sie wartete. Dann nahm sie ihre Handarbeit auf. Sie arbeitete an einer Stickerei für Glendas Küche. Im Januar hatte sie begonnen und gehofft, zum Muttertag damit fertig zu sein, doch dann war Jack im März gestorben. Sie unterbrach ihre Handarbeit, als sie an jenen schicksalhaften Samstag dachte, an dem ein alter Freund Jack sein Boot zum Fischen angeboten hatte. Alice hatte ihn zu diesem Ausflug gedrängt, denn sie dachte, er würde ihm guttun.

Alice seufzte bei der Erinnerung an das Geschehene. Als er draußen auf dem Meer war, war plötzlich ein Sturm aufgezogen, und man hatte später nur noch das Wrack des Boots gefunden. Manche Leute sagten noch immer zu ihr, daß er es vielleicht bis an Land geschafft habe und sie den Glauben nicht verlieren dürfe. Alice hatte Glauben. Sie hatte den Glauben, daß ihr Ehemann, der ein guter und anständiger Mann gewesen war, sich nun im Himmel befand und daß sie ihn dort eines Tages wiedersehen würde. Aber daran, daß ein Sechzigjähriger auf See überlebt hatte, daran glaubte sie nicht. Es war sinnlos, sich falsche Hoffnungen zu machen, das raubte einem nur die Kraft. Schon einmal im Leben hatte sie sich falsche Hoffnungen gemacht.

Nein, sie war jetzt Witwe. Eine dieser Frauen, die sich tiefgefrorene Mahlzeiten im Mikrowellenherd zubereiteten und nicht mehr häufig eingeladen wurden. Aber wenigstens mußte sie nicht jemanden bitten, kleine Reparaturen an ihrem Haus auszuführen. Darum kümmerte sich Bill, und in diesen Dingen war er sehr kompetent. Jede Woche rief er sie an und fragte, ob irgend etwas zu tun sei. Keine Mutter hat einen Sohn, auf den sie sich mehr verlassen kann, dachte sie.

Es läutete, und Alice warf überrascht einen Blick auf die Kaminuhr. Für Bill und seine Familie war es noch viel zu früh. Außerdem läuteten sie nie. Sie kamen einfach hereinmarschiert und riefen nach ihr.

Etwas steif wegen ihrer Arthritis stand Alice auf und ging zur Tür. Bill drängte sie immer, eine Kette vor der Tür anbringen zu lassen, doch Alice weigerte sich. Bayland war immer ein nettes, ruhiges Städtchen gewesen – deshalb war sie mit ihrem Mann auch hierhergezogen. Und es war noch immer eine nette Stadt.

Alice öffnete die Tür und sah eine junge Frau vor sich stehen, die sie unter Tränen anlächelte. Sie brauchte eine volle Minute, bis sie erkannte, wer vor ihr stand.

»Hallo, Mom«, sagte Linda.

Alice starrte ihre Tochter nur weiter an.

»Erkennst du mich nicht?« fragte Linda.

Alices Herz klopfte wild. Es war Linda. Ihre Linda, die sie seit so vielen Jahren nicht mehr gesehen oder gesprochen hatte. Sie versuchte zu zählen, war aber außerstande dazu.

»Gütiger Himmel«, sagte sie. »Bist du's wirklich?« Sie fragte es mit einer Mischung aus scharfem Tadel und unendlicher Freude.

Linda streckte versuchsweise die Arme aus und stolperte nach vorn, als Alice sie an sich zog, sie festhielt, einfach nur festhielt.

»Ach, Mom, es tut mir so leid«, schluchzte sie an der Schulter ihrer Mutter. »Ach, Mom.«

Als könnte sie jetzt wieder einen klaren Gedanken fassen, löste sich Alice aus der Umarmung ihrer Tochter und sah sie an, dieses Kind, das nun eine Frau war. »Wo bist du gewesen?« fragte sie in einem Ton, als wäre Linda noch

immer der Teenager, der vor einer Stunde mit dem Versprechen aus dem Haus gegangen ist, gleich wiederzukommen.
Linda wischte sich die Tränen aus den Augen und lachte kläglich über die Frage. »Ach, Mom«, sagte sie. »Das ist eine lange Geschichte. Darf ich reinkommen?«
Alice nickte hilflos, Tränen in den Augen. Linda nahm ihren Koffer und marschierte durch die Tür. »Ich erzähle dir alles«, sagte sie. Sie sah sich in dem vertrauten Zimmer um und seufzte. Dann sagte sie zu ihrer Mutter: »Neue Vorhänge. Sehr hübsch. Und ein neuer Teppich.«
Alice umarmte ihre Tochter noch einmal kurz, und dann stieß sie sie weg. »Linda Jean Emery«, sagte sie, »ich sollte dir ins Gesicht schlagen. All die Jahre nicht ein einziges Wort von dir. Wie konntest du das nur tun?«
»Ich hatte meine Gründe dafür, Mom. Das mußt du mir glauben.«
Alice schüttelte den Kopf. »Die will ich gar nicht hören. Dafür gibt es keine Entschuldigung. Wie wir gelitten haben!« rief sie.
»Verzeih mir, Mom. Verzeih mir.«
Wieder schüttelte Alice den Kopf, und dann fing sie bitterlich zu weinen an. Linda legte den Arm um ihre Mutter und führte sie zu einem Stuhl.
»Ich weiß«, sagte Linda und nickte traurig. »Es tut mir so wohl, dich zu sehen, Mom. Du siehst genauso wie früher aus.«
»Ich sehe entsetzlich aus«, protestierte Alice. »Ich habe gerade das schlimmste Jahr meines Lebens hinter mir. Das heißt, seit du uns verlassen hast.«
»Ich weiß, daß Daddy gestorben ist«, sagte Linda. »Es tut mir so leid.«
»Das sollte es auch«, sagte Alice. »Woher weißt du es?«

»Ich habe die *Gazette* abonniert. Natürlich unter anderem Namen.«
Alice sah ihre Tochter prüfend an. »Warum?« schrie sie schluchzend auf. »Warum hast du uns nicht wenigstens angerufen?«
»Ich hielt es für besser, das nicht zu tun.«
»Besser?« schluchzte Alice. »Wie kann das besser sein? Uns einfach im ungewissen zu lassen? Es war für uns ein Martyrium. Dein armer Vater ist nie darüber hinweggekommen.«
Linda wandte sich ab und starrte in Erinnerungen verloren aus dem Fenster. »Ich mache dir keine Vorwürfe, daß du böse auf mich bist«, sagte sie.
»Vielen Dank, Linda. Ich kann nicht einmal denken, so wütend bin ich auf dich«, schäumte Alice.
Als hätte Linda den letzten Satz nicht gehört, ging sie aus dem Raum und machte eine Runde durch die alten, vertrauten Zimmer. Sie berührte Möbel und Gegenstände. An der Tür zum Eßzimmer blieb sie stehen. »Wer kommt denn?« fragte sie, als sie den gedeckten Tisch sah.
»Bill, seine Frau und ihre beiden Kinder, Tiffany und Mark.«
Linda schüttelte verwundert den Kopf. »Bill hat zwei Kinder? Wen hat er geheiratet?«
»Glenda Perkins.«
»Seine Freundin aus der High-School?« fragte Linda. »Das überrascht mich. Ich hielt sie nicht für seine große Liebe.«
»Na ja, als Bill wieder nach Hause kam, gingen sie wieder zusammen. Nachdem du uns verlassen hattest, mußte er vom College abgehen. Dein Vater bekam Depressionen und konnte nicht mehr arbeiten. Bill kriegte bei Shane's Sporting Goods einen Job und konnte uns finanziell unterstützen. Er blieb dort. Er ist jetzt Manager.« Der Vorwurf in Alices Stimme war gewollt, aber Linda schien ihn zu überhören.

»Er mochte Sport immer«, sagte Linda vage.
»Gemocht? Er wollte nach dem College Profi-Footballer werden. Natürlich konnte er sein Studium nicht abschließen, deshalb ...« Alice merkte, daß ihre Worte nicht zu Linda durchdrangen. Ihre Tochter schien mit den Gedanken woanders zu sein. »Jedenfalls«, fuhr sie fort, »ist Glenda ihm eine wunderbare Frau, und für mich ist sie wie eine Tochter.«
»Das freut mich«, sagte Linda.
»Erzähl mir nicht, daß dich das freut!« schäumte Alice. »Wie kannst du es wagen, einfach hier reinzuplatzen? Warum um alles in der Welt bist du davongelaufen, ohne ein Wort? Waren wir dir keine guten Eltern? Niemand hätte dich mehr als wir lieben können.«
Linda setzte sich in einen schäbigen Sessel und sagte zu ihrer empörten Mutter: »Mom, ich schämte mich und war verwirrt. Ich wollte nicht, daß ihr davon erfahrt.«
»Wessen hast du dich geschämt?« fragte Alice unsicher.
»Als ich euch verließ, war ich schwanger.«
Alice zuckte bei dem Wort zusammen. »Oh, mein Gott.«
»Ist dir klar, was das bedeutet? Du und Dad, ihr wart immer so streng. Ihr habt immer mit meinen Leistungen in der Schule geprahlt. Diese Situation wäre zu demütigend für euch gewesen.«
Alice gewann ihre Fassung wieder. »Du meine Güte, Linda. Natürlich wären wir darüber nicht sehr glücklich gewesen ...«
»Es war viel schlimmer«, murmelte Linda. »Ich konnte es euch nicht sagen.«
»Wir hätten dir helfen können«, empörte sich Alice. »Und was war mit dem Jungen? Er hat sich doch sicher um dich gekümmert.«
»Er konnte mich nicht heiraten.«

»Aber einfach so wegzulaufen. Das hat alles nur noch viel schlimmer gemacht.«
»Ich war noch ein Kind, Mom. Begreifst du das? Ich wußte nicht, was ich tun sollte. Ich habe das einzige getan, was mir logisch erschien. Außerdem habe ich sowieso geglaubt, daß ihr mich verstoßen würdet.«
Alice seufzte. Plötzlich fühlte sie sich erschöpft. Alle diese verlorenen Jahre. Und das hätte so leicht vermieden werden können. Was hatte es jetzt noch für einen Sinn zu streiten? Es war zu spät, die Vergangenheit ändern zu wollen. Sie sah ihre nun erwachsene Tochter verstohlen an. Trotz allem war dieser Anblick für sie wie Balsam auf eine Wunde. Sie sah noch immer gut aus. Alice zwang sich, ihre Gedanken auf das zu konzentrieren, was Linda ihr gesagt hatte. Schwanger mit siebzehn. Irgendein Junge hatte ihre Unwissenheit ausgenutzt. Trotz aller Warnungen und dem Versuch der Eltern, ihrer Tochter den richtigen Weg zu weisen. Dann kam ihr ein anderer Gedanke. Fast hatte sie Angst, die Frage zu stellen.
»Was ist mit dem Baby? Du hast doch nicht …«
»Nein. Ich habe nicht abgetrieben. Ich habe das Kind bekommen. Ein Mädchen. Ich habe sie zur Adoption freigegeben.«
»Oh, mein Gott«, sagte Alice kläglich.
»Was hätte ich denn sonst tun können? Ich konnte sie wohl kaum selbst großziehen. Damals hatte ich nicht einmal meinen High-School-Abschluß.«
»Wenn du es uns nur gesagt hättest«, klagte Alice und schüttelte den Kopf.
Linda sah ihre Mutter prüfend und ernst an, als wöge sie die nächsten Worte ab. Schließlich sagte sie: »Mutter, es gab da gewisse Umstände … Schau mal, ich bin zurückgekommen, um … sagen wir mal, ein paar Dinge aus der Vergangenheit

in Ordnung zu bringen. Damals geschah Unrecht. Und die Geschichte wird ziemlich viel Staub aufwirbeln, ehe sie vorbei ist. Aber ich verspreche dir, daß du dann alles verstehen wirst ...«
»Kind, du sprichst in Rätseln. Was für Umstände? Jeden Tag werden junge Mädchen schwanger. Hat das etwas mit dem Vater des Kindes zu tun? War er verheiratet? Ich bin nicht von gestern. Ich sehe solche Geschichten täglich im Fernsehen oder lese sie in den Zeitungen. Ich weiß, daß es sie gibt. Obwohl ich nicht geglaubt hätte, daß du in eine solche verwickelt sein könntest.« Plötzlich kam Alice ein neuer Gedanke. »Du hast dich doch nicht mit einem Farbigen eingelassen?«
»Bitte, Mom, nimm mich nicht in die Mangel. Du mußt mir jetzt einfach vertrauen ... oder mir glauben.«
Alice legte den Kopf zurück und schloß die Augen. »Was für eine Vergeudung«, sagte sie.
»Ich habe mein Leben nicht vergeudet«, beharrte Linda. »Ich habe einen Hochschulabschluß und eine sehr gute Stellung bei Marshall Fields. Ich habe mich hochgearbeitet. Und ich habe eine hübsche kleine Wohnung in Chicago.«
»Chicago?« wiederholte Alice wie erstarrt. »Wahrscheinlich bist du jetzt verheiratet?«
»Nein«, sagte Linda brüsk. »Und ich werde auch nicht heiraten.«
Dann herrschte zwischen den beiden Schweigen. Schließlich stand Alice auf und sagte: »Möchtest du Tee oder irgend etwas anderes?«
»Nein, nicht jetzt. Mom, ich möchte dir noch etwas sagen.«
Alice sah fast ängstlich aus. Würde es noch schlimmer kommen? »Was?«
»Ich habe meine Tochter gesehen.«

Alice fiel wieder auf ihren Stuhl zurück. »Das Baby?«
»Sie ist jetzt dreizehn«, sagte Linda stolz. »Sie wurde von einem Ehepaar hier, aus Bayland, adoptiert. Ich habe sie heute nachmittag besucht.«
»Haben dich die Leute darum gebeten?«
»Nicht eigentlich«, sagte Linda. »Aber ich habe herausgefunden, wo sie leben.«
»Oh, Linda, Linda.«
»Sie ist sehr hübsch, Mom. Sie heißt Jenny. Jenny Newhall. Die Familie lebt am Potter's Way.«
»So etwas darfst du doch gar nicht?«
»Was darf ich nicht?« fragte Linda abwehrend.
»Dich dem Kind als leibliche Mutter zu erkennen geben. Jedenfalls durfte man das früher nicht.«
»Die Dinge haben sich geändert, Mom.«
»So sehr ändern sie sich nun auch wieder nicht. Und es gab gute Gründe dafür. Niemand will daran erinnert werden, wie dieses Kind auf die Welt kam.«
»Mein Gott, deine Ansichten stammen aus der Steinzeit. Sie ist wie jedes andere Baby auf die Welt gekommen. Möchtest du sie nicht sehen? Sie ist deine Enkelin.«
»Linda, um Himmels willen. Noch vor zwei Minuten wußte ich nicht einmal, daß sie existiert. Ich versuche noch immer mit der Tatsache fertig zu werden, dich nach all den Jahren wiederzusehen. Obwohl ich jetzt langsam begreife, daß dir der Gedanke wohl erst nachträglich kam.«
»Wovon redest du?«
»Du bist in Wahrheit nur gekommen, um dieses Kind zu sehen, das du verlassen hast. Und da du schon mal hier warst, hast du mich ebenfalls besucht.«
»So liegen die Dinge nicht«, sagte Linda bitter.
Alice wandte den Kopf ab. »Ich weiß nicht, wie die Dinge liegen«, gab sie zu.

Linda seufzte, dann herrschte Schweigen. »Ich möchte mich gern frisch machen«, sagte sie nach einer Weile.
»Du weißt ja, wo das Badezimmer ist«, sagte Alice scharf.
Linda ging die Treppe hoch ins Bad und wusch sich das Gesicht. Dann ging sie über den Flur zu ihrem alten Zimmer. Sie öffnete die Tür und schaute hinein. Alles war noch genau so, wie sie es verlassen hatte, als sie siebzehn gewesen war.
In dem Raum war seit vierzehn Jahren nichts verändert worden. Derselbe rosafarbene Bettüberwurf, dieselben Bücher im Regal, ihre Poster an den Wänden, alle ihre Erinnerungen an die Kindheit standen noch auf ihrem Schreibtisch.
Sie hörte Alices schweren Schritt auf der Treppe. Ihre Mutter kam und stellte sich hinter sie. »Mom«, hauchte Linda. »Es ist ja genauso wie früher.«
Alice seufzte. »Dein Vater verbot mir, auch nur eine Kleinigkeit zu ändern. Er hat immer geschworen, daß du eines Tages zurückkommen würdest, und er wollte, daß wir alles deinetwegen unverändert lassen.«
»Daddy«, seufzte sie wehmütig.
»Nachdem du fort warst, wurde er krank. Ich meine, seelisch krank«, sagte Alice. »Die Ärzte verschrieben ihm alle möglichen Medikamente, aber richtig gesund wurde er nie wieder. Du warst seine Freude und sein Stolz. Auf dich war er sogar stolzer als auf seinen Sohn«, sagte Alice in einem Ton, der noch jetzt ihr Erstaunen über diese Tatsache ausdrückte. »Dieser Kummer zermürbte ihn, er hat ihn ausgelaugt.«
Ganz kurz sah es so aus, als wollte Linda die unverhüllte Anklage ihrer Mutter parieren, denn ihre Haltung straffte sich. Doch dann fiel sie wieder in sich zusammen. »Auch mir hat er gefehlt«, flüsterte sie. »Mehr, als du jemals ahnen wirst.«

»Na ja«, sagte Alice widerwillig, »du siehst jedenfalls aus, als würdest du im Leben gut zurechtkommen.«

Linda zuckte mit den Schultern, noch immer starrte sie auf das Heiligtum, das einmal ihr Zimmer gewesen war. »So habe ich mir mein Leben nicht vorgestellt, als ich als kleines Mädchen hier lebte. Aber wahrscheinlich habe ich das Beste daraus gemacht«, sagte sie mit einer gewissen Härte.

In dem Moment wurde die Haustür aufgestoßen, und hohe, aufgeregte Kinderstimmen riefen: »Grammy! Grammy!«

»Das sind Bills Rangen«, sagte Alice stolz.

»Hallo, Mom, wo bist du?« rief Bill die Treppe hoch.

Alice strahlte jetzt Gelassenheit aus. Sie wollte Linda nichts sagen, doch sie fürchtete sich etwas vor Bills Reaktion. »Ich bin hier oben«, rief sie zurück und ging vorsichtig die Treppe hinunter.

Als sie unten war, kam Bill und küßte sie auf die Wange. »Alles Gute zum Muttertag, Mom.«

Alice umarmte ihn fest. »Danke, mein Junge.«

»Alles Gute zum Muttertag«, sagte Glenda, mit einem Stapel Geschenke in den Händen. »Wo soll ich die hinlegen?«

»Leg sie aufs Sideboard, Liebes«, sagte Alice zerstreut, denn Tiffany und Mark kamen angerannt und umklammerten ihre Beine.

»Ich hab ein Geschenk für dich, Großmama«, rief Tiffany.

»Ich auch«, sagte Mark.

»Hast du nicht«, sagte Tiffany.

»Ich könnte ein Bier vertragen«, sagte Bill.

»Steht im Kühlschrank«, sagte Alice.

Bill ging durchs Wohnzimmer und entdeckte den Koffer neben dem Sofa. »Hast du Besuch bekommen? Wem gehört der Koffer?«

Linda war ihrer Mutter die Treppe hinunter gefolgt.

»Wer bist du?« fragte Tiffany.

Glenda lächelte Linda entschuldigend an. »Das ist unhöflich, Tiff.«

»Ich habe eine Überraschung für dich, mein Junge«, sagte Alice und versuchte, ihre Stimme leicht und freudig klingen zu lassen.

Bill starrte Linda an, die unter seinem Blick nervös wurde. Ganz plötzlich dämmerte es ihm, Erkennen flackerte in seinem Blick auf, und sein normalerweise rosiges Gesicht wurde aschfahl.

»Hallo, Bill«, sagte Linda schüchtern.

»Deine Schwester ist nach Hause gekommen«, sagte Alice mit forcierter Fröhlichkeit.

»Linda«, sagte Bill tonlos.

Alice kannte ihren Sohn gut. Er war immer ihr Liebling, ihr geliebter Junge gewesen, und sie wußte, was der Ausdruck in seinen Augen bedeutete. Sie leckte sich nervös die Lippen und plapperte weiter. »Stell dir nur meine grenzenlose Überraschung vor, als ich die Tür öffnete. Ich glaube nicht, daß ich noch mal einen solchen Muttertag haben werde. Da stand sie leibhaftig vor mir. Unsere Linda.« Mit Absicht hatte Alice das Wort »unsere« gewählt, um die Blutsbande zu betonen. Schließlich war das das Wichtigste.

Linda starrte ihren Bruder an. »Es tut so gut, dich nach all den Jahren zu sehen, Bill.«

Die Kinder drängten sich an ihre Mutter und warfen ihrem Vater ängstliche Blicke zu. Sie wußten, wann sie still sein mußten.

Bills graugrüne Augen waren eisig. Er war ein großer, muskulöser Mann, ehemaliger Footballspieler. Sein Haar wurde zwar schon grau, doch er wirkte noch immer jugendlich. Seine fleischigen Hände waren zu Fäusten geballt. »Was, zum Teufel, hast du hier zu suchen?« sagte er mit so tiefer Stimme, daß es fast wie ein Knurren klang.

»Ich wollte Mutter wiedersehen. Und dich natürlich«, sagte Linda.
»Linda lebt in Chicago«, mischte sich Alice ängstlich ein. »Sie hat dort einen guten Job und eine Wohnung. Wir haben lange über die Vergangenheit und alles, was geschehen ist, geredet. Sie hat mir alles erklärt.«
Linda sagte: »Ich weiß, daß keine Erklärung der Welt nach so langer Zeit ...«
Alice wandte sich an Glenda, die ihre Hände schützend über ihre Kinder gelegt hatte. »Du hast doch schon von unserer Linda gehört? Vielleicht erinnerst du dich noch von früher an sie.«
Glenda schüttelte heftig den Kopf, als wollte sie sagen: Haltet mich aus dieser Geschichte raus.
Alice wandte sich wieder an Bill: »Habt ihr beide, du und Glenda, nicht manchmal Linda mit an den Strand genommen, als ihr alle noch Kinder wart?« Sie versuchte krampfhaft, irgendwelche angenehmen Erinnerungen zu beschwören. Die Luft in dem Raum war stickig, drohend. Alice rieb sich energisch die Arme. »Ja, so war es. Du hast dich immer um deine kleine Schwester gekümmert ...«
Bill schien seine Mutter nicht einmal zu hören. »Raus hier!« sagte er zu Linda.
»Aber, Bill«, protestierte Alice.
»Nein, Mutter«, bellte er. »Nein.«
»Aber willst du nicht einmal wissen ...«
»Warum sie gegangen ist? Wo sie gewesen ist? Das ist mir alles scheißegal. Ich will nur, daß sie hier verschwindet.«
»Bill!« rief Glenda mißbilligend.
Linda wurde weiß, wandte den Blick aber nicht ab.
»Benutze diese Worte nicht«, sagte Alice. »Nicht vor den Kindern.«
»Ich will, daß sie keine Zweifel hegen, was ich von dieser

Person halte. Ich nehme an, sie ist ihre Tante. Du bist doch ihre Tante, nicht wahr?« Bill spie das Wort wie einen Fluch aus.
Tränen traten in Lindas Augen, aber sie streckte das Kinn vor. »Ja, das bin ich«, sagte sie.
»Du hast einen verdammten Scheißmut, hier aufzukreuzen.«
»Junge!« schrie Alice wütend. »Gebrauch solche Worte nicht in diesem Haus!«
Bill wandte sich an seine Mutter. »Machst du dir darum Sorgen? Um meine unflätige Redeweise? Komm zu dir, Mutter. Weißt du nicht mehr, was diese ... was sie uns angetan hat? Hast du das vergessen?«
»Inzwischen ist so viel Wasser den Bach hinuntergelaufen«, sagte Alice und versuchte, ihren Sohn zu beschwichtigen. »Wir müssen vergeben und vergessen.«
»Espar mir diese Platitüden, Mutter. Ich werde niemals vergessen.« Er marschierte zu Lindas Koffer, nahm ihn und trug ihn zur Haustür. Er riß die Tür auf und ließ den Koffer auf die Treppe fallen. »Raus hier, Linda!«
»Bill, hör damit auf!« schrie Alice. »Sie kam und wollte eine Weile hierbleiben.«
»In diesem Haus bleibt sie nicht«, sagte Bill.
»Langsam, langsam«, sagte Alice »Das ist mein Haus. Und ich kann wohl noch bestimmen, wer in meinem Haus lebt.«
Bill starrte seine Mutter an. »Dieses Haus ist nur aus einem Grund noch dein Haus: weil ich gearbeitet und dafür die Raten bezahlt habe, als Vater nicht mehr arbeiten konnte.«
»Ich wußte nicht, daß du die Dinge so siehst«, sagte Alice gekränkt.
»Entschuldige, Mutter. Ich will mit dir nicht streiten. Aber sie kann nicht bleiben. Wenn sie bleibt, gehe ich. So einfach

ist das. Ich will nicht unter demselben Dach wie diese egoistische ...« Bill schluckte das Schimpfwort hinunter.
Alice drehte sich um und sah ihre Tochter hilflos an. Sie merkte sofort, daß Linda von ihr erwartete, daß sie ihrem Sohn die Stirn bot. Aber Bill war jetzt der Mann in der Familie. Und was er wegen des Hauses gesagt hatte, stimmte.
»Du hast gar nicht erwähnt, daß du hierbleiben willst«, sagte Alice.
Lindas Gesichtszüge verfielen, sie starrte Alice an. »Mutter«, sagte sie, »wirfst du mich hinaus?« Wieder traten Tränen in ihre Augen.
Alices Blicke wanderten hilflos zwischen ihren beiden Kindern hin und her.
»Jetzt hast du's erfaßt«, sagt Bill mit wütender Befriedigung.
»Aber ich bin gekommen, um bei euch zu sein«, protestierte Linda.
Alice zerriß es das Herz. Sie konnte ihrer Tochter nicht in die Augen sehen.
Bill war unerbittlich. »Daran hättest du vor zehn Jahren denken sollen. Wo warst du denn in all den Jahren? Im Koma?«
Linda schüttelte müde den Kopf. »Bill, ich wollte die Dinge wieder ins Lot bringen. Ich dachte, wenigstens das könnten wir versuchen.«
»Dann hast du eben falsch gedacht«, sagte Bill.
Linda sah ihre Mutter an, aber Alice starrte zu Boden. »Du bist mir gegenüber nicht fair«, sagte Linda.
Bill schnaubte höhnisch. Alice schwieg.
Linda ging langsam zur Tür und blickte auf ihren Koffer, der auf der Treppe lag. Bill wich zurück, als sie an ihm vorbeiging, als hätte er Angst, sie könnte ihn berühren. »Ich nehme mir ein Zimmer«, sagte sie nur.
»Es tut mir leid«, sagte Alice in flehendem Ton.

»Das braucht dir nicht leid zu tun«, sagte Bill. »Es ist allein ihr Fehler.«

»Ich rufe dich an, Mutter«, sagte Linda.

Alice wollte irgend etwas sagen. Ich liebe dich. Aber sie wagte es nicht. Nicht in Bills Gegenwart. Sie wollte es mit den Augen sagen, aber Linda sah sie nicht an. Sie wollte ihre Tochter noch einmal umarmen, aber auch das ging jetzt nicht.

»Komm ja nicht wieder«, sagte Bill. Linda warf ihm einen kläglichen Blick zu, doch er starrte geradeaus, als wäre sie unsichtbar, ein Geist, der durch die offene Tür schwebte.

4

Karen saß im Wohnzimmer, ein aufgeschlagenes Buch in ihrem Schoß, und starrte aus dem Frontfenster in den Nachthimmel. Über sich hörte sie ständig das gedämpfte Dröhnen von Rockmusik. Greg kam ins Zimmer und sah seine Frau eine volle Minute an, ehe ihm ein klägliches Lächeln gelang.
»Gefällt dir das Buch?« fragte er.
Karen sah ihn verständnislos an. »Was?« sagte sie.
»Ob dir das Buch gefällt, in das du dich vertieft hast?« sagte er und setzte sich ihr gegenüber.
Karen sah auf das Buch und klappte es mit einem Seufzer zu. Sie legte es auf einen Tisch.
»Ich weiß nicht einmal, warum ich es aufgeschlagen habe«, sagte sie.
Greg faltete die Arme vor der Brust. »Was geht dir so im Kopf rum?«
»Als ob du das nicht wüßtest«, antwortete sie.
»Dann reden wir wohl besser darüber.«
Karen starrte wieder aus dem Fenster. Sie konnte die Sterne durch die Wipfel der Bäume im Garten glitzern sehen. Sie versuchte ihre Gedanken zu ordnen. Schließlich sagte sie bedrückt: »Du wirst sicher gleich sagen, daß ich übertrieben reagiere.«
»Wohl kaum«, sagte er, noch immer wütend.
Karen überraschte sein Ton. Normalerweise versuchte er, ihre Sorgen zu bagatellisieren, sie ihr auszureden. Aber heute abend schien seine Reaktion ihrer zu gleichen. »Was

geschieht«, begann sie, »was geschieht, wenn diese Frau uns Jenny wegnehmen will?«
Greg schüttelte den Kopf. »Das kann sie nicht«, sagte er.
»Woher willst du das wissen?«
»Nein, wirklich nicht«, entgegnete er. »Es handelt sich um eine legale Adoption. Die Frau hat auf alle Rechte bezüglich ihres Kindes verzichtet, als sie die Dokumente unterzeichnete. Natürlich setze ich voraus, daß mein inkompetenter Anwalt, Arnold Richardson, sie die Papiere unterzeichnen ließ.«
»Sag so was nicht, Greg.«
»Tut mir leid. Sicher hat er es getan. Außerdem sind wir nicht nur Pflegeeltern, sondern haben Jenny ganz legal adoptiert.«
»Aber manchmal ändern diese Frauen ihre Meinung und wollen ihr Kind zurückhaben.«
»Dafür gibt es eine gesetzliche Frist, und die betrug in unserem Fall drei Wochen.«
Karen nickte. Sie würde niemals den Druck vergessen, unter dem sie damals gestanden hatte, die Angst vor einem Anruf von der Kanzlei, mit dem ihnen mitgeteilt würde, daß die Mutter ihre Meinung geändert habe.
»Wenn du es möchtest«, sagte Greg, »rufe ich Arnold Richardson morgen früh an und erkläre ihm die Situation. Er wird dir dasselbe sagen. Sie hat kein Recht auf das Kind.«
»Meiner Ansicht nach ist Richardson für die ganze Geschichte verantwortlich. Niemand hätte in unsere Akten Einsicht nehmen dürfen.«
»Er hat sicherlich nicht gewußt, was da gelaufen ist.«
»Das ist keine Entschuldigung«, sagte Karen wütend. »So etwas darf in einer Anwaltskanzlei nicht passieren.«
Greg atmete tief ein, griff nach einer Zeitschrift und blätterte sie hastig durch.

»Jetzt bist du mir böse«, sagte sie.
»Nein. Ich will nur nicht, daß du dich deswegen so aufregst. Schließlich ist uns nicht der Himmel auf den Kopf gefallen. Du mußt ruhig bleiben.«
»Genauso wie du«, sagte sie.
Greg antwortete nicht. Er rollte die Zeitschrift zusammen und schlug damit geistesabwesend in seine geöffnete Hand.
»Aber es geht nicht nur um die Legalität des Ganzen, Greg.«
»Was willst du damit sagen?«
»Ich will damit sagen, daß Jenny vielleicht lieber bei dieser Frau wäre. Wenn sie Linda nun uns ... mir vorzieht?«
»Das ist doch völliger Unsinn!« fuhr er hoch. »Warum sollte sie sich einer Fremden zuwenden und nicht ihrer Familie, die sie kennt und liebt?«
»Du hast doch gesehen, wie sie reagiert hat«, sagte Karen. »Die ganze Geschichte hat sie fasziniert. Sie hat sich benommen, als hätte sie ihr ganzes Leben darauf gewartet, daß eines Tages ihre wundervolle leibliche Mutter auftaucht.«
»Du übertreibst.«
»Kann sein. Aber ich habe Angst. Sie und ich streiten uns seit kurzem täglich. Alles, was ich tue oder sage, ist verkehrt. Und dann kommt diese zauberhafte, geheimnisvolle Fremde daher und sagt: ›Ich bin deine richtige Mutter, und ich habe immer schon von dir geträumt, und jetzt bist du noch viel wunderbarer als in meinen kühnsten Träumen.‹« Karen stand auf und ging im Wohnzimmer hin und her. »Also gibt es einmal die Adoptivmutter, Karen, eine alte Hexe, die Jenny quält, mit Hausaufgaben und lästigen Pflichten, und dann gibt es Linda, die liebende richtige Mutter, die Jenny wie eine Art wandelndes Wunder behandelt. Ich frage dich, welche Mutter ist attraktiver? Welche würdest du dir wünschen?«

»So kompliziert ist das doch gar nicht«, sagte Greg, mied aber den verzweifelten Blick seiner Frau.

»Jenny sucht doch nur nach einem Grund, um mich für immer und ewig ablehnen zu können. Und dieser Grund spazierte heute nachmittag einfach so in unser Haus. Das ertrage ich nicht, Greg. Sie ist alles, was ich habe. Sie ist mein einziges Kind.«

Greg knallte die Zeitschrift auf den Couchtisch und stand auf. »Hör damit auf, Karen! Hör auf, dieses Geschichte aufzublasen. Du machst aus einer Mücke einen Elefanten. Um Himmels willen, versuch, vernünftig zu sein!«

Karen starrte ihren Mann an, Tränen traten in ihre Augen.

»Es tut mir leid«, sagte sie, »wenn ich nicht mal über meine Ängste mit dir reden kann ...«

Ein Ausdruck der Qual lag in seinen Augen. Er sah sie nicht an.

»Schau mal«, sagte er, »du tust, als würde Jenny das alles allein entscheiden. Aber ich werde ihr verbieten, diese Frau noch einmal zu treffen. Wir verbieten es ihr einfach. Sie ist minderjährig. Wir sind ihre Eltern. Und was wissen wir überhaupt über diese Frau? Vielleicht spinnt sie. Vielleicht ist sie eine Psychopathin. Auf jeden Fall besitzt sie wenig gesunden Menschenverstand, da sie aus heiterem Himmel bei uns aufgekreuzt ist.«

»Ja, das stimmt«, sagte Karen und setzte sich neben ihren Mann auf die Couch.

»Eins möchte ich dir sagen. Ich verstehe nicht, warum du mit diesem Treffen morgen einverstanden warst.«

Karen schwieg.

»Es ist doch ganz einfach. Wir verbieten Jenny, Linda noch einmal zu sehen. Damit hat die Geschichte ein Ende. Es ist mir ein Vergnügen, Miss Emery unseren Entschluß selbst mitzuteilen. Du brauchst sie nie wieder im Leben zu sehen.«

»Nein«, sagte Karen seufzend. »Das können wir nicht machen.«

»Glaub mir«, sagte Greg. »Ich sage es auch Jenny. Mir macht es nichts aus, als der Bösewicht dazustehen.«

»Nein«, sagte Karen, »darum geht es nicht. Es geht darum, daß wir ihr nicht verbieten dürfen, ihre leibliche Mutter kennenzulernen. Jetzt, da sie sich einmal gesehen haben. Das wäre nicht fair. Ich weiß, daß Jenny viele Fragen hat. Der Schulpsychologe hat mir das gesagt. Sie ist in einem kritischen Alter, was Identitätsprobleme angeht. Und adoptierte Kinder leiden besonders darunter. Vielleicht würde es ihr helfen, diese Frau kennenzulernen. Zu wissen, wer sie ist. Und wer ihr Vater ist. Was auch immer Linda ihr erzählen würde.«

»Das begreife ich nicht«, sagte Greg verärgert. »Erst sagst du das eine, und dann, wenn ich dir eine Lösung des Problems vorschlage, sagst du das Gegenteil. Ich versuche, dich zu beschützen. Und Jenny.«

»Es ist keine Lösung«, beharrte Karen. »Begreifst du das denn nicht? Wenn wir ein großes Theater um diese Geschichte machen, wird Jenny sie eben heimlich treffen. Oder es passiert noch Schlimmeres. Nein, wir müssen sie gewähren lassen. Sonst wird sie sich gegen uns wenden.«

»Du weißt nicht, was du willst«, sagte er wütend. »Du drehst dich im Kreis.«

»Schrei mich nicht an. Es ist nicht meine Schuld. Ich versuche nur, mit der Situation fertig zu werden«, schrie sie zurück. »Warum bist du mir böse?«

»Weil ich nicht das tun kann, was ich tun will«, schäumte er. »Du malst die Zukunft in schwärzesten Farben, und wenn ich einen Weg suche, um das zu verhindern ...«

»Es gibt keinen Weg, das zu verhindern«, sagte Karen. »Sie ist hier. Was auch immer passiert, wir müssen damit fertig

werden. Ich wollte dir doch nur sagen, wie mir zumute ist...«
»Sehr schön. Mach nur so weiter.«
»Ich hoffte auf etwas Verständnis von dir«, sagte sie entrüstet.
»Soll ich vielleicht deine Hand halten, während diese Frau zerstört, was wir uns aufgebaut haben?« tobte er.
Karen sah ihren Mann erstaunt an. Sie fühlte sich schwindelig, als würde der Boden unter ihr schwanken. Greg behielt sonst immer einen kühlen Kopf und war optimistisch.
»Denkst du das wirklich?« fragte sie.
Er schüttelte den Kopf. »Nein. Entschuldige. Es war ein schrecklicher Tag.«
Plötzlich tat Greg ihr leid. Karen schämte sich fast, weil sie ihn mit diesen Möglichkeiten konfrontiert hatte, und sie hatte so zu ihm gesprochen, als wäre er eine unbeteiligte Person. Schließlich war Jenny auch sein Kind. Wie immer dieser Kampf zwischen den beiden Müttern ausging, auch sein Leben wurde dadurch erschüttert. »Wäre es nicht heute geschehen«, sagte sie sanft, »dann wäre es an einem anderen Tag passiert. Wir müssen uns einfach den Tatsachen stellen.«
»Da hast du wohl recht«, sagte er zornig.
Sie berührte sein gramzerfurchtes Gesicht. »Wir werden schon damit fertig«, sagte sie.
»Mein Wahlspruch«, sagte er.
»Normalerweise schon«, sagte sie.
Er mied ihren Blick.

5

Die Frau, die hinter dem Empfangstresen des Motels saß, war so in ihr Buch vertieft, daß sie erst merkte, daß der drahtige, bläßliche Mann das Foyer betreten hatte, als er vor ihr stand. Sie schrak zusammen und stieß einen kleinen Schrei aus, wobei sie mit ihrer beringten Hand auf ihren üppigen Busen schlug. »Mein Gott, Eddie. Sie schleichen sich wie ein Indianer an die Leute ran.«
Eddie McHugh verglich die Zeit auf seiner Armbanduhr mit der der Wanduhr. »Sie lesen zu viele Krimis. Das macht Sie nervös«, sagte er.
Margo Hofsteder klappte ihr Buch zu und sah ebenfalls auf ihre Uhr. »Ist es schon acht?«
Eddie nickte. »Ich habe schon wieder um die Eismaschine rum den Boden aufgewischt«, sagte er. »Aber Sie sollten sie von jemandem reparieren lassen. Mit solchen Dingern kenne ich mich überhaupt nicht aus.«
Margo, eine schwergewichtige Frau Ende Fünfzig, seufzte und glitt von dem Hocker hinter dem Tresen. »Schon vor zwei Tagen habe ich den Typ vom Reparaturdienst angerufen«, klagte sie. »Er sagt nur immer, daß er kommt. Ich will Ihnen mal was sagen. Manchmal frage ich mich, warum ich das Motel noch weiterführe, jetzt, wo Anton nicht mehr ist. Er hatte so eine Art, daß die Leute sprangen, wenn er nur mit den Fingern schnipste.«
Eddie grunzte nur. Das alles hatte er schon gehört. Er ging hinter den Tresen, und Margo machte den Platz für ihren Nachtportier frei. Margo und ihr Mann Anton hatten das

»Jefferson Motel« zwanzig Jahre lang geführt. Eines Tages, beim Abendessen im Dezember, war Anton zusammengebrochen und gestorben, ehe der Notarzt gekommen war. Margo hatte sich noch immer nicht entschlossen, ob sie das Motel verkaufen oder weiterführen sollte. Im Februar hatte sie Eddie als Nachtportier angestellt und als Wartungsmonteur. Ed lebte von seiner Frau getrennt, und da hatte ihn der Job wegen der freien Unterkunft gereizt, obwohl Margo nicht viel zahlte. Die beiden kamen ganz gut miteinander aus, und auch mit der Arbeit klappte es außerhalb der Saison, aber bald kam der Sommer mit seinem Ansturm von Gästen, und Margo mußte sich entschließen, wie es weitergehen sollte. Ed war schon in Ordnung, aber kein Glanzlicht, was die Wartungsarbeiten betraf. Und ohne Anton machte es einfach keinen Spaß mehr. Auf der anderen Seite hatte Margo keine Lust, mit einem Haufen Witwen in Florida rumzusitzen. Sie bekam Kopfschmerzen, wenn sie nur daran dachte.
»Sie wissen doch, wie dieses Kreditkartendingsbums funktioniert?« sagte Margo und deutete auf die kleine Konsole unter dem Tresen, die wie eine Rechenmaschine für Kinder aussah.
»Ich weiß es«, sagte Eddie gereizt. Sie fragte ihn das jedesmal, wenn er mit seiner Arbeit begann.
»Na gut«, sagte sie. »Ich lese jetzt mein Buch zu Ende. Gute Nacht, Ed.«
Und esse ein Pfund Süßigkeiten, dachte Eddie, als sie aus der Tür segelte. »Nacht«, sagte er.
Er schaltete den alten Schwarzweißfernseher hinter dem Tresen ein und sah sich ein Spiel von den Red Sox an. Kurz darauf wurde die Tür des Foyers geöffnet. Als Eddie aufblickte, kam seine Frau reinspaziert. Valerie trug ein Sweatshirt, abgeschnittene Jeans und goldene, hochhackige San-

daletten. Sie wedelte mit einer brennenden Zigarette herum. Eine Wolke aus Nelkenduft und Zigarettenrauch breitete sich im Raum aus.
»Ich dachte, du wärst nicht da und würdest irgendwo eine Toilette reparieren«, sagte sie als Begrüßung.
Eddie starrte wieder auf den Bildschirm. »Was willst du? Wo sind die Kids?«
»Draußen im Wagen«, sagte Valerie.
»Dann bring sie nach Hause und ins Bett.«
»Ich muß mit dir reden«, sagte sie und entfernte mit silbern lackierten Fingernägeln einen Tabakkrümel von ihrer Zungenspitze.
»Hast du schon mal was von einem Telefon gehört?« fragte Eddie.
»Da liegt ja der Hase im Pfeffer!« rief sie triumphierend. »Sie haben das verdammte Telefon heute abgestellt.«
»Dann bezahl doch die Rechnung.«
»Mit was, Eddie?« fragte Valerie und nahm einen tiefen Zug aus ihrer Zigarette. »Ich kann sie nicht bezahlen. Nicht mit dem, was du mir gibst.«
»Hör auf, mir die Rechnung zu präsentieren. Niemand zwingt dich, jeden Tag eine geschlagene Stunde mit deiner Mutter zu telefonieren. Deshalb sind die Abrechnungen so hoch.«
»Sag nichts gegen meine Mutter, Eddie. Sie war immer gut zu uns«, grollte sie und deutete mit der Zigarette auf ihren Mann. Die Asche zitterte und fiel auf den Tresen.
Eddie verdrehte die Augen. »Nimm einen Aschenbecher«, sagte er mürrisch und schob ihr einen roten Aluminiumaschenbecher über den Tresen hin. Valerie drückte ihre Kippe auf den goldenen Buchstaben in der Mitte aus, die besagten: »Jefferson Motel, Parkway Boulevard, Bayland, Mass.« Daneben stand eine Telefonnummer.

»Du hast doch immer genug Geld für Zeitschriften und diese Sargnägel«, sagte Eddie.

Valerie schüttelte die letzte Zigarette aus ihrem Päckchen, wobei ihr das ungepflegte blonde Haar in ihr spitzes Gesicht fiel. Sie knüllte das Päckchen zusammen und warf es auf den Boden. »Schau, Baby«, sagte sie, »ich bin nicht gekommen, um mich mit dir zu streiten. Komm zurück nach Hause. Vielleicht kriegst du deinen alten Job beim Wasserwerk wieder.«

»Erstens«, sagte Eddie, »entlassen sie im Wasserwerk noch immer Leute, und zweitens geht dein Meckern und Nörgeln doch garantiert wieder von vorne los, wenn ich nach Hause komme.«

»Ich halte den Mund«, sagte Valerie. »Ich verspreche es dir. Die Kinder vermissen dich.«

Eddie schüttelte den Kopf. Den dritten Punkt wollte er gar nicht erst diskutieren – daß er gern hier wohnte, obwohl es ein Scheißjob war. Er konnte lange in seinem Zimmer schlafen, und niemand ging ihm auf die Nerven. Außerdem hatte der Job noch einen Vorteil, aber von dem durfte niemand etwas wissen.

»Gib deinem Herzen einen Ruck, Baby«, flehte sie. »Wir sind noch immer ein gutes Team.«

Eddie tat so, als dächte er darüber nach. Gerade in dem Moment wurde die Tür wieder geöffnet, und eine gutaussehende dunkelhaarige Frau betrat das Foyer. Eddie straffte sich und versuchte, seinen scharfgeschnittenen Zügen einen freundlichen Ausdruck zu verleihen.

Die Frau ging zum Tresen. Sie warf Valerie einen Blick zu, die sich auf einen der Stühle im Vestibül gesetzt hatte und in einer Zeitschrift blätterte.

»Ich möchte ein Zimmer«, sagte die Frau.

»Okay«, sagte Eddie. »Für wie viele Nächte?«

Die Frau runzelte die Stirn und zögerte. »Das weiß ich noch nicht.« Nervös strich sie sich das Haar aus der Stirn.
»Ich frage nur, weil wir einen Wochentarif haben«, sagte Eddie entgegenkommend und gab ihr einen Prospekt des Motels. Die Frau studierte die Preise, während Eddie sie musterte.
Valerie hüstelte, und als Eddies Blick zu seiner Frau wanderte, sah er, daß sie ihn aus zusammengekniffenen Augen anstarrte.
Die Frau legte den Prospekt wieder auf den Tresen. »Ich bleibe wahrscheinlich eine Woche«, sagte sie zögernd.
»Das ist günstig im Preis«, sagte Eddie. »Für eine ganze Woche zahlen Sie nur soviel wie für vier Nächte.«
»Okay.«
»Für wie viele Personen?«
»Nur ich.« Die Frau schob ihm ihre Kreditkarte hin.
»Okay, Miss ... Emery«, sagte Eddie und las den Namen von der Karte ab. »Sie können Zimmer 173 haben. Parterre, in der Nähe des Sodaautomaten, aber ruhig gelegen.«
»Das hört sich gut an«, sagte sie.
»Sind Sie schon mal in Bayland gewesen?«
Linda lächelte gequält. »Seit langer Zeit nicht mehr.«
Diesmal räusperte sich Valerie laut. »Es ist eine nette, kleine Stadt. Genießen Sie Ihren Aufenthalt hier.«
»Danke«, sagte Linda und nahm ihren Koffer.
Eddie kam hinter dem Tresen hervor und sah sie prüfend an. »In der Nähe gibt's eine Menge Lokale, falls Sie hungrig sind.«
»Das bin ich nicht«, sagte Linda kurz angebunden und nahm den Schlüssel, den er ihr hinhielt. »Entschuldigen Sie mich.«
Sowie Linda aus der Tür war, sprang Valerie auf. »Du Dreckskerl!« schrie sie. »Du hast sie angemacht.«

»Ich habe meinen Job gemacht«, sagte er.
»Das kannst du anderen erzählen. Ich weiß, worauf du aus bist. Ich kenne dich.« Valerie hob die Hand, als wollte sie ihn schlagen, doch Eddie packte ihr Handgelenk und drehte ihr den Arm um.
»Laß mich los!« kreischte Valerie.
»Es macht mich krank, dich hier zu sehen, Val«, murmelte er.
»Diese Frau würde sich nicht mal in einer Million Jahre mit dir einlassen«, blaffte sie zurück. »Sie würde nicht mal in dein häßliches Gesicht spucken.«
Eddie drehte ihren Arm noch etwas weiter, bis sie wimmerte, dann stieß er sie von sich. »Verschwinde!« sagte er.
Valerie massierte ihren Arm, klemmte sich die Zigarette zwischen die Lippen und raffte ihre ganze restliche Würde zusammen. »Ich habe doch recht«, sagte sie, ging langsam zur Tür und stieß sie auf. Dann schaute sie hinaus, als gäbe es auf dem Parkplatz irgend etwas Interessantes zu sehen. Eddie kannte das ganze Theater. Es war immer dasselbe. Sie wartete darauf, daß er sie zurückrief. Da er stumm blieb, drehte sich Valerie um und starrte ihn hochnäsig an. Sie nahm die Zigarette aus dem Mund, ließ sie auf den Teppich in der Eingangshalle fallen und zertrat sie. Dann eilte sie aus der Tür, und er schrie hinter ihr her: »Du Schlampe!«
Eddie hob den noch brennenden Stummel auf und legte ihn in einen Aschenbecher. Dann starrte er auf den schwarzen Flecken im Teppich. In dem Schrank, wo die Reinigungsmittel aufbewahrt wurden, gab es auch eine Flasche mit Fleckentferner. Den mußte er holen und den Schaden beheben.
Eddie ging hinter den Tresen. Die Red Sox verloren. Angewidert schaltete er den Fernseher aus und holte die Pappuhr hervor, auf der stand: »Zurück in … Minuten«, und deren

Zeiger man verstellen konnte. Eddie stellte den Zeiger auf fünf und hing die Uhr vor die Tür. Dann schloß er ab und lief draußen auf dem Gehweg zu dem Schrank, der sich am Ende eines Korridors befand, auf den die Gästezimmer hinausgingen.
Er fand das Fleckenwasser und schloß die Schranktür. Dann wanderte sein Blick zu einem erleuchteten Raum; dort standen die Eis-, Soda- und Imbißautomaten. Eine Frau war dort und holte sich Eis. Es war Miss Emery aus Zimmer 173. Eddie ging rüber und öffnete die Tür. »Hallo, Sie«, sagte er. Linda Emery schrak zusammen und stieß einen Schrei aus. Eisbrocken fielen aus ihrem Kübel auf den gefliesten Boden. »Schleichen Sie nicht so den Leuten hinterher«, sagte sie wütend.
»Entschuldigen Sie«, sagte er und betrachtete die Pfütze, die sich unter dem Automaten gebildet hatte. Jetzt schwammen auch noch Eisstücke darin herum. »Das Ding leckt. Wir warten auf den Mechaniker, damit er es repariert. Warten Sie, ich hole Ihnen frisches Eis.«
»Das ist nicht nötig«, sagte Linda.
»Wie ist Ihr Zimmer?« fragte Eddie und lehnte sich gegen den Türrahmen.
»Für den Preis angemessen. Würde es Ihnen etwas ausmachen, mir den Weg freizugeben?«
Ihr Ton war gebieterisch, doch Eddie konnte Angst in ihren Augen sehen, und das rief ein angenehmes Gefühl der Erregung in ihm hervor. »Pardon«, sagte er hinterhältig und hielt ihr die Tür auf. Doch er preßte sich so eng gegen den Rahmen, daß sie ganz nahe an ihm vorbeigehen mußte.
Linda mied seinen Blick. Sie ging zu ihrem Zimmer, schloß auf und knallte dann die Tür hinter sich zu.
Eddie grinste, doch seine Augen glitzerten kalt. »Dich seh' ich wieder«, sagte er. Dann fing er an zu lachen.

6

Karen hielt vor der Memorial Junior High-School. Jenny wartete am Randstein; sie hüpfte von einem Fuß auf den anderen und hielt einen Stoß Sammel- und Fotoalben gegen ihre Brust gepreßt. Dann stieg sie ein und schlug die Tür zu. Sie sah sich verstohlen um wie ein Dieb in einem Fluchtauto, der nicht gesehen werden wollte.
»Nun fahr schon«, drängte sie ihre Mutter.
»Nervös?« fragte Karen.
Jenny sah Karen argwöhnisch an, dann zuckte sie mit den Schultern. »Wohl eher aufgeregt.«
Karen nickte und richtete ihren Blick auf die Straße. Linda hatte während des Frühstücks angerufen, und die beiden hatten ein Treffen nach der Schule bei »Miller's«, einem beliebten Restaurant, vereinbart. Jenny hatte stolz verkündet, daß Linda dort, als sie auf der High-School war, als Kellnerin gearbeitet habe. Linda hatte vorgeschlagen, Jenny von der Schule abzuholen, doch Karen hatte trotz Jennys lauter Proteste darauf bestanden, ihre Tochter dorthin zu fahren. Karen gab sich die größte Mühe, nett und kompromißbereit zu sein, aber das kostete sie das letzte Quentchen ihrer Selbstbeherrschung.
»Wie war's heute in der Schule?« fragte sie.
»Ganz gut«, sagte Jenny. »Ich konnte mich nur nicht konzentrieren.«
»Logisch«, sagte Karen. Schweigen herrschte zwischen ihnen, dann sagte Karen: »Wie ich sehe, hast du alle deine Alben mitgenommen.«

Jenny betrachtete den Stapel auf ihrem Schoß. »Linda will alles über mein Leben wissen. Da hielt ich es für richtig, visuelle Hilfen mitzubringen.«
Karen lächelte. »Eine gute Idee.«
»Vielleicht möchte sie ein Foto mit nach Chicago nehmen.« Bei diesem Hinweis darauf, daß Linda bald nicht mehr hier sein würde, hob sich Karens Stimmung beträchtlich. Auch der Gedanke, daß Jenny diese Tatsache verstand und akzeptierte, tat ihr wohl. »Ja, das wäre nett«, sagte Karen.
»Ach«, sagte Jenny sehnsüchtig, »ich wünschte, sie müßte nicht wieder gehen.«
Karen unterdrückte einen Seufzer und konzentrierte sich aufs Fahren. Aber sie konnte ihre Gedanken nicht von etwas lösen, das sie beunruhigte, seit Linda angerufen hatte. Karen war höchst erstaunt gewesen, als Linda Jenny ihre Telefonnummer und Zimmernummer gab und sagte, sie wohne im »Jefferson Motel«. Greg hatte deswegen schon Krach schlagen wollen, doch Karen hatte ihn beruhigt. Trotzdem wunderte sie sich darüber. Sie warf Jenny einen Blick zu, die aus dem Fenster starrte und gedankenverloren ihre Hände über den Alben faltete. Karen versuchte, ihre Frage nebensächlich klingen zu lassen. »Hat ... hm, hat Linda gesagt, warum sie nicht bei ihrer Familie wohnt?«
»Nein. Das weiß ich nicht«, sagte Jenny. »Vielleicht haben sie nicht genug Platz. Macht das irgendeinen Unterschied?«
»Nein, keinen«, sagte Karen schnell. Aber sie versuchte sich vorzustellen, wie es wäre, wenn Jenny nach langer Abwesenheit nach Hause zurückkäme. Sie versuchte sich vorzustellen, daß sie sagte, es gäbe keinen Platz für sie im Haus. Niemals, dachte sie. Ich würde ihr mein Bett geben und auf dem Boden schlafen, ehe ich sie in irgendeinem Motel übernachten ließe. Da steckte etwas anderes dahinter. Etwas, das geschehen war, als Linda nach Hause zurückge-

kehrt war. »Ich dachte nur, es ist seltsam«, sagte Karen, »daß sie nicht bei ihrer Mutter wohnt. Ich meine, nach so langer Zeit sollte man doch annehmen ...«
»Vielleicht wollte sie nicht bei ihrer Mutter bleiben«, sagte Jenny gereizt. »Machst du jetzt einen Riesenwirbel daraus?«
Halt den Mund, sagte Karen zu sich selber. Das ist ihr Problem. Das ist ihre Angelegenheit. »Da ist das Restaurant«, sagte sie.
Jennys Augen wurden vor Vorfreude groß, so als würde sie zum ersten Mal ein fremdes Land betreten.

Mary Miller-Duncan war in den Speiseräumen und der Küche von »Miller's Restaurant« großgeworden. Wenn sie an ihre Kindheit zurückdachte, so hatte es kaum einen Tag gegeben, an dem ihre Eltern nicht gearbeitet hatten. Manchmal dachte Mary, daß diese viele Arbeit der Grund für den frühen Tod ihrer Mutter gewesen war. Marys Mann Sam, den sie in der High-School kennengelernt hatte, hatte als Hilfskellner bei »Miller's« gearbeitet, und Marys Vater hatte ihn von Anfang an gemocht und ihn den Beruf von der Pike auf gelehrt. Vor zwei Jahren war ihr Vater als glücklicher Mann gestorben, denn er wußte, daß seine Tochter mit einem Mann verheiratet war, der seinen Beruf liebte. Mary seufzte und schaute von der Tür her zu ihrem Mann hin, der hinter der Bar prüfte, ob die Getränke vollständig waren. Eigentlich war das die Aufgabe des Barkeepers, doch Sam machte am liebsten alles selbst. Dann hörte Mary Schritte hinter sich. Sie drehte sich um und setzte automatisch ihr höfliches Berufslächeln auf.
Die Frau, die vor ihr stand, grinste sie schief an. »Hallo«, sagte sie freundlich, »was muß man tun, damit man hier einen Tisch reservieren lassen kann?«
Mary starrte sie mit offenem Mund an. »Linda?«

Linda nickte. »In Fleisch und Blut.«
»Oh, Linda!« rief Mary. Sie legte die Speisekarten auf einen Tisch und umarmte ihre alte Freundin. »Mein Gott«, sagte Mary. »Wir dachten ... na, wir stellten uns alles mögliche vor.«
»Ich weiß«, sagte Linda.
»Komm, setz dich«, sagte Mary. »Komm mit zu Sam. Was wird er überrascht sein. Sam!« rief sie und führte Linda zur Bar. »Rate mal, wer da gerade gekommen ist?«
Sam Duncan, ein kräftiger, schon kahl werdender Mann, der Anzug und Krawatte wie eine Uniform trug, drehte sich auf die Bitte seiner Frau um und sah die Fremde stirnrunzelnd an. Dann trat plötzliches Erkennen in seine Augen, und die Wodkaflasche, die er in der Hand hielt, entglitt seinen Fingern und fiel zu Boden.
»Linda«, flüsterte er.
Linda schenkte ihm ein bezauberndes Lächeln. »Hallo, Sam«, sagte sie.
»Entschuldige«, murmelte er, bückte sich und hob die Flasche auf. »Na, zerbrechlich sind diese Dinger wirklich nicht«, sagte er.
»Arbeitest du noch immer hier?« fragte Linda.
»Sam und ich sind verheiratet«, sagte Mary. »Wir haben vor etwa neun Jahren geheiratet.«
»Oh, wie schön!« rief Linda. »Wie geht's deinem Dad?«
»Er ist vor ein paar Jahren gestorben.«
»Das tut mir leid«, sagte Linda.
»Daß dein Vater gestorben ist, tut mir auch leid«, sagte Mary. »Mein Gott, Linda, wo bist du all die Jahre gewesen? Jeder ist krank aus Sorge um dich geworden. Deine Mutter hat mich mindestens ein dutzendmal angerufen, um mich zu fragen, ob ich etwas von dir gehört habe.«
»Das ist eine lange Geschichte«, sagte Linda. »Aber wir

können jetzt nicht reden, weil ich hier gleich mit jemandem verabredet bin.«

»Okay«, meinte Mary etwas kühl.

»Versteh mich nicht falsch«, sagte Linda. »Ich möchte mit dir reden. Es ist so schön, wenn man von jemandem willkommen geheißen wird. Ich bin doch gern gesehen, nicht wahr, Sam?«

»Natürlich«, brummte Sam, wich aber ihrem schelmischen Blick aus.

»Wie glücklich deine Mutter sein muß«, sagte Mary.

Lindas Augen wurden hart. »Das kann man wohl kaum behaupten. Ich habe sie gestern abend besucht, aber seitdem habe ich sie nicht mehr erreichen können. Das geht aufs Konto meines Bruders. Er hat mich gestern abend aus dem Haus meiner Mutter geworfen, und ich mußte mir ein Zimmer im ›Jefferson Motel‹ nehmen. Als ich heute versuchte, meine Mutter anzurufen, ging niemand ans Telefon. Er will mich bestrafen. Wahrscheinlich ist meine Mutter nicht zu Hause, sondern bei ihm, aber ich weiß nicht, wo er wohnt. Und er steht nicht im Telefonverzeichnis der Stadt. Du kannst dich doch an meinen Bruder erinnern?«

Mary nickte und versuchte, jede Mißbilligung zu unterdrücken. »Natürlich kenne ich Bill«, sagte sie. Bill Emery kam oft nach der Arbeit auf einen Drink oder zum Lunch in einer diskreten Ecke. Seine Begleiterinnen waren immer blond und kaum in dem Alter, Alkohol trinken zu dürfen. Mary kannte auch Bills Frau, Glenda. Sie war eine nette Frau und verdiente eine derartige Behandlung nicht. Mary wußte auch, wo sie wohnten: in der Nachbarstadt. Sie war versucht, Linda die Adresse zu geben, doch sie wollte nicht in diesen Familienstreit verwickelt werden. Kümmere dich um deine eigenen Angelegenheiten, sagte Sam immer. Der Gast hat immer recht. Außerdem, dachte Mary, konnte man es Bill

nicht verdenken, daß er über seine Schwester verärgert war. Sie hätte ihrer Familie wenigstens mitteilen können, daß sie am Leben war.
Linda zögerte kurz, erhoffte wohl eine Antwort, doch Mary schwieg. »Jedenfalls«, sagte Linda dann, »möchte ich dir wirklich alles erzählen. Aber ...« Ihre Stimme verlor sich, und in ihre Augen trat ein abwesender Ausdruck. Mary überkam wieder dieses alte, wohlbekannte Gefühl, das Linda oft in ihr ausgelöst hatte: Ärger. Zwar waren sie Freundinnen gewesen, doch Linda hatte immer etwas Verschwiegenes und Geheimnistuerisches an sich gehabt. Wenn sie einem etwas anvertraute, hatte man immer den Eindruck, es seien nur Teile der Wahrheit. Natürlich war das auch eine Stärke, und da sie gut aussah, war sie sehr attraktiv gewesen.
Mary schaute ihren Mann hinter der Bar an. Sam musterte Linda mit diesem Blick, der sie an frühere Zeiten erinnerte. »Nun«, sagte Mary brüsk, »es ist wirklich schön, dich wiederzusehen. Wo lebst du denn? Oder ist das ein Geheimnis?« Sofort schämte sie sich wegen ihrer Gehässigkeit, aber Linda schien nichts gemerkt zu haben.
»Nein, nein«, sagte sie. »Ich lebe in Chicago. Schon die ganze Zeit. Nein, jetzt habe ich keine Geheimnisse mehr. Mein Besuch hier wird einer Menge von Geheimnissen ein Ende machen. Nicht nur meinen.«
Ohne daß sie wußte, warum, lief Mary bei Lindas rätselhaften Worten ein Schauder über den Rücken. Auch sah ihre Freundin plötzlich sehr bedrückt aus. Sie wollte schon sagen: »Bist du in Ordnung?«, als Lindas Gesicht plötzlich leuchtete.
»Oh, da ist sie ja!« rief sie. »Kommt, ihr beiden. Ich möchte, daß ihr jemanden kennenlernt.«

»Da ist sie!« rief Jenny und fing an zu winken.
Karen hatte darauf bestanden, mit ins Restaurant zu kommen, um sich zu vergewissern, daß Linda da war. Jenny war über die Andeutung, Linda könnte sie sitzenlassen, wütend gewesen, doch Karen hatte nicht nachgegeben. Und jetzt beobachtete Karen mit welhem Herzen, wie Linda auf sie zuging, einen Arm um die Taille einer reizlosen, braunhaarigen Frau gelegt. Ein kahl werdender Mann mit zu Fäusten geballten Händen folgte den beiden. Karen wurde bewußt, sie hatte gehofft, daß Linda ihre Verabredung nicht einhalten würde. Es war schrecklich, sich so etwas zu wünschen – es hätte Jenny niedergeschmettert. Aber das war jetzt auch nicht die Situation.
Linda lächelte und sah Jenny an, und dann blitzte kurz Enttäuschung beim Anblick von Karen in ihren Augen auf.
»Essen Sie mit uns zu Mittag?« fragte sie höflich.
Noch ehe Karen antworten konnte, platzte Jenny heraus: »Nein, sie geht gleich wieder.«
Linda lächelte erleichtert. »Ehe Sie gehen, möchte ich Sie aber gern mit zwei alten Freunden bekannt machen.« Sie deutete auf die Frau neben ihr. »Das ist Mary Duncan«, sagte sie, und dann nickte sie in Sams Richtung. »Und das ist Sam Duncan. Marys Eltern haben dieses Restaurant gegründet, und als ich auf der High-School war, habe ich hier meinen ersten Job gehabt. Damals waren wir alle auf der High-School. Mary, Sam, ich möchte euch mit jemandem bekannt machen.«
Mary lächelte professionell und streckte ihre Hand aus.
»Das ist meine Tochter Jenny«, sagte Linda stolz, als Mary Jenny die Hand gab. »Und das ist ihre Adoptivmutter, Karen Newhall.«
Karen hatte sich unter Kontrolle. Nichts in ihrem Gesicht verriet ihren Zorn über diese Art der Vorstellung. Mary gab

ihr die Hand, und Karen sah, wie verlegen und verwirrt die Besitzerin des Restaurants war. Sam murmelte irgend etwas, wobei er den Blick gesenkt hielt.

Linda schien die peinliche Situation überhaupt nicht zu bemerken. Ihr Blick war auf Jenny gerichtet. »Kurz nach Jennys Geburt mußte ich sie zur Adoption freigeben. Aber jetzt habe ich sie wiedergefunden, und wir haben uns hier getroffen, weil wir eine Menge nachzuholen haben. Ich weiß, das alles ist sicherlich ein Schock für euch ...«

»Es ist wunderbar«, sagte Mary schnell. Sie wußte nicht, ob sie über die Neuigkeit schockiert sein sollte oder ärgerlich über die Art und Weise, wie Linda sie ihnen mitgeteilt hatte. Am liebsten hätte sie gesagt: »Wie kannst du nur? Merkst du denn nicht, wie du diese Frau verletzt?« Aber sie wollte sich nicht einmischen. Sie vermied es, Karen direkt anzusehen, weil sie deren gequälten Gesichtsausdruck nicht ertragen konnte.

»Ich gebe euch einen schönen Tisch, wo ihr ganz unter euch seid«, sagte sie und führte die beiden zu einem Tisch in der Ecke. Automatisch gab sie ihnen die Speisekarten. »Die Bedienung kommt gleich.«

Ehe sich Linda setzte, umarmte sie Mary impulsiv. Mary ließ diese Umarmung steif über sich ergehen. »Ich möchte wirklich mit dir reden«, sagte Linda. »Ich habe dir eine Menge zu erzählen. Es ist wichtig.«

»Ja, sicher«, sagte Mary. »Ich komme. Du weißt ja, wo ich bin.« Sie drehte sich um und ging.

Karen stand verlegen am Tisch, während Jenny auf ihrem Stuhl herumrutschte. »Wann soll ich dich abholen?« fragte sie Jenny.

Jenny sah Linda fragend an.

Linda schaute auf ihre Armbanduhr. »Ich weiß nicht genau, wann wir hier fertig sind«, sagte sie.

»Na, dann ruf mich doch einfach an«, sagte Karen zu Jenny.
»Meine Mutter kann mich nach Hause fahren«, sagte Jenny ungeduldig.
Tränen der Wut stiegen in Karens Augen, die sie wegblinzelte.
Linda errötete, eine Mischung aus Überraschung und Freude in den Augen, aber der Blick, den sie Karen zuwarf, war mitfühlend. »Vielen Dank, daß Sie Jenny heute gebracht haben. Wir rufen Sie an, wenn wir fertig sind, falls Sie das möchten. Aber ich kann sie auch nach Hause bringen, dann ersparen Sie sich die Fahrt.«
Karen war zu durcheinander, um noch weiter zu diskutieren. Sie traute ihrer Stimme nicht. Deshalb nickte sie nur und wandte sich schnell ab, um eine würdige Haltung bemüht. In ihrem Rücken spürte sie Mary Duncans neugierigen Blick, aber sie schaute starr geradeaus.

7

Während der ganzen Heimfahrt wischte sich Karen mit dem Handrücken die Tränen vom Gesicht. Als sie vor ihrem Haus aus dem Auto stieg, waren ihre Beine wie Gummi. Jennys Worte hallten noch immer in ihren Ohren: »Meine Mutter kann mich fahren ... meine Mutter ... meine Mutter ...«
Im Haus war es dunkel, es kam ihr bedrückend vor. Sie war froh, heute nachmittag keinen Unterricht in der Tanzschule geben zu müssen. Ihre Chefin, Tamara, hatte ihr noch nicht so viele Stunden zugeteilt, seit sie wieder mit der Arbeit begonnen hatte. Doch vielleicht wäre es besser, jetzt im Studio zu sein. Das würde sie zerstreuen, ihre Gedanken von ihrer Tochter ablenken, die zu dieser Stunde ihre ganze Vergangenheit einer Fremden – ihrer leiblichen Mutter – darlegte.
Karen goß sich ein Glas Eistee ein und setzte sich auf einen Hocker in die Küche. Erinnerungen an bestimmte Tage, Ereignisse, Feste stiegen in ihr auf. Dumme Gedanken kamen ihr in den Sinn. Als Jenny drei Jahre alt war, hatte sie eine Vorliebe für Pfannkuchen, und Karen hatte ihr wochenlang Pfannkuchen zum Frühstück und Mittagessen gebacken. Und das Entzücken in Jennys Augen, als sie die Pfannkuchen mit Sirup tränkte, hatte Karen für alle Mühe entschädigt.
Während all der Jahre hatte Karen ihrem guten Stern gedankt, daß sie und Greg von dem leben konnten, was Greg verdiente. So konnte Karen bei Jenny bleiben, bis das Kind

eingeschult wurde. Karen war Einzelkind gewesen, ihre Eltern hatten sich scheiden lassen, als sie zwei Jahre alt war, und ihre Mutter hatte immer gearbeitet. Karen konnte sich noch an das Gefühl der Einsamkeit erinnern, wenn sie nach der Schule in die leere Wohnung kam – und daß ihre Mutter immer zu müde gewesen war und zuwenig Zeit hatte, etwas mit ihr zu unternehmen. Greg hingegen stammte aus einer großen Familie – er war der Jüngste von sieben Kindern. Seine Mutter war zu überarbeitet gewesen, um sich viel um ihn zu kümmern. Sie starb, als Greg dreizehn war, und die Familie – Vater, Brüder und Schwestern – hatte sich nach ihrem Tod wie Herbstlaub im Wind zerstreut. Sowohl Karen als auch Greg hatten für Jenny diese Sicherheit gewünscht, die sie beide so schmerzlich vermißt hatten.

Selbst in diesen Tagen, wo Karen und Jenny häufig stritten, freute sich Karen jedesmal, wenn Jenny nach Hause kam, ihren Ranzen fallen ließ, im Kühlschrank nach Eßbarem stöberte und über ihre Schulkameradinnen und Lehrer plapperte.

Karen spülte ihr Teeglas und wanderte durchs Haus. Dann ging sie langsam die Treppe hoch und über den Flur in Jennys Zimmer. Es war ein Eckzimmer, das nach vorne lag. Die blaßblaue gestreifte Tapete mit dem durch drei Fenster einfallenden Licht verlieh ihm ein helles, freundliches Aussehen. Vor kurzem hatte sich Jenny beklagt, daß ihr Zimmer zu kindlich sei, deshalb hatte Karen neue Vorhänge genäht und Jenny dazu passende Kissenbezüge und eine neue Steppdecke aussuchen lassen. Sie hatte beschlossen, Jennys Wahl hinsichtlich des Musters nicht zu beeinflussen, aber Jenny hatte sie beim Einkauf doch um Rat gefragt. Das Resultat hatte beiden gefallen. Karen blickte sich in dem Zimmer um, das von Jennys Gegenwart förmlich zu vibrieren schien. Jenny hatte gehorsam ihre meisten Kleidungs-

stücke aufgehängt, aber am Bett standen Schuhe und Sportschuhe rum, und ihr Schreibtisch war mit Büchern und Papieren überladen. Ganz oben standen eine Menge Fläschchen und Döschen mit allen möglichen Schönheitsmitteln, die pubertierenden Teenagern Sicherheit versprachen. Völlig unnötig, dachte Karen. Sie weiß nicht einmal, wie hübsch sie ist.
Ohne es zu wollen, drängte sich ihr das Bild auf, wie Linda und Jenny da zusammensaßen. Die beiden ähnelten einander so sehr, daß es schon unheimlich war. Sie betrachtete sich in Jennys Spiegel; ihr blondes Haar und ihre dunkelbraunen Augen ähnelten so gar nicht denen ihrer Tochter. Sie und Greg hätten Schwester und Bruder sein können. Und seine Freunde hatten ihn auch früher deswegen geneckt. »Wir sind verwandte Seelen«, sagte er dann ernsthaft, »deshalb sehen wir uns ähnlich.« Es schien immer so unwichtig, ob Jenny ihnen ähnlich sah. Doch jetzt war es wie ein Schock gewesen, wie sehr sie im Aussehen ihrer leiblichen Mutter glich. Es tat Karen weh.
Karen wandte ihren Blick vom Spiegel ab und entdeckte, daß Jenny die Spieldose auf ihren Schreibtisch gestellt hatte. Karen öffnete den Deckel, und »Beautiful Dreamer« erklang. Eine kleine Ballerina tanzte auf einem Spiegel. Hätte ich ihr dieses Geschenk gemacht, Jenny hätte es nicht gefallen, dachte Karen. Aber bei Linda war das etwas ganz anderes.
Sie hörte einen Wagen in der Einfahrt und schrak zusammen. Sie schloß die Dose und ging zum Fenster. Lindas Auto stand da unten. Jenny stieg gerade aus, auch Linda. Die beiden standen eine Weile da und redeten, dann warf Jenny ihre Arme um Linda, und sie hielten sich eng umschlungen. Brennende Eifersucht erfaßte Karen, als sie das sah. Sie konnte sich nicht erinnern, wann Jenny sie zum letztenmal

so innig umarmt hatte. Seit kurzem wich sie zurück, wenn Karen sie an sich ziehen wollte. Warum? dachte sie, als sie beobachtete, wie sich ihre Tochter an diese Frau klammerte, die sie kaum kannte. Ja, sie hat dich geboren. Aber ich habe dich gewiegt, dich gepflegt, wenn du krank warst, dein Essen gekocht und deine Tränen getrocknet. Sind es nicht diese Dinge, die eine Mutter ausmachen? Und du hast dich doch immer als zu mir gehörig gefühlt. Und gewußt, daß ich zu dir gehöre.
Als würde Jenny spüren, daß Karen sie beide beobachtete, löste sie sich aus der Umarmung und schaute hoch, zu ihrem Zimmer. Als Jenny Karen dort sah, winkte und lächelte sie. Über ihre Eifersucht beschämt, ebenso wie über ihr Selbstmitleid, winkte Karen zurück und entfernte sich vom Fenster. Wie konnte sie Jenny nur diese für sie so wichtige Beziehung mißgönnen? Warum sollte diese Beziehung sie bedrohen? fragte sie sich. Fest entschlossen, sich nicht mehr so albern zu benehmen, ging sie in ihr Zimmer. Die Haustür wurde geöffnet, und Jenny rief: »Ich bin wieder da.«
»Ich bin hier oben«, rief Karen auf alte, vertraute Weise. Sie hörte Jenny die Treppe hochpoltern. Jenny steckte den Kopf ins Elternschlafzimmer, wo Karen in der Kommode aufräumte. »Hallo«, sagte Karen, »ich räume gerade die Wäsche weg.«
»Hallo. Oh, ich hab vergessen, dir zu sagen, daß du mein rotes Hemd nicht in den Trockner tun sollst.«
»Ich hab's aufgehängt«, sagte Karen.
»Wie war's?«
»Toll«, sagte Jenny. »Ich räume schnell meine Alben weg.« Sie ging in ihr Zimmer, und Karen folgte ihr zögernd. Sie stand im Türrahmen, als Jenny die Alben auf ihr Bett fallen ließ und sie dann in ihr Bücherregal einordnete.
»Dann hat's dir also gefallen?«

»Ja. Es war riesig. Wir konnten gar nicht aufhören zu reden.«
»Na, das ist ja schön«, sagte Karen.
»Es ist unglaublich, was wir alles gemeinsam haben«, sagte Jenny. »Es ist wirklich unheimlich.«
»Gefielen ihr die Alben?«
»Oh, ja. Sie schaute sich immer wieder die Babyfotos an und sagte, wie niedlich ich gewesen sei.«
»Das stimmt, du warst niedlich.«
Jenny lächelte. »Ich weiß nicht recht.« Sie nahm ihre Tasche und holte ein Foto von Linda mit einer Katze im Arm hervor. »Das hat sie mir geschenkt. Es ist das einzige Foto von ihr, das kürzlich gemacht wurde. Das ist ihr Kater, Igor.«
Karen nahm das Foto und starrte diese so vertrauten, leicht traurigen blauen Augen an, das freundliche Lächeln. »Das ist eine gute Aufnahme«, murmelte sie, als Jenny das Bild wieder nahm und es in den Rahmen des Spiegels über ihrem Schreibtisch steckte.
»Wenn du hier fertig bist«, sagte Karen, »kannst du runterkommen und mir beim Gemüseputzen helfen. Ich möchte diesen Schmortopf mit Huhn kochen, den du so gerne magst.« Sie ging zur Tür und drehte sich dann um. »Es sei denn, du bist noch zu satt von deinem späten Mittagessen«, sagte sie.
Jenny schüttelte den Kopf. »Ich war zu überdreht, um viel essen zu können. Der Schmortopf wäre prima. Ich komme gleich runter.«
Karen ging lächelnd die Treppe hinunter und stellte die Zutaten fürs Abendessen zusammen. Sie fühlte sich wohl, fast so, als wäre es ein ganz normaler Tag. Nach ein paar Minuten kam Jenny in die Küche gepoltert. Sie summte fröhlich vor sich hin. »Welches Gemüse soll ich putzen?« fragte sie.
»Schneid die Zucchini in Scheiben«, sagte Karen.

Jenny nahm ein Messer. Sie hatte die Angewohnheit, Gemüse mit der Präzision eines Diamantschleifers zu schneiden. Karen neckte sie etwas, doch dann arbeiteten sie in kameradschaftlichem Schweigen miteinander, wie sie es oft getan hatten. Die Dämmerung senkte sich über das grüne Land hinter ihrem Haus und dämpfte die leuchtenden Farben der Frühlingsblumen. Karen warf einen Blick aus dem Fenster auf die so vertraute Umgebung und dachte, wie kostbar das doch alles war – ihr Heim, die alltäglichen Geräusche, das Lächeln eines geliebten Menschen, die Geborgenheit. Sie wollte diese Stimmung nicht zerstören, aber ihr Drang zu wissen war stärker. Sie versuchte, ihre Stimme neutral klingen zu lassen, war aber froh, daß Jenny ihr Gesicht nicht sehen konnte.

»Habt ihr euch wieder verabredet?« fragte sie.

»Ja, natürlich«, sagte Jenny. »Solange sie hier ist, werde ich sie wohl jeden Tag sehen.«

Karen atmete scharf ein und zwang sich dann zu einem Lächeln. »Na, das ist aber schön. So könnt ihr beide richtig vertraut miteinander werden.«

»Ja, und wenn ich Ferien habe, fahre ich wahrscheinlich nach Chicago und bleibe eine Weile bei ihr.«

Karen drehte sich um und starrte ihre Tochter an. »Was soll das heißen? Wer hat gesagt, daß du nach Chicago gehst?«

»Dort lebt sie doch«, sagte Jenny, jede Silbe betonend, so als würde sie einer geistig Behinderten etwas Offensichtliches erklären. »Deshalb muß ich dorthin fahren.«

»Jennifer Newhall, du wirst nicht einfach nach Chicago reisen, nur weil Lust und Laune dir das suggerieren.«

»Ich bin kein kleines Kind mehr«, sagte Jenny. »Du kannst mir nicht mehr befehlen und mir sagen, was ich tun und lassen soll. Wenn ich meine Mutter sehen will, dann kann ich das auch.«

Da war es wieder. »Meine Mutter« – der korrekte Terminus, bei dem Karen zusammenzuckte, wenn sie ihn hörte. »Und woher willst du das Geld für diese Reise nehmen?« fragte sie.
Jenny legte das Messer hin und kniff ihre Augen zusammen. Ein leichter Triumph schwang in ihrer Stimme mit. »Darüber haben wir bereits gesprochen. Sie schickt mir das Ticket. Das will sie so. Sie hat es versprochen.«
Die Hintertür wurde geöffnet, und Greg marschierte in die Küche. Er legte Zeitung und Autoschlüssel auf die Anrichte. »Hallo, ihr beiden. Wie geht's meinen Mädchen?«
Karen und Jenny starrten einander wütend an und antworteten nicht.
Greg unterdrückte einen Seufzer. Nicht zum ersten Mal platzte er in einen Streit zwischen den beiden. Er tat so, als würde er nichts merken. »Liebling«, sagte er, »können wir heute etwas früher essen? Ich muß mich heute abend noch mit Leuten treffen, die einen Kostenvoranschlag haben wollen.«
Karen blieb stumm. Leicht resigniert fragte Greg: »Okay. Was ist hier los?«
»Deine Tochter hat mir gerade von ihren Reiseplänen erzählt.«
»In den Ferien besuche ich Linda in Chicago«, sagte Jenny herausfordernd.
»Moment mal«, sagte Greg und hob die Hände.
Aber Karens Geduld war erschöpft. »Ich will dir mal was sagen, mein kleines Mädchen. Du triffst hier nicht die Entscheidungen. Nicht, solange du in diesem Haus lebst.«
Jennys Augen blitzten vor Wut. »Vielleicht lebe ich überhaupt nicht mehr in diesem Haus. Vielleicht gehe ich einfach und lebe bei meiner richtigen Mutter.«
»Wage es nicht, uns zu drohen«, sagte Greg.
Jenny rannte aus der Küche.

»Du kommst zurück und entschuldigst dich!« brüllte Greg hinter ihr her.
»Das tue ich nicht«, schrie Jenny, und sie konnten sie die Treppe hochstürmen hören. Greg drehte sich zu Karen um, die sich gerade die Hände zerstreut an einem Geschirrtuch abwischte. »Das ist doch nur Gerede«, sagte er.
Karen schüttelte den Kopf. »Nein«, sagte sie ruhig. »Das ist die Wahrheit. Und davor hatte ich Angst.«
»Du läßt dich von ihr einwickeln«, sagte er gereizt und nahm ein Bier aus dem Kühlschrank. »Das alles wird sich in Luft auflösen. Diese Frau wird nach Chicago zurückkehren und Jenny vergessen.«
Karen sah ihren Mann an, als hätte sie Mühe, ihn zu erkennen. »Bist du dir überhaupt bewußt, was hier vor sich geht?« fragte sie. »Merkst du das denn nicht? Wir verlieren sie. Ich verliere sie.«
»Du kannst nicht mehr klar denken«, sagte er. »Wenn du wegen des Babys nicht mehr deprimiert wärst, würdest du merken, daß dies hier zu überhaupt nichts führt.«
»Ich kann mit dir nicht mehr reden«, sagte sie.
»Es gibt keinen Grund zu der Annahme, daß wir sie verlieren.«
»Es gab auch keinen Grund zu der Annahme, daß ich das Baby verliere ... aber es ist passiert.«
»Das ist etwas anderes, und du weißt es«, sagte er.
»Was ist da anders? An einem Tag klappt alles, und am nächsten bricht die Welt zusammen. So etwas geschieht eben.«
Greg starrte über die Schulter seiner Frau in den dämmrigen Garten.
»Was denkst du?« fragte sie.
Greg zuckte mit den Schultern und schüttelte den Kopf. »Nichts Bestimmtes.«

»Du weißt, daß ich recht habe.«
Greg trank einen Schluck Bier und ließ sich auf einen Hocker fallen. »Ich weiß überhaupt nichts mehr.«
»Wir können in einer Stunde essen«, sagte sie kühl.
»Ich mache mich nur schnell frisch«, sagte er, »und schaue wegen dieses Treffens ein paar Preise nach.«
Karen beachtete ihn nicht. Das ist mein Problem, dachte sie bitter, als er aus der Küche ging. Und ich werde damit fertig.

8

Hallcluja!« sagte Margo Hofsteder. Sie watschelte von der Eingangstür des Motels zurück zum Tresen. »Knudsen ist endlich gekommen, um die Eismaschine zu reparieren. Sein Wagen kam gerade reingefahren.«
Eddie, der noch immer von seinen Bieren am Nachmittag groggy war, schaute zur Uhr hoch. »Ziemlich spät«, sagte er. »Es ist fast halb acht.«
»Besser spät als nie«, sagte Margo, stopfte sich noch ein Plätzchen aus der Dose auf dem Tresen in den Mund und wandte ihre Aufmerksamkeit wieder dem alten Krimi im Fernsehen zu.
»Ich habe wegen der Bolzen am Gitter nachgefragt«, berichtete Eddie. »Doch die kommen erst nächste Woche. Gibt's sonst noch was?«
Margo hielt ihm die Plätzchendose hin. »Nehmen Sie sich eins. Sie sind gut. Ich habe sie auf einer Veranstaltung der Freiwilligen Feuerwehr gekauft.«
Eddie schob die Dose beiseite. »Ich mag keine Plätzchen, die Feuerwehrmänner gebacken haben.«
Margo kicherte und kramte unter dem Tresen nach ihrer Liste. »Hier«, sagte sie. »Nur ein paar kaputte Birnen, die ausgetauscht werden müssen.«
»Was steht da?« beklagte sich Eddie. »Ich kann's nicht lesen. Es ist so verschmiert.«
»Geben Sie mal her«, sagte Margo und wedelte mit ihren fettigen Fingern. Sie setzte ihre Lesebrille auf und runzelte die Stirn. »Das sind 216 und 250. Und schauen Sie mal in

160 vorbei? Die Leute haben heimlich einen Hund mitgebracht. Auf dem Teppich sind Flecken.«
Eddie verzog sein Gesicht. »Okay. Ich kümmere mich drum.«
»Und seien Sie um acht zurück«, sagte Margo. »Mein Rücken tut weh.«
»Ich bin rechtzeitig zurück«, sagte er.
»Trotzdem lasse ich Ihnen ein paar von den Plätzchen da«, sagte sie fröhlich.
Eddie ging die offene Galerie entlang zum Werkzeug- und Ersatzteilschrank, um die Glühbirnen zu holen. Währenddessen dachte er über Margo nach. In vieler Hinsicht war sie eine Nervensäge, aber er hatte schon für schlimmere Leute gearbeitet. Er fragte sich, ob sie Anton genauso wie ihn behandelt, ihn ständig an alles zweimal erinnert hatte. Das konnte wirklich lästig werden, wenn man mit so jemandem verheiratet war.
Die Glühbirnen lagen im obersten Fach des Schranks. Er holte eine Schachtel mit zwei Birnen heraus und schloß die Tür. Im Vorbeigehen schaute er auf den Parkplatz vor Zimmer 173. Das Auto stand da, in Ordnung. Er schaute auf seine Liste, zögerte und stopfte sie dann in seine Tasche. Er würde warten müssen. Er ging die Galerie entlang und sah einen Lichtstrahl zwischen den schweren Vorhängen und dem Fensterrahmen. Eddie sah sich um, klemmte sich die Schachtel mit den Glühbirnen unter den linken Arm und schloß mit dem Hauptschlüssel Zimmer 171 auf. Die Glühbirnen legte er auf einen Stuhl und ging zum Schrank.
Das Geheimnis von Zimmer 171 hatte er durch Zufall entdeckt. Ein Gast hatte sich darüber beklagt, daß die Kleiderstange lose sei, und Eddie hatte das überprüft. Wie sich herausstellte, standen die beiden Schränke in den Zimmern 171 und 173 Rücken an Rücken, und irgendein Witzbold

hatte in die Wand dazwischen eine Tür eingebaut. Das war sicher Anton gewesen. Damit er irgendwie ungesehen da raus konnte. Also war zwischen Margo und ihm nicht viel gelaufen. Jedesmal, wenn Margo über ihren lieben, verblichenen Anton schwafelte, mußte Eddie an diese Tür denken und wie Anton da durchgeschlüpft war. Eddie liebte diese Vorstellung.

Oft konnte man davon nicht Gebrauch machen – nur wenn lediglich einer der beiden Räume bewohnt war. Und man mußte sehr vorsichtig sein. Aber manchmal war die Show jede Mühe wert. Und Eddie hatte sofort an die angrenzenden Schränke gedacht, als er Zimmer 173 Miss »Ich will kein Eis«-Emery gegeben hatte.

Eddie ging über den Teppich in dem dunklen Zimmer 171 und öffnete die Schranktür, vorsichtig, darauf bedacht, die leeren Kleiderbügel nicht zu berühren. Er lauschte an der Wand und wußte, daß sie sich nicht in der Nähe des Schranks aufhielt. Er schob den Riegel zurück und zog die Tür auf. Jetzt konnte er in ihren Schrank schauen. Da hingen ein paar Kleider, die nach einem leichten Parfüm rochen. Auch eine Hose hing da, und mehrere Paar Schuhe standen auf dem Boden. Er hatte wirklich Glück, denn ein Lichtstrahl drang bis zu ihm; ihre Schranktür stand etwas offen.

Vorsichtig schob er die Kleider beiseite und trat in den Schrank. Dann spähte er durch den schmalen Schlitz. Sein Herz klopfte, und sein Mund war trocken, doch nicht vor Angst, sondern vor Erregung. Er konnte sie bereits körperlich spüren. Wenn sie sich wie die meisten Menschen verhielt, so hatte sie sich kurz nach Betreten ihres Zimmers entkleidet. Gleich würde er einen Blick auf sie erhaschen können.

Doch zunächst sah er sie nicht. Dann hörte er die Toiletten-

spülung und den Wasserhahn. Kurz darauf ging sie am Schrank vorbei. Sie trug noch immer ein graues Kleid, als einziges Zugeständnis an ihre Bequemlichkeit hatte sie ihre Schuhe abgestreift.
Eddie spürte, wie seine Erregung nachließ; er preßte die Lippen zusammen, um nicht laut zu fluchen. Noch hatte er Hoffnung. Vielleicht ging sie wieder aus, aber vielleicht zog sie gleich ihr Kleid aus. Und dann konnte er zuschauen, wie sie es abstreifte, das wäre sogar noch besser. Natürlich mußte er sich dann schnell zurückziehen, falls sie es in den Schrank hängen sollte.
Während er seine Chancen kalkulierte, setzte sich die Frau auf einen der Stühle neben das Fenster. Die Gardinen sowie die Vorhänge waren sorgfältig zugezogen. Sie benimmt sich nicht wie manche Leute, die nur leicht bekleidet oder sogar nackt auf dem Bett liegen, dachte Eddie. Auf der anderen Seite erhöhte ihr Verhalten seine Spannung. Er hatte das Gefühl, daß sie unter dem schlichten Kleid Spitzenunterwäsche trug.
Sie trank ein Mineralwasser, rauchte eine Zigarette und sah gelegentlich auf ihre Armbanduhr. Ganz plötzlich wurde Eddie klar, daß sie auf jemanden wartete. Als an die Tür geklopft wurde, zuckte er zusammen, genau wie sie. Dann stand sie auf, schlüpfte in ihre Schuhe und ließ den Mann herein.
Sie gab ihrem Besucher nicht einmal die Hand, von einer Umarmung ganz zu schweigen. Nur widerstrebend ging der Mann an ihr vorbei, so als wollte er jeden Kontakt mit ihr vermeiden.
Mist, dachte Eddie, als sich der Mann auf den anderen Stuhl setzte. Ich kann doch nicht die ganze Nacht hier rumhängen, bis sich die Dinge entwickeln. Das Telefon läutete, sie ging und nahm den Hörer ab, während sich ihr Besucher

mit vor der Brust gekreuzten Armen mißbilligend im Zimmer umsah.

Verärgert stieg Eddie aus dem Schrank, schloß die Verbindungstür und ging zur Eingangstür von Zimmer 171. Er wollte sie gerade öffnen, als ein altes Ehepaar die Galerie entlangkam. Sein erster Impuls war, sich ruhig zu verhalten, doch dann fiel ihm ein, daß ja nichts Verdächtiges an dem war, was er tat. Er erinnerte sich an die Glühbirnen. Er nahm sie und sah auf seine Uhr. Er mußte sich beeilen, wenn er sie noch vor Antritt seines Dienstes ersetzen wollte. Zum Teufel damit, dachte er. Dann hätte er eine gute Entschuldigung, später noch einmal hierherzukommen. Dieser Mann mußte sich ja irgendwann mal verabschieden. Und früher oder später mußte sie ihre Kleider ausziehen. Es war noch früh am Abend.

9

»Paß auf, daß niemand kommt«, sagte der Mann. »Und mach die Taschenlampe aus, bis ich es dir sage.«
Gehorsam knipste die Frau die Lampe aus und ließ ihren Blick prüfend über den von Halogenlampen erleuchteten Parkplatz wandern. Es war kurz vor Morgengrauen und noch dunkel.
Der Mann öffnete die Heckklappe des Kombiwagens, zerrte prallgefüllte Müllsäcke heraus und ließ sie murrend zu Boden fallen.
»Ich glaube, deine Mutter hat in den letzten vierzig Jahren nichts mehr weggeworfen, Jean«, sagte er.
Die Frau reagierte auf seine Worte nicht. Das hörte sie nun schon seit drei Tagen. Die beiden hatten ihre Mutter gerade in ein Pflegeheim gebracht, und jetzt räumten sie und ihr Mann Herb das Haus aus, damit sie es verkaufen konnten. Herb hatte schon ein paar Fahrten zum Müllabladeplatz des County hinter sich, aber das bedeutete jedesmal eine halbe Stunde Fahrt. Jetzt wollten sie den Rest ihres Plunders während der späten Abend- und frühen Morgenstunden in den Containern eines Supermarkts der Stadt entsorgen. Schon dreimal waren sie hierhergefahren, ohne daß es aufgefallen war. Jean war nicht wohl bei dem Gedanken, aber Herb hatte es satt, zum Müllabladeplatz zu fahren.
»Wirf die Geräte zuerst rein«, flüsterte sie. »Dann können wir sie mit den Mülltüten bedecken.«
Herb nahm einen alten, fettverkrusteten Grill aus dem

Wagen. »Warum hat sie den nur aufgehoben?« stöhnte er. »Vor zwei Jahren haben wir ihr zu Weihnachten eine Mikrowelle geschenkt. Das Ding ist schon seit zehn Jahren nicht mehr benutzt worden.«

»Ich weiß es nicht, Liebling«, sagte Jean und bemühte sich um Geduld. Sie konnte es ihm nicht verübeln, daß er sich beklagte. Es war ein Haufen Arbeit, und er hatte schwer geschuftet. Und außerdem mußte sie zugeben, daß ihre Mutter auch die nutzlosesten Dinge aufgehoben hatte. »Wahrscheinlich hat sie geglaubt, ihn eines Tages noch mal gebrauchen zu können«, sagte Jean.

»Okay«, sagte Herb. »Leuchte mir mal.«

Jean kletterte auf den unteren Rand des Müllcontainers und richtete die Taschenlampe auf den Haufen verrottender Produkte und kaputter Schachteln. Oben drauf lag ein schwarzer Müllsack. »Wir sind nicht die einzigen, die so was tun«, sagte sie.

»Halt die Lampe ruhig«, sagte Herb und kräuselte wegen des Geruchs die Nase. Er stieß den Grill über den Rand des Containers. Er landete auf dem Müllsack.

»Hol jetzt den tragbaren Fernseher«, kommandierte Jean.

»Zu Befehl«, sagte Herb. Er ging zum Wagen zurück, während Jean ihre Blicke über den leeren Parkplatz schweifen ließ. Sie wußte, daß diese Supermärkte manchmal von patrouillierenden Sicherheitskräften bewacht wurden. Je eher sie hier verschwanden, desto besser.

»Ich komme mit dem Ding«, sagte Herb und trug es zum Container.

Jean kicherte nervös. »Komm, wir behalten es«, sagte sie.

»Den Teufel werden wir«, rief Herb und warf das Gerät in den Container. Es fiel auf den Grill und dann zur Seite. Der Grill riß durch den Aufprall in den darunter liegenden Müllsack ein großes Loch. Jean leuchtete in den Container und sah etwas Dunkles und Glänzendes aus dem zerrissenen Sack quellen.

Herb marschierte zum Kombi zurück und spähte hinein. »Hoffentlich ist da genügend Platz für all den Schrott«, sagte er. »Was soll ich als nächstes bringen?«

Seine Frau antwortete nicht.

Er hielt einen verrosteten Christbaumständer in die Höhe. »Wie wär's mit diesem entzückenden Ding?« Er drehte sich um. »Jeannie?« sagte er.

Jean starrte in den Müllcontainer. Dann sah sie ihren Mann an, das Gesicht aschfahl. »Oh, mein Gott«, flüsterte sie. Sie verdrehte die Augen, und ihre Knie gaben unter ihr nach. Herb eilte herbei und konnte sie gerade noch auffangen. »Jeannie, was ist los?« rief er. Ihre Taschenlampe war in den Container gefallen. Herb schaut hinein. Im Lichtstrahl der Lampe konnte er das Blut, das verfilzte Haar und ein lebloses blaues Auge sehen. Er sackte gegen den Container und hielt seine Frau fest, ganz fest. »Herr im Himmel!« schrie er. »Hilfe! Hilfe!«

Emily Ference stand in ihrer blitzsauberen Küche und versuchte, den Gürtel durch die Schlaufen ihres Kleides zu ziehen. In ihrem Kopf pochte es schmerzhaft, und ihre Hände zitterten, als sie in ihrem Rücken danach tastete, ob sie eine Schlaufe ausgelassen hatte.

Vor lauter Konzentration fuhr sie mit der Zunge über ihre Oberlippe und konnte den salzigen Schweiß dort schmekken. Für Mai war der Tag warm. Das war das eine. Nun das andere: Ihr Blick wanderte zur Anrichte, auf die sie sorgfältig die leere Ginflasche gestellt hatte, ehe sie sich an nichts mehr am gestrigen Abend erinnern konnte. Auch ihr trockener Mund und ihr gereizter Magen waren nichts als Resultate diese Exzesses.

Trink deinen Kaffee, kämm dein Haar, nimm zwei Aspirin, betete sie sich vor. Dann fühlst du dich besser. Sie hatte den Gürtel durch alle Schlaufen gefädelt, als das Klopfen an die Tür sie in Panik versetzte. Nicht schon jetzt, dachte sie. Sie ist zu früh dran.

Jeden Wochentag kam Emilys Schwägerin, Sylvia Ference, und holte sie zur Frühmesse ab. Nach der Kirche ging Sylvia zu ihrer Arbeitsstelle, in eine Bank, und Emily kehrte in ihr leeres Haus zurück. Jedesmal war sie voller Reue und guter Vorsätze, wenn sie heimkam. Soviel Emily wußte, war ihre Schwäche ihr Geheimnis, und es kostete sie viel Anstrengung, es ein Geheimnis bleiben zu lassen. Sie pflegte sich und das Haus, und sie versuchte, immer pünktlich zu sein und nie aus der Rolle zu fallen. Niemals gab sie den Leuten Anlaß, irgendwelche Spekulationen über sie anzustellen.

Hektisch schloß Emily die Gürtelschnalle, strich glättend über ihr Haar und ging zur Tür. »Ich komme«, sagte sie und versuchte, keine Panik in ihrer Stimme durchklingen zu lassen. Sie öffnete die Tür und wollte gerade einen kleinen Scherz darüber machen, daß sie noch nicht fertig sei, als sie erstaunt in das Gesicht des jungen Officers Larry Tillman blickte.

»Guten Morgen, Mrs. Ference«, sagte er. Er hatte karottenrotes Haar und Sommersprossen. Emily hatte ihn schon als kleinen Jungen gekannt. Heute war er einer von Walters besten Männern.

»Guten Morgen, Larry. Eigentlich habe ich meine Schwägerin erwartet.«

»Ist Lieutenant Ference zu Hause?« fragte er höflich.

»Ja. Das ist er. Aber er schläft. Heute ist sein freier Tag.«

Der junge Officer sprach mit aufgeregter und drängender Stimme. »Der Chief hat mir gesagt, ich soll ihn holen. Sie müssen ihn wohl wecken. Es ist ein Mord geschehen.«

Eine nähere Erklärung brauchte Emily nicht. »Da steht Kaffee, bedien dich«, sagte sie und deutete zur Küchentür, während sie ins Schlafzimmer eilte.
Walter Ference lag auf einer Seite im Doppelbett und schlief, die Hände wie ein kleines Kind unters Gesicht gepreßt. Mit zweiundfünfzig hatte er noch eine glatte Haut, außer der Narbe auf seiner Stirn. Er sah jung und verletzlich aus. Voller Schuldgefühle fragte Emily sich, ob er sie letzte Nacht hier im Bett vorgefunden oder sie hineingelegt hatte, als er nach Hause gekommen war. Sie hoffte, daß sie es aus eigener Kraft ins Bett geschafft hatte. Walter würde jedenfalls nie darüber reden.
Er seufzte und drehte sich auf den Rücken. Sie starrte ihn eine Minute lang an und fragte sich, ob Joey oder Ted jetzt wohl ihrem Vater ähneln würden. Emily verdrängte den Gedanken schnell, ehe diese Finsternis sich wieder in ihr ausbreiten konnte, und rüttelte ihren Mann an der Schulter. Walter öffnete die Augen und sah sie wachsam an, obwohl er noch schläfrig sein mußte. Das kommt daher, weil er schon jahrelang Polizist ist, dachte sie.
»Der junge Larry Tillman ist hier«, sagte sie. »Chief Matthews hat ihn geschickt, um dich zu holen. Anscheinend geht es um einen Mord.«
Walters Körper versteifte sich unter der Bettdecke sichtbar; er starrte zur Decke hoch. Sie konnte sehen, daß er den Schlaf und die Überreste von Träumen aus seinen Gedanken zu verjagen suchte. Plötzlich richtete er sich auf und schwang die Beine über die Bettkante. Mit beiden Händen rieb er schnell über sein Gesicht. »Ich komme gleich.«
»Ich gieße dir einen Kaffee ein«, sagte sie.
Emily ging ins Bad, nahm ihr Aspirin, kämmte ihr Haar und ging in die Küche zurück. Larry Tillman saß am Küchentisch, eine Tasse Kaffee neben sich.

»Er kommt«, sagte Emily.
»Okay«, sagte Larry und trommelte geistesabwesend auf den Tisch. »Das ist ein schönes altes Haus. Ich mag alte Häuser«, sagte er, um das Schweigen zu brechen.
»Danke«, sagte Emily. »Walter ist hier aufgewachsen. Damals war es sehr elegant.«
»Es ist noch immer schön«, sagte Larry höflich.
»Danke«, sagte Emily wieder. Sie wußte, daß sie das Haus jahrelang vernachlässigt hatten. Es war zu groß für nur zwei Personen, aber sie waren eine Familie gewesen, als Walter Sylvia ausbezahlt hatte. Zu jener Zeit war es das ideale Haus gewesen, um zwei Jungen großzuziehen.
Ein Klopfen an der Hintertür ließ Emily zusammenschrekken. »Das ist Sylvia«, sagte sie. Sie ging und öffnete ihrer Schwägerin die Tür. Der junge Officer stand wohlerzogen auf. Sylvia sah erst Officer Tillman, dann Emily an. »Hat Walter nicht heute frei?« fragte sie.
»Ja«, sagte Emily, »aber es ist ein Mord geschehen.«
Sylvia bekreuzigte sich und schaute dann den jungen Polizisten an. »Wer ist das Opfer?« fragte sie.
Walter kam in die Küche und band seinen Schlips. »Guten Morgen«, sagte er. Er sah Larry an. »Was ist passiert?«
»Vor etwa einer Stunde hat ein Ehepaar die Leiche einer weißen Frau in einem Müllcontainer hinter dem Shop-Rite gefunden.«
Emily und Sylvia stockte der Atem.
Walter fragte zornig: »Wie lange ist sie schon tot?«
»Nicht lange«, antwortete Larry. »Während der Nacht gestorben. Offenbar wurde sie zu Tode geprügelt. Dr. Jansen ist jetzt da.«
»Wissen wir, wer sie ist?« fragte Walter, während er Kleingeld aus einer Schale auf der Anrichte in seine Tasche steckte und Emily ihm seinen Becher mit Kaffee gab.

Officer Tillman schaute in sein Notizbuch. »Wir fanden einen Führerschein, auf Linda Emery ausgestellt.«
»Die kleine Linda Emery«, rief Sylvia. »Das kann doch nicht wahr sein. Sie verschwand vor Jahren spurlos. Du kannst dich doch an die Emerys erinnern?« sagte sie zu Walter.
»Er ist vor ein paar Monaten ertrunken«, sagte Emily.
»Das stimmt, er war Zimmermann«, sagte Sylvia. »Ein ruhiger Mann. Sie lebten sehr zurückgezogen. Und Linda trottete wie ein kleiner Hund immer hinter ihm her.«
Emily verzog wegen des unglücklich gewählten Bildes das Gesicht.
»Na, dann ist jetzt wohl nichts mehr von ihr übrig, nur ein Skelett, wie dieses Amber-Mädchen«, sagte Sylvia.
»Oh, nein, Ma'am«, sagte Larry. »Es kann sich nicht um dieselbe Person handeln, denn diese Frau war um die dreißig.«
»Wie kann das denn sein?« sagte Sylvia. »Das Mädchen ist doch vor etwa fünfzehn Jahren verschwunden.«
»Keine Einzelheiten mehr«, sagte Walter barsch. »Wir besprechen alles unterwegs.«
Sylvia richtete sich empört auf. »Wie kannst du es wagen, Walter? Deine eigene Schwester.«
»Ich will nicht, daß die ganze Bank davon erfährt, bevor wir auch nur mit unseren Ermittlungen angefangen haben.«
»Das ist eine Beleidigung. Als ob ich jedem davon erzählen würde«, schnaubte Sylvia.
»Wir dürfen Einzelheiten sowieso nicht preisgeben«, sagte Larry, wie um Entschuldigung bittend.
»Pfui«, sagte Sylvia. »Ich möchte diese schrecklichen Details gar nicht hören.«
»Sind Sie fertig, Sir?« fragte Larry.
Walter seufzte. »Ja. Gehen wir.«

»Wir müssen auch gehen, Emily«, sagte Sylvia. »Weißt du, daß du da eine Schlaufe vergessen hast?«
»Ja«, sagte Emily zerstreut. »Ich hole meine Handtasche.«
»Warte nicht mit dem Abendessen auf mich«, sagte Walter und küßte Emily auf die Wange. »Ich esse auswärts.«
Emily senkte verwirrt den Blick. Wollte er sie in Verlegenheit bringen? fragte sie sich. Sie konnte sich nicht einmal erinnern, ob sie gestern abend etwas gegessen hatte, geschweige denn, ob sie ihm etwas hingestellt hatte. Sie warf ihm einen Blick zu. Nein, dachte sie. Das war einfach seine Art, so zu tun, als wäre sie normal – eine gute Ehefrau.
»Deine Handtasche liegt auf dem Stuhl da«, sagte Sylvia mit schriller Stimme. »Hätte sie Zähne, würde sie dich beißen.«
»Ach, danke«, flüsterte Emily.
Sylvia blieb im Türrahmen stehen. »Viel Erfolg bei euren Ermittlungen. Wir zünden eine Kerze für das unglückliche Mädchen an, wer immer sie auch sein mag«, sagte sie frömmelnd.
»Du blockierst meinen Wagen«, sagte Walter. »Beeil dich.«

10

Karen nahm ihr Trikot vom Trockenständer in der Waschküche, faltete es und legte es in ihre Sporttasche. Das Radio spielte leise in der Küche, trotzdem konnte sie Jenny in den Schränken rumoren hören.
Sie nahm Jennys Hemd und faltete es ebenfalls. »Jenny, dein rotes Hemd ist trocken, wenn du es anziehen möchtest«, rief sie.
Jenny antwortete nicht. Karen ging in die Küche und sah, wie Jenny sich aus dem Krug im Kühlschrank Saft in ein Glas goß.
»Ich sagte, daß dein rotes Hemd trocken ist«, wiederholte Karen.
»Ich habe dich nicht gehört«, sagte Jenny. »Wie kann man mit dieser Musik im Radio noch etwas hören? Können wir nicht einen anderen Sender einstellen?«
»Dein Vater will die Wettervorhersage hören, damit er seinen Tagesablauf entsprechend einrichten kann.« Diese Diskussion hatten die beiden schon oft geführt.
»Er ist nicht mal da«, protestierte Jenny.
»Da bin ich«, sagte Greg, marschierte in die Küche und nahm ein Glas aus dem Schrank. »Kann ich etwas von dem Saft haben?«
Jenny goß ihm sein Glas voll. Er setzte sich an den Tisch, und Karen reichte ihm einen Teller mit einem Muffin.
»Du bist gestern abend schon früh zu Bett gegangen«, sagte er und strich Butter auf sein Muffin.
Karen wich seinem Blick aus. »Ich war müde. Ich habe noch

eine Weile gelesen, aber bald das Licht ausgemacht. Wie lief es mit deinen neuen Kunden?«
Greg schüttelte den Kopf. »Wir konnten keine Übereinkunft erzielen. Sie hielten meinen Kostenvoranschlag für zu hoch. Ich glaube nicht, daß ich den Auftrag bekomme.«
»Das ist bei dir doch sonst nicht der Fall«, sagte Karen, nicht sonderlich beeindruckt.
»Sie finden sicher jemanden, der verspricht, billiger und schneller zu arbeiten. Du weißt doch, wie das läuft.«
Karen nickte. Wenn es sich um einen großen Bauauftrag handelte, gab es immer Verzögerungen und unerwartete zusätzliche Kosten. Greg hatte es nicht gern mit Auftraggebern zu tun, die von Anfang an ungeduldig waren und ihn drängten.
»Können wir nicht einen anderen Sender nehmen?« bat Jenny. »Ich hasse diese Oldies.«
»Das ist klassische Musik«, neckte Greg sie. »Zu diesen Liedern habe ich deiner Mutter den Hof gemacht.«
»Ich will nur die blöden Nachrichten nicht hören«, sagte Jenny.
»Du hast ja eine richtig gute Laune«, sagte Karen.
»Was meckerst du denn?« erkundigte sich Greg liebevoll.
»... und nun zur Schlagzeile heute früh: Hinter dem ShopRite Supermarkt wurde in einem Müllcontainer eine Leiche gefunden«, sagte der Sprecher.
»Hu!« sagte Jenny.
»Die Polizei hat die Tote als die zweiunddreißig Jahre alte Linda Jean Emery aus Chicago identifiziert, die hier ihre Familie besuchte.«
Jenny stieß einen unterdrückten Schrei aus und ließ ihr Glas fallen; es zersplitterte krachend auf dem Boden.
»Oh, mein Gott«, sagte Greg.
»Das kann nicht sein«, sagte Karen. Sie sah Greg an, und

dann sahen sie beide Jenny an, die schwankend gegen den Küchenschrank stieß. »Liebling, bist du in Ordnung?« fragte Karen.
»Meine Mutter«, wimmerte Jenny. »Nein ...«
»Baby, setz dich«, bat Karen und führte Jenny zu einem Stuhl. Greg sammelte bereits die Glasscherben ein und wischte den Boden auf.
Jenny sah Karen an, schien sie aber kaum wahrzunehmen. »Es kann sich nicht um sie handeln.«
»Mach das Radio lauter«, sagte Karen zu Greg, der daneben stand. Er tat es und hörte aufmerksam zu.
»Vielleicht ist es ein Irrtum«, rief Jenny.
»Das glaube ich nicht«, sagte Greg betroffen.
Jenny fing an zu weinen und schüttelte immer wieder den Kopf. Es zerriß Karen das Herz, zusehen zu müssen, wie diese schmächtigen Schultern vom Kummer geschüttelt wurden.
»Ach, Liebling«, sagte sie und legte ihren Arm um sie. »Es tut mir so leid. Ich kann es gar nicht fassen.«
Jenny wich zurück und stieß Karens Arm von sich. »Nein, es tut dir nicht leid«, sagte sie schluchzend. »Du freust dich darüber.«
»Jenny!« rief Karen.
»Du warst gemein zu ihr und hast sie fürchterlich behandelt«, wimmerte Jenny. »Du hast sie gehaßt. Du wolltest sie nicht einmal hier sehen.«
»Das ist nicht fair!« schrie Karen. »Und es stimmt auch nicht. Ich habe sie nicht gehaßt.«
»Ach, nein? Du bist nur froh, daß sie tot ist.«
Karens erster Impuls war, auf diese grausame Ungerechtigkeit heftig zu reagieren. Aber dann sah sie, wie sehr Jenny litt, daß sie wie ein verwundetes Tier um sich schlug. Sie packte ihre Tochter bei den Schultern und suchte ihren

Blick. »Sie war deine Mutter. Sie hat dich geboren. Um alles in der Welt hätte ich nicht gewollt, daß so etwas passiert.«
Jennys Zorn verwandelte sich wieder in Schmerz. »Wenn du ihr doch nur eine Chance gegeben hättest«, sagte sie kläglich.
Greg, der während der ganzen Zeit geschwiegen hatte, sagte plötzlich: »Das ist genug!«
»Es stimmt doch«, sagte Jenny traurig. »Ihr habt euch keine Mühe gegeben, sie zu mögen. Ihr wart von Anfang an gegen sie.«
»Setz dich und halt den Mund!« sagte Greg mit versteinertem Gesicht.
Karen warf ihrem Mann einen verwunderten Blick zu. »Greg, sie ist außer sich«, sagte sie. »Das kannst du doch sehen.«
»Das weiß ich, aber ich will ihr etwas Wichtiges sagen, und sie soll mir zuhören.«
Durch die Vehemenz der Worte ihres Vaters zum Schweigen gebracht, schniefte Jenny nur noch und wischte über ihre Augen.
»Jetzt hör mir gut zu«, sagte er. »Noch heute wird die Polizei von ihrer Verbindung zu dir erfahren und alles darüber wissen wollen. Sie wird herkommen und eine Menge Fragen über Linda Emery stellen. Und wenn sie das tut, erwarte ich von dir, daß du nicht über unsere häuslichen Probleme sprichst. Hast du mich verstanden!«
»Greg!« rief Karen.
»Die Wahrheit ist doch, daß wir diese Frau kaum gekannt haben – ob sie nun deine leibliche Mutter war, oder nicht – und daß wir in diesen Mordfall nicht verwickelt werden wollen.«
»Aber wir sind ...« protestierte Jenny.
Greg schnitt ihr das Wort ab. »Nein, das sind wir nicht! Sie

platzte vor zwei Tagen ohne Vorankündigung in unser Leben, und welche Verbindung es auch immer gegeben haben mag, wir sind nicht verantwortlich. Wir kannten sie nicht. Wir wußten nichts über sie. Sicherlich, es ist entsetzlich, daß sie ermordet wurde, aber daran können wir nichts ändern. Deine Klagen, wie deine Mutter und ich sie behandelt haben, behältst du am besten für dich. Wir erzählen der Polizei, daß wir uns gefreut haben, sie kennenzulernen, und daß wir gut miteinander ausgekommen sind. Punkt. Das ist alles.«

»Das ist eine Lüge!« schrie Jenny. »Ihr habt sie gehaßt. Alle beide.«

»Jetzt wird nicht diskutiert«, schimpfte Greg. »Du tust, was ich dir sage. Du wirst uns keinen Ärger mit der Polizei machen, nur weil deine Gefühle verletzt worden sind. Das, was jetzt geschehen ist, hat nichts mit uns zu tun. Ist das klar?«

Die Entschiedenheit in Gregs Stimme war unmißverständlich. Weil ihr Vater so wütend auf sie war, begann Jenny wieder zu schluchzen.

»Es ist wohl besser, wenn du heute nicht zur Schule gehst«, sagte Karen sanft.

»Das hatte ich auch an dem Tag, an dem meine Mutter ermordet wurde, nicht vor«, sagte Jenny weinend. »Ich gehe in mein Zimmer.«

Sie stolperte aus der Küche.

Greg seufzte und ließ sich gegen die Anrichte fallen.

Karen stand auf und starrte ihn wütend an. »Warum hast du das getan?« fragte sie.

»Was?« fragte er stumpf.

»Kannst du nicht sehen, daß sie am Boden zerstört ist? Warum befiehlst du ihr zu lügen? Nur, weil wir diese Frau nicht leiden konnten und weil es uns nicht paßte, daß sie

hier auftauchte – das ist noch kein Verbrechen. Die Polizei wird sich überhaupt nicht für uns interessieren.«
Greg sah seine Frau müde an. »Jemand hat diese Frau ermordet. Die Polizei wird jeden Schritt unter die Lupe nehmen, den sie in dieser Stadt gemacht hat. In ihren Augen hatten wir einen verdammt guten Grund, sie nicht zu mögen. Vielleicht haben wir uns sogar gewünscht, sie aus dem Weg zu haben.«
»Das ist lächerlich«, sagte Karen ungeduldig.
»Ist es das?« sagte er. »Sie stellte eine Bedrohung für unsere Beziehung zu unserer Tochter dar. Es hat schon Fälle gegeben, wo Leute wegen solcher Dinge ausgerastet sind.«
Karen sah ihren Mann entgeistert an. »Doch nicht so, daß sie gleich jemanden umgebracht haben?«
»Warum nicht?«
»Ach, um Himmels willen, Greg. Die Polizei sucht sicher nach irgendeinem Psychopathen.«
»Vielleicht, vielleicht auch nicht. Ich weiß nur eins: Wenn sie herausfindet, daß diese Frau in die Stadt kam, um das Kind einer anderen für sich zu beanspruchen, und dann wird sie am nächsten Tag ermordet ... Na, was würdest du denken, wenn du Polizist wärst? Es gibt Frauen, die vor nichts zurückschrecken, um ihre Kinder zu retten. Mütter ... Eltern würden alles tun. Und dann hört die Polizei von Jenny, daß wir Linda haßten.«
Karen sah Greg eindringlich an. »Du redest von mir«, sagte sie. »Das denkst du doch, nicht wahr? Du glaubst, daß die Polizei mich verdächtigen wird?«
»Sieh mal, ich sage das doch nur, damit wir darauf vorbereitet sind.«
»Ich kann dir da nicht folgen. Wahrscheinlich ist sie von einem Mann umgebracht worden. Es muß sich um einen Sexualmord handeln.«

»Das wurde im Radio nicht gesagt.«
»Es muß so sein. Aus welchen anderen Gründen hätte sie ermordet werden sollen?« Karen schwieg einen Moment. »Niemand könnte etwas anderes denken. Das ist doch gar nicht möglich, oder?«
Greg ging zu seiner Frau und nahm sie tröstend in die Arme.
»Ich weiß nicht, was die Polizei denkt. Und ich sage ja auch nicht, daß wir lügen müssen. Aber unsere wahren Gefühle gehen die Polizei nichts an. Wir können nichts dafür, daß sie hier aufkreuzte und sich dann ermorden ließ. Das geht uns nichts an. Ich will nur mit der Sache nichts zu tun haben. Keiner von uns.«
Karen nickte geistesabwesend. »Das klingt bloß so ...«
»Wie?«
»Ich weiß nicht. Herzlos.« Karen schauderte.
»Es ist nur pragmatisch«, sagte er.
»Wahrscheinlich hast du recht«, stimmte Karen zu, denn die Möglichkeit, die ihr Mann aufgezeigt hatte, erschütterte sie. Wenn es einen Weg gab, eine solche Sicht der Dinge zu verhindern ... »Vielleicht ist das die beste Lösung.«

11

»Mom, die Polizei ist da.« Bill Emery stand im Türrahmen zum Schlafzimmer seiner Mutter. Über dem Kopfteil ihres Bettes hing ein Kruzifix. Nach diesem alptraumhaften Besuch im Leichenschauhaus hatte Alice darauf bestanden, daß Bill sie in ihr eigenes Haus zurückbrachte. Jetzt lag sie auf ihrem Bett, und Dr. Martin Nolte, der langjährige Hausarzt, zog gerade eine Spritze aus ihrer Armbeuge.
»Bill, red du mit ihnen. Oder sag ihnen, sie sollen ein andermal wiederkommen. Deine Mutter ist dazu jetzt nicht in der Lage«, sagte der Arzt.
Bill zögerte und sagte dann: »Ich kümmere mich darum.«
»Guter Junge«, sagte Dr. Nolte, als wäre Bill noch ein kleines Kind. Bill ging.
»Martin«, sagte Alice mit schwacher Stimme.
»Was ist denn, meine Liebe?«
»Geben Sie mir das Bild auf meinem Schreibtisch.«
Der Arzt brachte ihr die Fotografie, und Alice betrachtete sie, Tränen rannen über ihr Gesicht. Die Aufnahme war gemacht worden, als Linda etwa fünf und Bill acht Jahre alt gewesen war. Jack hatte sich nicht fotografieren lassen wollen. Er hatte das immer gehaßt, was Alice nie verstehen konnte. Er war ein so gutaussehender Mann gewesen. Ihre Gedanken wanderten zu jenem Tag zurück, als sie ihn kennengelernt hatte, zu jenem Tag, als er die Verandatreppe ihrer Mutter repariert hatte. Er war neu in Bayland, doch eine Freundin ihrer Mutter hatte ihn als ordentlichen

Handwerker empfohlen. Als Alice ihn zum ersten Mal durchs Küchenfenster sah, stand ihr Herz in Flammen. Zwar war sie nie schüchtern gewesen, doch bei Jack mußte sie die ersten paar Male ihren ganzen Charme anwenden, um ihn in ein Gespräch zu verwickeln. Und als er sich ihr dann öffnete, war das wirklich der Mühe wert gewesen.
Alice betrachtete die beiden lächelnden Kinder auf dem Foto, dann schaute sie nur das kleine Mädchen an. »Jetzt bist du bei deinem Daddy«, sagte sie mit einem Schluchzen.
»Das Beruhigungsmittel, das ich Ihnen gerade gespritzt habe, wird Ihnen helfen«, sagte Dr. Nolte freundlich.
»Sie war gerade erst zu mir zurückgekommen, und jetzt habe ich sie für immer verloren«, sagte Alice. Doch schon überfiel sie eine große Müdigkeit.
»Versuchen Sie zu schlafen«, sagte der Arzt und nahm seine Tasche. »Ich gebe Bill ein Rezept. Falls Sie etwas brauchen, rufen Sie mich an.«
»Das tue ich«, flüsterte Alice. Ihre Hände wurden schlaff; das Bild entglitt ihren Fingern und fiel auf den Bettvorleger. Alices Gedanken schweiften zurück in die Vergangenheit – ins Dämmerlicht bittersüßer Erinnerungen.

Bill Emery öffnete die Tür seines Elternhauses und sah die Frau an, die mit gezücktem Notizbuch auf der Treppe stand und noch immer auf die Klingel drückte. Sie war um die Zwanzig, lässig in Rock und Bluse gekleidet und hatte flache Schuhe an. Ihr aschblondes Haar war kurz und formlos geschnitten, als könnte sie sich mit solchen Nebensächlichkeiten nicht aufhalten. Sie hatte eine schöne Haut und war nicht geschminkt. Ihre Stimme klang geschäftsmäßig.
»Ich bin Phyllis Hodges«, fing sie an, »von der *Bayland Gazette*.« Während Bill ihren Presseausweis studierte, spähte

sie um ihn herum und sah Walter Ference und Larry Tillman im Wohnzimmer sitzen. Sie winkte Walter zu, und er nickte zurück.

»Tut mir leid«, sagte Bill. »Wir haben nichts zu sagen.«

»Sind Sie mit der Toten verwandt?« sagte Phyllis schnell und stellte einen Fuß in die Tür.

»Sie war meine Schwester. Sie gestatten ...«

»Wie ich sehe, ist die Polizei da. Ich warte gern«, beharrte Phyllis.

»Bitte, gehen Sie«, sagte Bill und schloß trotz ihres Protestes die Tür. Er ging zu Walter zurück, der in Alices Ohrensessel saß. Larry Tillman stand auf, stellte sich ans Fenster und schaute durch die Gardine zu den Neugierigen hin, die sich am Rand des Rasens versammelt hatten.

»Diese Reporter haben keinen Respekt vor der Privatsphäre der Leute«, sagte Bill.

Walter nickte mitfühlend. »Mr. Emery, es gibt da noch ein paar Dinge, die wir klären müssen. Ihre Schwester betreffend. Sie sagen, es war ihr Wunsch, im Motel zu wohnen?«

Bill spielte nervös mit einer kleinen Schäferin aus Porzellan herum, die er vom Kaminsims genommen hatte, dann stellte er sie wieder hin. »Ja. Es hatte etwas damit zu tun, daß sie diese Reise als Geschäftsreise deklarieren wollte. Wegen der Steuern, verstehen Sie?«

Walter nickte wieder.

»Glenda«, rief Bill. Bills Frau steckte ihren Kopf zur Tür herein. »Wir könnten etwas Kaffee vertragen.«

»Nicht für mich«, sagte Walter bestimmt. »Und was haben Sie gestern abend gemacht?«

»Ich? Ich habe noch lange im Laden gearbeitet.«

»Waren Sie allein?«

»Nein. Eine meiner Verkäuferinnen war auch da.«

»Der Name?«

Bill sah aus, als wollte er protestieren, doch dann gab er nach. »Christine Bishop.«
Walter machte sich eine Notiz. »Okay. Nun der Name von diesen Leuten – die, die das Kind Ihrer Schwester adoptiert haben.«
»Newhall«, blaffte Bill. »Das habe ich Ihnen bereits gesagt.«
Glenda kam ins Wohnzimmer. »Liebling«, sagte sie. »Ich gehe schnell zur Apotheke und hole das Rezept für Mom.«
»Geh nur«, sagte Bill irritiert. Glenda sah neugierig die beiden Polizeibeamten an und ging.
»Und Sie haben erst jetzt erfahren, daß Ihre Schwester schwanger war und deswegen damals davongelaufen ist?« fragte Walter weiter.
»Ja«, sagte Bill. »Aber was hat das alles mit dem Mord zu tun?«
Walter klappte sein Notizbuch zu und stand auf. »Ich denke, das ist alles im Moment. Vielen Dank für Ihre Auskünfte, Mr. Emery. Mit Ihrer Mutter reden wir später.«
Bill entspannte sich, als er die beiden Beamten zur Tür brachte. »Freut mich, wenn ich Ihnen helfen konnte«, sagte er.
Vom Fenster aus beobachtete Bill, wie die zwei in ihren Wagen stiegen. Sowie sich der Wagen in Bewegung setzte, ging er zum Telefon und wählte.
»Shane's Sporting Goods«, sagte Trudy Kubinsky, die Kassiererin, mit rauher Stimme.
»Christine Bishop, bitte«, sagte Bill mit verstellter Stimme.
Trudy zögerte. »Bill?«
»Wie bitte?« fragte Bill mit immer noch verstellter Stimme beleidigt zurück.
»Entschuldigung«, sagte Trudy. »Bleiben Sie dran.«
Während Bill wartete, spürte er, wie er unter den Armen schwitzte. Schließlich kam Christine an den Apparat.

»Hör zu, Christine«, sagte Bill ohne Begrüßung. »Niemand im Laden darf wissen, daß du mit mir sprichst.«
»Okay«, sagte Christine verunsichert.
»Vielleicht kommt die Polizei und will mit dir reden. Meine Schwester ist ermordet worden.«
»Oh, Bill, das tut mir leid. Wie schrecklich.«
»Habe ich dir nicht eben gesagt, daß du meinen Namen nicht erwähnen sollst?«
»Entschuldige«, bat sie.
»Ich habe der Polizei erzählt, daß wir gestern abend noch spät im Laden gearbeitet haben. Hast du das verstanden?«
»Klar.«
»Und wenn sie das ›Jefferson Motel‹ erwähnen, so hast du nie davon gehört.«
»Warum?«
»Weil ich es dir sage.«
Am anderen Ende herrschte Schweigen. Dann sagte Christine traurig: »Okay. Sei mir nicht böse.«
Bill ballte seine Hand zur Faust und zählte stumm bis zehn.

Margo Hofsteders Herz machte einen Sprung. Zwei Cops kamen über den Weg zur Eingangstür, der eine in Uniform, der andere in Zivil. Sie schaute aus dem Fenster und sah noch zwei Cops und einen weiteren Streifenwagen auf dem Parkplatz.
Walter Ference nickte. »Sind Sie der Manager?«
»Das Motel gehört mir. Ich bin Margo Hofsteder.«
»Miss Hofsteder...«
»Mrs.«
»Wie wir erfahren haben, wohnte eine Linda Emery bei Ihnen.«
Margo schaute in ihr Gästebuch, wobei sie mit ihrem dicken

Zeigefinger die Zeilen entlangglitt. »Sie wohnt noch immer hier«, sagte Margo. »Hat sie Ärger?«

Walter und Larry sahen sich an. »Miss Emery ist tot. Sie wurde letzte Nacht ermordet«, sagte Walter.

Margo faßte sich an die Brust. »Hier?« rief sie.

»Wir wissen nicht, wo«, sagte Walter. »Wir möchten gern ihr Zimmer sehen.«

Vor nervöser Erregung wurde Margos Gesicht fleckig. »Oh, mein Gott«, sagte sie und suchte unter dem Tresen nach ihren Schlüsseln. »Nicht hier. Nicht in meinem Motel …«

»Das wissen wir noch nicht«, sagte Walter. »Aber wir müssen uns in ihrem Zimmer umsehen.«

»Natürlich, natürlich«, murmelte sie und kam mit klingelnden Armbändern und Schlüsselbund hinter ihrem Tresen hervor. Während sie über die Galerie watschelte, brabbelte sie pausenlos vor sich hin. Die beiden Polizisten folgten ihr zu Zimmer 173. »Oh, ich kann es nicht fassen. Das ist ein Familienmotel. Die Zeitungen werden darüber schreiben. Ach, du meine Güte, wie schrecklich. Wie schrecklich.«

Sie blieb vor Zimmer 173 stehen und sagte leise: »Hier ist es.«

»Schließen Sie bitte auf«, sagte Walter.

Mit zitternder Hand steckte Margo den Schlüssel ins Schloß, stieß die Tür auf und wich zurück, als würde sie erwarten, daß der Mörder noch immer im Zimmer war und sich auf sie stürzen könnte.

Larry Tillman betrat als erster den Raum und knipste das Licht an. Walter folgte ihm und sah sich um.

Vor der Tür fragte Margo jammernd: »Ist dort Blut?«

Larry ging ins Bad, kam wieder und schüttelte den Kopf. Das Zimmer war nicht aufgeräumt, aber offensichtlich hatte das Verbrechen hier nicht stattgefunden.

»Nein. Alles hier drin ist normal«, sagte Walter.

»Gott sei Dank«, rief Margo. Trotzdem war sie etwas enttäuscht. Sie steckte ihren Kopf zur Tür hinein.
»Wann wird das Zimmer saubergemacht?« fragte Walter.
»Normalerweise gegen eins. Aber das Mädchen ist langsam«, sagte Margo entschuldigend.
»Um so besser«, sagte Walter. »Es werden ein paar Leute von der Spurensicherung kommen. Bis dahin darf hier nichts angerührt werden.«
»Ich verstehe«, sagte Margo. »Sie suchen nach Beweisen, die sonst vernichtet werden könnten.«
»Hatte Miss Emery Besuch?« fragte Walter. »Haben Sie jemanden gesehen, der dieses Zimmer betreten hat?«
Margo schüttelte bedauernd den Kopf. »Ich respektiere das Privatleben meiner Gäste.«
»Oder hat jemand nach ihr gefragt?«
»Nein, niemand. Aber Sie können mit dem Nachtportier reden. Vielleicht kann er Ihnen etwas sagen.«
»Und wo finden wir den?«
»Wahrscheinlich schläft er oben«, sagte Margo.

Eddie hörte, wie an seine Tür geklopft wurde, drehte sich um und fluchte. »Haut ab«, murmelte er. Schwere Vorhänge verdunkelten den Raum, und er hatte nicht die leiseste Ahnung, wie spät es war. Es wurde weiter geklopft, bis er Margo rufen hörte: »Eddie, machen Sie auf. Die Polizei ist da.«
Eddie konnte sich keine schlimmere Überraschung zum Aufwachen vorstellen. Er stolperte aus seinem Bett, griff nach seinen Hosen und knipste das Licht im Badezimmer an. Sein Gesicht war blaß.
Er spritzte sich etwas Wasser ins Gesicht, dabei wurde auch sein T-Shirt naß, in dem er geschlafen hatte. Barfuß ging er zur Tür und öffnete sie.

Die beiden Männer im Türrahmen starrten in die Dunkelheit. Eddies hageres Gesicht wirkte wie ein Schmutzfleck auf einer Schultafel.
Margo runzelte über ihren Angestellten mißbilligend die Stirn. »Eddie«, sagte sie. »Sie müssen mit diesen Leuten reden. Es ist ein Mord geschehen.«
Eddie rieb sich die Augen. »Moment mal. Was ist los? Ich habe nichts getan.«
Walter betrat das Zimmer. »Machen Sie das Licht an. Oder ziehen Sie die Vorhänge zurück.«
Gehorsam öffnete Eddie die Vorhänge.
»Sie können jetzt gehen, Mrs. Hofsteder«, sagte Walter bestimmt.
»Margo«, sagte Eddie und schirmte seine Augen wegen des grellen Tageslichts ab, »was ist hier los?«
»Beantworten Sie nur die Fragen, Eddie. Jemand hat die junge Frau aus Chicago, die in Zimmer 173 wohnte, umgebracht.«
Eddie sah die beiden Polizisten an, dann blickte er ostentativ in eine andere Richtung, stolperte rückwärts auf sein Bett zu und ließ sich auf die Kante fallen. Aus seinem Mund kam ein kleiner, wimmernder Laut.
»Kannten Sie Miss Emery?« fragte Walter.
Eddie schüttelte den Kopf.
»Na, Sie sind ja ziemlich außer sich«, sagte Walter.
Eddie verschränkte die Arme vor der Brust und vermied es, den Detective anzusehen. »Nein, das bin ich nicht«, murmelte er, »nur überrascht.«
Mit einem Blick bedeutete Walter Larry, sich in dem Zimmer umzusehen, was Larry möglichst unauffällig tat.
»Wir möchten gern wissen, ob Sie gesehen haben, ob Miss Emery Besuch bekam. Vielleicht von jemandem, der verdächtig wirkte, weil er sich hier rumtrieb.«

Eddie warf Walter einen herausfordernden Blick zu. »Um so was kümmere ich mich nie.«
»Also haben Sie niemanden gesehen?«
»Niemanden«, sagte Eddie. Seine Augen zeigten ein seltsames Glitzern, halb berechnend, halb ängstlich.
»Wohnen Sie hier, Mr. McHugh?« fragte Walter.
»Ja.«
»Sind Sie schon mit dem Gesetz in Konflikt gekommen?«
Eddie zögerte. »Nein«, sagt er. »Nur Jugendsünden. Dieser Frau habe ich nichts getan.«
Walter sah Eddie prüfend an, bis Eddie den Blick senkte. »Danke.«
»Ich habe Ihnen gern geholfen.«
Die Polizisten gingen, und Eddie schloß die Tür hinter ihnen. Er lehnte sich kurz dagegen, starrte, ohne etwas zu sehen, auf die Unordnung in seinem Zimmer. Dann breitete sich langsam ein tückisches Grinsen in seinem Gesicht aus, und er sagte laut: »Na, was weißt du schon darüber.«

12

»Dafür brauche ich ein paar Minuten, Glenda«, sagte der Apotheker, ein grauhaariger Mann in weißem Kittel.
»Das macht nichts«, sagte Glenda. Sie ging zu dem Regal mit Kosmetikartikeln und probierte verschiedene Rotschattierungen auf ihrem Handrücken aus.
»Entschuldigen Sie«, sagte eine junge Frau, die sich ihr näherte. »Mrs. Emery?«
Glenda sah die junge Frau neugierig an und dachte, daß sie etwas Rouge gebrauchen könnte. »Ja?«
»Ich bin Phyllis Hodges und Reporterin von der *Bayland Gazette*. Ich möchte Ihnen gern ein paar Fragen über die Ermordete stellen. Sie war doch Ihre Schwägerin, nicht wahr?«
Glenda warf einen ängstlichen Blick in Richtung Theke. Doch der Apotheker war mit der Zubereitung des Medikaments beschäftigt. »Ich kannte sie nicht sehr gut«, sagte sie entschuldigend. »Woher wissen Sie, wer ich bin?«
»Ich sah Sie aus dem Haus kommen«, gab Phyllis zu. »Und dann bin ich Ihnen gefolgt.«
»Sie sind mir gefolgt?« fragte Glenda überrascht und durch dieses Geständnis auch etwas geschmeichelt.
»Ich bin beauftragt, eine Geschichte über diesen Fall zu schreiben, und ich möchte gern ein sympathisches Bild des Opfers zeichnen. Aber dafür brauche ich ein paar Hintergrundinformationen. Offensichtlich hat Ihre Schwägerin eine ganze Weile nicht in Bayland gelebt.«

Glenda zuckte mit den Schultern. Das war kein Geheimnis.
»Ja, das stimmt«, sagte sie. »Sie verschwand mit siebzehn. Natürlich wurden damals alle möglichen Vermutungen angestellt. Was ihr passiert sein könnte. Aber wie sich herausstellte, lief sie weg.«
»Was für eine Tragödie«, sagte Phyllis. »Sie kommt zurück und dann das.«
»Für meine Schwiegermutter ist das ein entsetzlicher Verlust«, sagte Glenda. Sie hatte aufrichtiges Mitgefühl mit Alice. Im Gegensatz zu anderen Schwiegermüttern war Alice ein Schatz. Und Bill hatte die ganze Geschichte noch viel schlimmer gemacht, weil er seiner Mutter verboten hatte, Linda zu sehen. Wenn Tiffany all die Jahre vermißt gewesen wäre ...
»Und Ihr Mann?« fragte Phyllis.
»Hmm?«
»Ihr Mann muß doch auch sehr betroffen sein.«
»Oh, ja«, sagte Glenda. Ihr gefiel Phyllis. Sie schien ein nettes Mädchen zu sein. Vielleicht etwas naiv. Aber Journalistin war ein guter Beruf. Glenda hoffte, daß Tiffany auch eines Tages einen guten Beruf haben würde, um nicht von irgendeinem Mann abhängig zu sein.
Phyllis' Gesicht drückte nichts als unschuldige Neugier aus, als sie fragte: »Wissen Sie, warum Ihre Schwägerin aus Bayland fortging?«
Glenda zögerte. Was machte es schon für einen Unterschied, wenn sie redete? Sie konnte überhaupt nicht verstehen, warum Bill in dieser Hinsicht so verschwiegen war. Nach außen hin zeigte er sich zwar betroffen, aber in Wirklichkeit hatte ihn Lindas Verhalten empört. Mehr als alles andere. Trotzdem würde die Wahrheit herauskommen. Und heutzutage war es sowieso keine Schande mehr, als unverheiratete Frau ein Kind zu bekommen und es zur

Adoption freizugeben. Wenn man alle diese Frauen betrachtete, die abtrieben, war das, was Linda getan hatte, sogar anständig. Bill würde wütend auf sie sein, wenn er herausfand, daß sie geredet hatte. Aber sie konnte es wahrscheinlich auf viel nettere Weise als er sagen. Außerdem, dachte Glenda trotzig, glaube ich an die Pressefreiheit.
»Tatsächlich weiß ich, warum sie ihr Elternhaus verlassen hat«, sagte Glenda. »Und das ist eine ganz interessante Geschichte.«
Phyllis beugte sich vor, ein gieriges Glitzern in den Augen.

Greg Newhall öffnete die Tür und lächelte schief. »Wir haben Sie erwartet«, sagte er.
»Dürfen wir reinkommen?« fragte Walter höflich.
Greg ließ die beiden eintreten und deutete zum Wohnzimmer. »Meine Frau und meine Tochter sind dort drin«, sagte er.
Karen saß in der Sofaecke, Jenny im Schaukelstuhl. Sie starrte in den leeren Kamin.
»Nehmen Sie Platz«, sagte Karen ängstlich.
Walter setzte sich in einen Lehnstuhl. Larry stand im Türrahmen. »Wir möchten Ihnen ein paar Fragen über Linda Emery stellen.«
Greg durchquerte den Raum und stellte sich hinter Karen. »Das haben wir uns schon gedacht. Ich nehme an, Sie wissen bereits, daß Miss Emery die ... die leibliche Mutter unserer Tochter ist«, sagte er.
Walter lächelte dünn. »Wie lange wissen Sie das schon?« fragte er.
Karen warf einen Blick zu Greg hoch. »Seit ungefähr zwei Tagen«, sagte er. »Seit drei Tagen, wenn man heute mitrechnet.«
»Und vorher kannten Sie die Mutter des Kindes nicht?«

»Nein«, sagte Greg, mit leichter Mißbilligung in der Stimme. »Ich weiß, diese ›Eine-glückliche-Familie‹-Arrangements, wo sich alle kennen, sind heute modern, aber die Adoption fand vor dreizehn Jahren statt, und damals geschah das auf der Basis absoluter Anonymität.«
»Haben Sie nach ihr geforscht oder sie nach Ihnen?«
»Sie nach uns«, sagte Greg knapp.
»Sagte Miss Emery, wie sie Sie gefunden hat?«
»Sie sprach von einem Privatdetektiv«, sagte Karen.
»Ich verstehe«, murmelte Walter und machte sich Notizen. »Also, sie rief aus heiterem Himmel an und sagte, sie sei Jennys leibliche Mutter.«
»Nein, sie tauchte einfach hier auf«, sagte Karen. »Am Sonntag, am Muttertag.«
»Waren Sie deswegen ärgerlich?« fragte Walter aalglatt.
Karen konnte weder lächeln noch ein Zittern in ihrer Stimme verbergen. Sie spürte, wie Gregs Hand ihre Schulter drückte, als wollte er sie beruhigen. Es war gut, daß er sie auf diese Frage vorbereitet hatte. Greg hatte recht gehabt – unter dem prüfenden Blick der Polizisten fühlte sie sich schuldig, obwohl sie nichts zu verbergen hatte.
»Nun ja«, sagte sie vorsichtig, »eine vorherige Benachrichtigung wäre wohl angebracht gewesen. Aber auf der anderen Seite muß man berücksichtigen, daß sich Jenny schon immer die Frage gestellt hat, was für ein Mensch ihre Mutter wohl ist. Für sie war es wundervoll, ihre leibliche Mutter kennenzulernen.«
Jenny wischte sich Tränen aus den Augen. Doch sie sah weder ihre Eltern noch die Polizisten an.
»Stimmt das, Jenny?« fragte Walter. »Warst du glücklich, sie kennenzulernen?«
»Ja«, sagte Jenny mit kleiner Stimme. Mit einem Fuß stieß sie den Schaukelstuhl vor und zurück.

»Und deine Eltern hatten nichts dagegen?« fragte er.
Jennys Augen schossen wütende Blicke, und sie stülpte die Lippen vor. »Ich glaube nicht«, sagte sie.
»Detective, haben Sie Kinder?« fragte Karen. Larry, der noch immer im Türrahmen stand, stieß einen Laut der Bestürzung aus. Wie alle Kollegen bei der Polizei wußte er von der Tragödie in Walters Leben. Karen sah Larry überrascht an.
Walter zögerte und sagte dann: »Nein, Ma'am.«
»Nun ja«, sprach Karen unsicher weiter, da die Reaktion des jungen Polizisten sie verunsichert hatte, »wenn man ein Kind hat, möchte man es glücklich machen. Das ist oberstes Gebot.«
»Selbst dann, wenn jemand anderer die Mutterrolle plötzlich beansprucht?« fragte Walter.
Karen atmete hörbar ein. »Miss Emery war Jennys Mutter.«
»Aber das muß Sie doch sehr aufgeregt haben«, beharrte Walter.
»Hören Sie auf, meine Frau zu quälen!« fuhr Greg dazwischen. »Sie hat Ihnen gesagt, wie uns zumute war. Wir haben uns gefreut, für Jenny.«
Walter sah Greg eindringlich an. Dann sagte er ruhig: »Hat sie Ihnen mitgeteilt, wer der Vater war?«
»Das hat sie nicht«, sagte Karen. »Wir haben auch nicht danach gefragt.«
Walter nickte. »Und wann haben Sie Linda Emery zum letztenmal gesehen?«
Karen sah Jenny an, die ihrem Blick auswich. »Wohl als sie Jenny gestern nachmittag nach Hause brachte. Die beiden haben im Restaurant zu Mittag gegessen. Bei ›Miller's‹.«
»Hast du Miss Emery danach gesehen oder gesprochen?« fragte Walter Jenny. »Oder jemand von Ihnen?«
»Nein«, sagte Jenny. Greg und Karen schüttelten die Köpfe.

Walter stand auf. »Ich denke, das ist alles im Moment. Aber wir kommen vielleicht noch einmal wieder.«
Greg geleitete die beiden Männer steif zur Tür. Karen sah ihre Tochter an, die wütend in dem Stuhl schaukelte, das Gesicht dunkelrot vor Zorn.
Die Stimmen verklangen, und dann hörten sie, wie die Haustür geschlossen wurde. Jenny stand auf und sah Karen zum erstenmal in die Augen. »Du Heuchlerin«, sagte sie. »Ich hasse dich.«
Greg kam ins Zimmer. »Das hat ja ganz gut geklappt«, sagte er.
»Entschuldigt mich«, sagte Jenny. »Ich glaube, mir wird gleich schlecht.«

Mary Duncan streckte sich in ihrem Bett aus und gähnte. Manchmal dachte sie, das Beste im Leben eines Restaurantbesitzers sei die Tatsache, daß man morgens lange schlafen konnte. Frühstücken konnte man in ihrem Lokal nur an Wochenenden, deshalb hatte sie an Wochentagen morgens immer frei. Sam stand meistens als erster auf und holte die Zeitung und Doughnuts, während Mary Kaffee kochte. Natürlich würde sich alles ändern, wenn sie ein Kind hatten. Dann konnten sie nicht mehr ausschlafen. Auch nicht mehr spätabends im Restaurant arbeiten. Jedenfalls Mary nicht.
Mary rollte sich auf die Seite und vergrub ihr Gesicht im Kissen. Wem mache ich etwas vor? dachte sie. Wir werden nie ein Kind haben. Sam hatte immer eine Ausrede. Es war nicht die richtige Zeit, ihre finanzielle Lage mußte sich erst verbessern. Die Liste war endlos. Manchmal konnte sie es gar nicht fassen, daß sie nun schon so viele Jahre verheiratet waren und noch keine Kinder hatten. Und momentan würde sie kaum schwanger werden, da sie selten Zeit hatten, sich zu lieben. Als sie Linda mit ihrer Tochter gesehen hatte, war

sie deprimiert gewesen. Das hatte ihr bewußt gemacht, wie schnell die Jahre vergingen. Und was sie daraus gemacht hatte, was sie vorzuweisen hatte: das Restaurant und einen Ehemann, der arbeitsbesessen war. Als sie heirateten, war sie wirklich überzeugt gewesen, daß Sam sie liebte. Natürlich waren sie jung, und Mary war unerfahren, aber trotzdem. Er war kein Romeo. Doch nach all den Jahren. Manchmal ... Wenn das Restaurant nicht Teil ihrer Mitgift gewesen wäre ...
Mary hörte, wie die Wohnungstür geöffnet wurde, und sie zwang sich aufzustehen. Sie zog ihren Bademantel an und rief: »Ich koche schnell Kaffee. Tut mir leid, daß ich so spät dran bin.« Sie ging in die Küche. Die Tüte mit den Doughnuts und die Zeitung lagen auf dem Tisch. Sam stand am Spülbecken und schaute aus dem Fenster auf den Hafen.
»Tut mir leid«, sagte Mary noch einmal. »Ich konnte mich einfach nicht aufraffen aufzustehen.«
Sam drehte sich um und sah seine Frau an. Sein rundes Gesicht war sehr blaß.
»Was ist los?« fragte sie. »Du siehst schrecklich aus.«
»In der Bäckerei habe ich etwas Schlimmes erfahren.«
»Was denn? Rede schon.«
»Setz dich lieber hin«, sagte er. »Es handelt sich um deine alte Freundin Linda.«
»Unsere alte Freundin«, korrigierte sie ihn. »Auch du warst mit ihr befreundet.«
Sam starrte wieder aus dem Fenster, als täte ihm ihre Bemerkung weh. Mary überlief es plötzlich eiskalt. Sie setzte sich.
»Was ist los, Sam?« sagte sie. »Rede.«

13

Die öffentliche Bibliothek in Bayland war ein altes Gebäude aus Ziegelstein und lag an einer Ecke des Washington Street Park, wo jetzt, im Mai, viele Blumen, Sträucher und Bäume blühten. Jenny kam angeradelt und stellte ihr Fahrrad in den Ständer neben einem Geranienbett vor dem Gebäude. Peggy hatte sie aus der Schule angerufen und ein Treffen nach Schulschluß vorgeschlagen. Jenny hatte die Gelegenheit, aus dem Haus und von ihren Eltern fortgehen zu können, nur zu gern ergriffen. Sie mußte mit ihrer Freundin reden, mit jemandem, dem sie vertrauen konnte, mir irgend jemandem, außer ihrer Mutter und ihrem Vater. Wenn sie nur an das Gespräch mit der Polizei heute morgen dachte, hätte sie am liebsten um sich geschlagen. Ihr war, als hätte sie eine Seite ihrer Eltern kennengelernt, von der sie nie vermutet hatte, daß sie existierte.

Sie setzte sich auf die Bank unter einen rosa in Blüte stehenden Hartriegelstrauch, um auf Peggy zu warten. Als Peggy angerufen hatte, hatte sie erzählt, daß alle Kids über den Mord redeten.

Natürlich wußte nur Peggy, daß das Opfer Jennys leibliche Mutter gewesen war. Denn Peggy war eine echte Freundin, jemand, mit der Jenny wirklich reden konnte. Außerdem hatte Peggy auch ziemlich viele Probleme mit ihren Eltern.

»Jenny?«

Jenny schaute überrascht hoch und sah eine Frau, die sie

nicht kannte. Sie hatte kurzes, blondes Haar und lächelte freundlich. Jenny runzelte die Stirn. »Ja?«
»Entschuldige, Jenny«, sagte die Frau. »Tut mir leid, wenn ich dich störe. Deine Mutter sagte mir, daß ich dich hier antreffen könnte.«
»Oh«, sagte Jenny.
»Ich bin Phyllis, Jenny. Ich ... ich war eine gute Freundin von Linda, damals in der Volksschule«, log Phyllis Hodges mit schamloser Ungeniertheit. Sie verließ sich darauf, daß Jenny der Altersunterschied zwischen ihr und Linda Emery nicht auffallen würde. Für Kids sehen alle Erwachsenen gleich aus, dachte sie. Seit Phyllis mit Glenda gesprochen hatte, hatte sie das Haus der Newhalls beobachtet, und als sie gesehen hatte, wie Jenny davongeradelt war, war sie ihr gefolgt. »Linda rief mich neulich abends an, als sie in der Stadt war«, redete sie mit öliger Stimme weiter, »und wir haben uns lange unterhalten. Es war so schön, ihre Stimme wieder zu hören.«
Jenny lächelte matt. »Wie nett«, sagte sie.
»Sie hat mir von dir erzählt, Jenny. Wie sie hierhergekommen ist, um dich zu finden und das alles.«
»Hat sie das getan?«
»Sie war auf dich sehr stolz. Sie sagte, daß ich dich kennenlernen soll, aber ... du weißt ja, was passiert ist. Mir bricht es das Herz.«
»Ja«, sagte Jenny bedrückt.
»Schau mal, Jenny ... du willst sicher in die Bibliothek ...«
»Nein. Ich warte hier auf meine Freundin.«
Phyllis seufzte. »Linda und ich trafen uns auch hier, als wir in deinem Alter waren. Wir saßen nur da und redeten. Das waren noch Zeiten.«
Jenny fühlte sich elend. »Ja«, sagte sie. »Es war nett, Sie kennenzulernen.«

»Ich frage mich, Jenny ... ich meine ... vielleicht ist es zu aufdringlich, wenn ...«
»Was?« fragte Jenny argwöhnisch.
Phyllis deutete auf den Platz auf der Bank neben Jenny, als bäte sie um Erlaubnis, sich setzen zu dürfen. Jenny zuckte mit den Schultern. Phyllis hockte sich neben sie. »Nun, es geht eigentlich darum, daß ich sie nicht wiedergesehen habe, und das macht mich ganz krank. Ich habe die Gelegenheit verpaßt, und jetzt kriege ich nie wieder eine. Aus. Vorbei. Vielleicht hast du noch eine Minute Zeit und kannst mir erzählen, wie sie war und all das. Ich meine, du machst Schweres durch, das weiß ich, aber es würde mir so viel bedeuten.«
Jenny sah auf ihre Uhr. Peggy würde noch nicht gleich kommen. Und der Gedanke, mit einer alten Freundin von Linda ihren Kummer zu teilen, war verlockend. Hier war jemand, der wirklich Mitgefühl zeigte. Und Linda würde auch wollen, daß sie das täte.
»Okay«, sagte Jenny.
»Das ist toll«, sagte Phyllis. Sie stieß einen kleinen Seufzer aus und ließ sich gegen die Rückenlehne fallen. Jenny starrte über die Straße auf den Park mit den blühenden Bäumen. Plötzlich füllten sich ihre Augen mit Tränen. Manchmal schlenderte sie mit Peggy durch den Park, und dann warfen sie Kieselsteine in den Teich und vertrauten einander Geheimnisse an. Sie stellte sich plötzlich Linda vor, in ihrem Alter.
»Habt ihr euch auch eure geheimsten Gedanken erzählt?« fragte sie Phyllis.
»Natürlich«, sagte Phyllis. »Wir redeten über unsere Träume und was wir werden wollten und all das. Ich habe Linda nicht mal am Telefon gefragt, was sie jetzt macht.«
»Sie hat in einem großen Kaufhaus, in der Modeabteilung

gearbeitet«, sagte Jenny prompt. »In Chicago. Bis zur Managerin hat sie sich dort hochgearbeitet.«
»Das hört sich gut an. Sie mochte schon immer Kleider«, sagte Phyllis aufs Geratewohl, doch sie hatte ins Schwarze getroffen.
»Genau, das hat *sie* gesagt«, meinte Jenny aufgeregt. Dann fragte sie mit Wärme in der Stimme: »Welchen Beruf haben Sie?«
Phyllis zögerte. »Nun, ich bin Schriftstellerin geworden.«
»Das ist klasse«, sagte Jenny. »Was schreiben Sie?«
»Alles mögliche. Ich arbeite an einem Buch«, sagte Phyllis leichthin. »Aber laß uns über Linda reden. Sah sie noch wie früher aus?«
»Ich weiß nicht, wie sie ausgesehen hat, als Sie sie kannten«, sagte Jenny.
»Nein, natürlich nicht. Das war eine dumme Frage. Ich meine, sah sie gesund und glücklich aus?«
»Das weiß ich nicht«, sagte Jenny achselzuckend. »Jeder meinte, daß sie mir sehr ähnlich sähe. Und sie war sehr gut gekleidet.«
»Ja, das stimmt. Du erinnerst mich wirklich an sie«, sagte Phyllis. »Deshalb habe ich dich auch sofort erkannt.«
Jenny lächelte geschmeichelt.
»Ich wette, du warst sehr überrascht, als sich herausstellte, daß sie deine wirkliche Mutter ist.«
Jenny nickte, einen abwesenden Ausdruck in den Augen. »Immer habe ich versucht, mir ein Bild von ihr zu machen. Aber sie war besser, als ich sie mir je erträumt habe.«
Ein gutes Zitat, dachte Phyllis. Das würde ein herzzerreißender Artikel werden. »Dann war es also eine wundervolle Überraschung für dich, als sie plötzlich auftauchte«, sagte sie mitfühlend. »Was hielten deine Eltern von ihr? Waren sie auch so aufgeregt?«

Jenny schnaubte höhnisch. »Ja, fasziniert«, sagte sie.
Phyllis fuhr ihre Antennen aus. Sei behutsam, dachte sie.
»Eltern können wegen gewisser Dinge manchmal empfindlich sein.«
»Empfindlich!« schnaubte Jenny. »Meine Mutter hat sie praktisch rausgeworfen. Ich war stocksauer deswegen. Ich meine, jetzt lernte ich endlich meine richtige Mutter kennen, und Mom kriegte deswegen Zustände. Sie hat nicht mal versucht, nett zu ihr zu sein.«
Phyllis ging sehr vorsichtig vor. »Das hat Linda nicht erwähnt. Aber wie ich sie kenne, muß das ihre Gefühle ganz schön verletzt haben.«
»Das hat es«, sagte Jenny, dankbar für das Mitgefühl einer Erwachsenen. »Sie versuchte, es sich nicht anmerken zu lassen, aber ich weiß, daß sie gekränkt war. Ich ähnele Linda wohl in vielem, und ich habe sehr darunter gelitten. Aber Mom war das egal.«
»Na ja«, sagte Phyllis, »vielleicht war sie nur etwas eifersüchtig auf Linda. Du weißt schon, plötzlich gibt es noch eine Mutter.«
»Es war viel schlimmer als das«, vertraute Jenny Phyllis an. »Sie wollte nicht einmal, daß ich Linda wiedersehe oder mit ihr rede.«
»So?« sagte Phyllis mit wachsender Erregung. Da steckte noch mehr dahinter.
Eifersucht und Haß waren besser als alle anderen Gefühle. Und unter dem richtigen Aspekt ließ sich viel aus dieser Story herausholen. »Mütter können sehr beschützend sein. Vor allem, wenn sie nur ein Kind haben. Oder hast du Geschwister?«
»Nein«, sagte Jenny. »Meine Mom war schwanger, aber sie hat das Kind verloren.«
»Als du noch klein warst?«

»Oh, nein. Das passierte erst vor einem Monat. Und seitdem geht es ihr richtig mies.«

»Das ist aber nicht schön«, sagte Phyllis. Ihre Hände wurden feucht. »Wenn Frauen ein Kind verlieren, können sie Depressionen bekommen. Manchmal wirft sie das richtig aus dem Gleichgewicht.«

»Aber ja«, stimmte Jenny zu. »Diese Schwangerschaft war wie ein Wunder. Und als sie das Baby dann verlor, wurde sie wie ein Zombie. Es tat mir wirklich leid für sie, obwohl ich gar nicht verstehen konnte, warum sie noch ein Baby wollte – weil sie doch schon über das Alter hinaus ist und so. Aber sie tat mir leid, und ich habe ihr im Haus geholfen und alles. Und dann, wenn meine richtige Mutter ermordet wird, kann meine Mom nicht mal so tun, als ob es ihr leid tut. Ich glaube fast, sie hat sich darüber gefreut.«

»Das hat sie sicherlich nicht«, sagte Phyllis und tätschelte Jennys Arm. »Warum sollte sie sich darüber freuen?«

»Weil sie Angst hatte, daß ich Linda lieber haben könnte als sie«, sagte Jenny mit schonungsloser Offenheit.

Phyllis konnte nur mit Mühe ihr Entzücken verbergen. Es war einfach himmlisch. Und die Geschichte fiel ihr einfach in den Schoß.

In dem Augenblick kam ein dickliches Mädchen mit Brille angeradelt und hielt vor ihnen. »Hey, Jen«, sagte sie und starrte Phyllis eulenhaft an.

Jenny strahlte übers ganze Gesicht. »Hey, Peg.« Sie drehte sich zu Phyllis um, die sofort aufstand. »Das ist meine Freundin, Peggy. Peg, das ist Phyllis. Sie war eine Freundin meiner richtigen Mutter.«

»Nett, Sie kennenzulernen«, sagte Phyllis.

»Hey«, sagte Peggy.

»Hört mal, ihr beiden. Ich muß jetzt gehen. Ihr habt euch

sicher viel zu erzählen. Jenny, die Unterhaltung mit dir hat mir viel bedeutet.«
»Ich habe gern mit Ihnen geredet«, sagte Jenny.
»Es tut mir sehr leid, daß du deine Mutter verloren hast«, sagte sie und hielt Jenny die Hand hin.
Jenny schüttelte sie und sagte ernst: »Danke. Und mir tut leid, daß Sie Ihre Freundin verloren haben.«
Bei diesem Satz verspürte Phyllis kurz so etwas wie ein Schuldgefühl. Doch es verschwand, als sie zu ihrem zerbeulten Volvo ging, der um die Ecke geparkt war. Eine gute Reporterin tut, was sie tun muß, betete sie sich vor. Sie konnte es kaum erwarten, sich vor ihren Computer zu setzen. Ihre Finger würden auf der Tastatur eine eigene Musik machen.

Chief Matthews steckte sich eine Tablette gegen Magensäure in den Mund und deutete auf den Stuhl vor seinem Schreibtisch. »Setzen Sie sich, Walter«, sagte er.
Walter tat es und holte sein Notizbuch hervor. Dale Matthews gab dem Lieutenant eine Akte.
»Der Bericht des Leichenbeschauers«, sagte der Chief. Walter blätterte die Seiten durch. »Lassen Sie es mich vorwegnehmen«, sagte Dale. »Ein Sexualdelikt liegt nicht vor.«
Walter hob die Brauen und nickte. »Ja, ich habe es gerade gelesen.«
»Der Coroner wird das nach der Autopsie natürlich noch bestätigen. Aber Sie wissen ja, was das bedeutet«, sagte Dale.
»Es könnte Verschiedenes bedeuten«, sagte Walter vorsichtig.
»Es bedeutet, daß der Mörder auch eine Frau sein könnte«, sagte Dale mit kaum unterdrückter Genugtuung.
»Dann muß es sich um eine ziemlich kräftige Frau gehandelt haben«, bemerkte Walter.

»Oder eine verzweifelte«, sagte Dale. »Jetzt berichten Sie mir von der Familie, die das Kind adoptiert hat.«
Überrascht sah Walter von dem Bericht auf. »Glauben Sie, daß Mrs. Newhall die Täterin sein könnte?«
»Man muß diese Möglichkeit in Betracht ziehen. Diese Emery kommt in die Stadt, gibt sich als leibliche Mutter des Kindes zu erkennen und wird am nächsten Tag ermordet. Und es handelt sich nicht um ein Sexualverbrechen.«
»Da haben Sie nicht unrecht«, sagte Walter.
»Wissen Sie, wo Mrs. Newhall gestern abend war?«
Walter schaute in sein Notizbuch. »Sie sagt, sie sei früh zu Bett gegangen.«
»Überprüfen Sie das«, sagte der Chief.
Walter machte sich eine Notiz. »Und der Ehemann? Glauben Sie nicht, daß er ...«
»Ich glaube nicht, daß sich Männer derart über die Tatsache biologischer Mutterschaft aufregen.« Dale lehnte sich in seinem Stuhl zurück. »Psychologisch gesehen ergibt das keinen Sinn.«
»Nein, wahrscheinlich nicht«, sagte Walter. »Für einen Tatverdächtigen ist es noch etwas zu früh. Aber wir dürfen nicht vergessen, daß dieses Kind auch einen Vater hatte. Wahrscheinlich jemanden aus der Stadt.«
»Ein guter Gesichtspunkt«, sagte der Chief. »Das könnte ein Mann sein, der jetzt viel zu verlieren hat. Jedenfalls, wenn sie mit ihm Kontakt aufgenommen haben sollte.«
»Ich möchte keine voreiligen Schlüsse ziehen«, sagte Walter.
»Wir müssen diesen Fall lösen«, sagte Dale. »Die Leute in dieser Stadt haben ›Amber‹ noch nicht vergessen. Und die Tatsache, daß wir nicht einmal wissen, wer sie war, ändert nichts daran, daß sie ermordet wurde. Das darf mit Linda Emery nicht noch mal passieren. Außerdem haben wir bei

diesem Fall einen Pluspunkt. Wir wissen, wer die Ermordete war.«

»Aber wir wissen weder, wo das Verbrechen geschah, noch haben wir die Tatwaffe«, sagte Walter.

»Das finden wir heraus«, sagte Dale irritiert. »Diesmal entkommt uns der Täter nicht.«

»Nein, Sir«, sagte Walter.

Die beiden Männer schwiegen eine Weile, jeder mit seinen eigenen Gedanken beschäftigt. Schließlich sagte der Chief: »Es war ein langer Tag.«

Walter stand auf. »Ich lese nur noch den Bericht durch, dann gehe ich nach Hause.«

Chief Matthews nickte zustimmend. Walter besaß zwar keine brillante Intelligenz, war aber gründlich. Sogar hartnäckig, verbissen.

»Wir werden diesen Schweinehund festnageln, wer immer es auch sein mag«, sagte Dale, demonstrativ Optimismus verbreitend. Doch als Walter ihm eine gute Nacht wünschte und ging, öffnete Dale seine Schreibtischschublade und nahm noch eine Magentablette. Dieser Fall schlug ihm auf den Magen. Diesmal brauchte er einen Erfolg, da nützte seine ganze Diplomatie nichts mehr.

Walter schloß die Tür zum Büro seines Vorgesetzten und schenkte Larry Tillman, der noch immer im Revier rumhing, ein dünnes Lächeln.

»Was hat er gesagt?« fragte Larry in vertraulichem Ton.

Walter deutete auf den Bericht. »Ein Sexualmord war es nicht. Der Chief meint, Mrs. Newhall könnte die Täterin sein.«

Larry schnitt ein Gesicht. »Das glaube ich nicht. Sie etwa? Viel zu blutig für eine Frau.«

Walter legte den Bericht auf seinen Schreibtisch und holte

sich einen Becher Wasser aus dem Automaten. »Auch Frauen begehen blutige Verbrechen«, meinte er.
Larry verschränkte die Arme vor der Brust und überdachte das Gesagte. An einem Mordfall mitzuarbeiten war für ihn aufregend, und er wollte nicht impulsiv oder naiv erscheinen. »Ich halte sie nicht für ganz ehrlich«, sagte er. »Ich meine, was ihre Gefühle gegenüber dem Opfer betrifft.«
»Nein«, sagte Walter, zerdrückte den Pappbecher und warf ihn in den Papierkorb, »das war sie nicht, aber alle anderen auch nicht.«
»Also halten Sie sie nicht für schuldig?«
Walter setzte sich an seinen Schreibtisch und sah Larry an. »Das habe ich nicht gesagt.«
»Sollen wir noch mal zu den Newhalls rausfahren?« fragte Larry eifrig.
Walter schüttelte den Kopf. »Nicht heute abend. Es ist zu spät. Wir müssen erst mit anderen Leuten reden. Morgen ist früh genug. Warum fahren Sie nicht nach Hause und legen sich aufs Ohr? Morgen wird sicher wieder ein langer Tag.«
»Viel schlafen werde ich kaum können«, gestand Larry.
»Warum nicht?« fragte Walter. »Sind Sie denn nicht müde?«
Larry wurde puterrot. »Der Fall ist so viel interessanter als die üblichen Delikte, gestohlene Fahrräder oder Betrunkene. Haben Sie schon viele Mordfälle gehabt, Sir?« fragte Larry. Er redete eher wie ein Schuljunge, der Räuber und Gendarm spielt, und nicht wie ein Polizist.
Walter mußte über die Frage lächeln. »Nein, nicht viele. Und Sie sind noch von diesem jugendlichen Enthusiasmus beseelt, aber das gibt sich mit der Zeit.«
Larry nickte. Ja, dachte er. Wohl spätestens dann, wenn ich nicht mehr unwillkürlich rot werde. »Sicher haben Sie recht, Sir. Gute Nacht. Bis morgen früh dann.«

14

»**W**ie konntest du das nur tun?« brüllte Greg, außer sich. »Stimmt mit dir etwas nicht?« Drohend fuchtelte er mit der Morgenzeitung vor Jennys Gesicht herum.
Jenny setzte sich auf einen Stuhl im Eßzimmer. Sie zitterte leicht, doch ihr Kinn hatte sie angriffslustig vorgestreckt.
Karen stand vor den Flügeltüren und starrte, ohne etwas zu sehen, in ihren blühenden Garten. In ihrem Magen hatte sich ein harter Knoten gebildet.
»Ich habe es dir bereits gesagt, ich wußte nicht, daß sie Reporterin ist!« schrie Jenny.
»Wir haben diese Erklärung schon gehört«, sagte Greg angeekelt und klatschte die Zeitung auf den Eßzimmertisch. Er hatte Jenny, mit der Zeitung in der Hand, durchs ganze Haus verfolgt, bis ins Eßzimmer. Jetzt, ohne gedeckten Tisch, wirkte der Raum feindlich und kühl und entsprach so vollkommen der Stimmung, die zwischen ihnen herrschte.
»Das ist die Wahrheit!« schrie Jenny. »Ich wußte es nicht.«
»Sollen wir uns vielleicht mit dem Gedanken beruhigen, daß du alle diese Dinge über deine Mutter vielleicht keinem Reporter erzählst, aber sonst jedem beliebigen Fremden?« fragte Greg.
»Ich muß jetzt gehen«, sagte Karen steif. »Ich muß unterrichten. Fährst du Jenny zur Schule?« fragte sie Greg. »Sie hat ihren Bus versäumt.«
Jenny sah ihre Mutter an. »Entschuldige, Mom«, sagte sie.

»Ich habe es nicht so gesagt, wie diese Frau es dann geschrieben hat.«
»Willst du damit sagen, daß sie alles erfunden hat?« fragte Karen kalt.
Jenny ließ den Kopf hängen. »Nein, eigentlich nicht«, flüsterte sie.
»Na gut«, sagte Karen. »Eigentlich müßtest du mit dir sehr zufrieden sein. Jeder, der heute die Zeitung liest, wird denken, daß ich Linda Emery ermordet habe. Oder daß meine Tochter mich zumindest dessen fähig hält.«
Tränen liefen über Jennys Gesicht, und Karen bedauerte kurz ihre barschen Worte, aber dann mußte sie wieder an die Schlagzeile denken, und der Schock und die Scham darüber waren wie eine blutende Wunde. Sie drehte sich um, griff nach ihrer Sporttasche und ging aus dem Haus. Sie stieg in ihren Wagen und schlug krachend die Tür zu. Sie warf keinen Blick zum Haus zurück.
Während der ganzen Fahrt zum Tanzstudio hatte Karen das Gefühl, ihr würde übel werden. Einmal hielt sie sogar am Straßenrand, doch die Übelkeit ging vorüber, und sie fuhr weiter. Ständig hatte sie den Rückspiegel im Auge, da sie fast erwartete, von einem Streifenwagen mit Blaulicht und heulender Sirene verfolgt zu werden.
Das ist absolut lächerlich, sagte sie sich. Du hast nichts getan. Die Polizei hat nichts gegen dich in der Hand. Nur das grausame Geschwätz ihrer Tochter. »Ich wünschte, sie wäre mit Linda Emery weggegangen«, sagte sie laut. »Wer hat so etwas verdient?«
Ach, hör schon damit auf! schalt sie sich. Du bist bloß verletzt. Ja, das war es. Sie war zutiefst verletzt. Wie konnte Jenny so über sie reden – ihr eigenes Kind? Für sie lag das außerhalb jeden Verständnisses. Verdiente sie denn nicht eine gewisse Loyalität, ein gewisses Vertrauen?

Vergiß das Ganze, sagte sie sich, arbeite! Sie parkte den Wagen hinter dem Studio und betrat es durch die Hintertür. Konzentrier dich auf deine Schülerinnen. Körperliches Training half ihr immer, auch in geistiger Hinsicht. Deshalb erholte sie sich auch so langsam von ihrer Fehlgeburt – weil sie zur Untätigkeit gezwungen worden war.

Karen wollte gerade die Tür zum Umkleideraum für Lehrer öffnen, als die Besitzerin des Studios, Tamara Becker, aus einem der Übungsräume kam. Tamaras Eltern arbeiteten als Tänzer in Osteuropa, doch Tamara hatte einen Amerikaner geheiratet und war emigriert. Ihr blondes Haar hatte sie streng aus dem Gesicht gekämmt, was ihre slawischen Gesichtszüge noch betonte. Karen überragte Tamara um etliches; sie kam sich neben der energiegeladenen Tanzlehrerin wie eine Giraffe vor.

»Guten Morgen, Karen«, sagte Tamara. Sie hatte noch immer einen starken, gutturalen Akzent.

Karen lächelte. »Guten Morgen.«

»Karen, kommen Sie doch einen Moment mit hier rein«, sagte Tamara in vertraulichem Ton. »Ich muß mit Ihnen reden.«

Karen witterte Gefahr; der Unterton in der Stimme der Tanzlehrerin entging ihr nicht. Sie sah auf ihre Uhr. »Ich habe in zehn Minuten Unterricht«, sagte sie. »Und ich muß mich vorher noch warm machen. Ich bin heute ganz verkrampft.«

Tamara schien sie nicht gehört zu haben. Sie deutete auf eine Tür, die zu einem Übungsraum führte, und Karen folgte ihr. Eine Wand war mit einem Spiegel verkleidet, davor verlief eine Stange. Die Fenster gingen nach Norden und verliehen dem Raum eine kühle Atmosphäre.

»Karen«, sagte Tamara geradeheraus, »ich denke, es wäre gut, wenn Sie eine Weile nicht unterrichten.«

»Warum?« fragte Karen. »Ich muß mich nicht mehr schonen. Ich möchte arbeiten.«

»Ich dachte mir«, sagte Tamara, »daß Sie vielleicht zu früh nach Ihrer Fehlgeburt wieder mit dem Unterricht begonnen haben.«

»Ich kenne meinen Körper«, sagte Karen. »Ich mute mir nicht zuviel zu.«

»Selbst dann ist es besser so«, sagte Tamara. Sie wich Karens Blick aus.

Heiße Röte stieg Karen ins Gesicht. »Geht es um den Zeitungsartikel, Tamara?« fragte sie. »Wir beide kennen uns schon lange. Ich kann nicht glauben, daß Sie das ernst nehmen.«

»Nein«, sagte Tamara schnell, »das tue ich auch nicht.«

»Sehr schön«, sagte Karen. »Denn darin steht nichts als Unsinn. Diese Reporterin hat meine Tochter ausgetrickst und sie zum Reden gebracht ...«

Tamara betrachtete sich im Spiegel. Gedankenverloren strich sie über ihre Kehle und hob das Kinn. Dann wandte sie ihr Gesicht Karen zu und sagte fest entschlossen: »Aber manche Eltern ... Ich hatte heute morgen ein paar Anrufe ...«

Karens Augen wurden schmal. »Was wollen Sie damit sagen?«

»Sie beschwerten sich. Sie glauben, daß Sie dieser Frau etwas angetan haben. Sie wollen nicht, daß Sie ihre Kinder unterrichten.«

»Haben Sie ihnen nicht gesagt, daß das Unsinn ist?«

Tamara spreizte ihre kräftigen Hände in einer hilflosen Geste. »Die Leute glauben, was in der Zeitung steht. Ich kann es mir nicht leisten, Schüler zu verlieren. Das verstehen Sie doch. Ich sage ja nicht, daß Sie gehen sollen. Ich sage nur, bleiben Sie eine Weile zu Hause.«

»Dann kann ich auch gehen!« schrie Karen. »Als ob ich einen guten Grund hätte, mich zu verstecken! Begreifen Sie das denn nicht?«
Tamara starrte ihre Füße an. »Zwingen Sie mich nicht«, sagte sie.
»Tamara«, protestierte Karen, »ich dachte, wir wären Freundinnen. Ich dachte, ich könnte mich auf Sie verlassen.«
»Ja, wir sind befreundet. Persönlich«, erklärte Tamara. »Aber hier geht es um mein Geschäft.«
»Geschäft«, sagte Karen bitter.
»Es tut mir leid, Karen. Wirklich. Wenn diese ganze Geschichte aus der Welt ist ...«
»Macht nichts«, sagte Karen. »Ich habe verstanden.«
Sie öffnete die Tür und ging. Eine ihrer Schülerinnen, die fünfjährige Marilyn saß auf einer Bank draußen. »Hey, Mrs. Newhall«, rief sie. »Ich bin fertig.«
Karen spürte, wie sich in ihren Zorn Kummer mischte. »Ich unterrichte heute nicht«, sagte sie freundlich, dann brach ihre Stimme. Ehe das Kind fragen konnte, warum, floh Karen auf den Parkplatz.
Als sie im Auto saß, hätte sie am liebsten den Kopf aufs Lenkrad gelegt und geweint. Aber Tamara hätte sie sehen können, und diese Befriedigung gönnte sie ihr nicht. Mit zitternden Fingern steckte sie den Schlüssel in das Zündschloß. Sie mußte sich während des Fahrens konzentrieren.

Jenny stand vor ihrem offenen Spind in der Schule und stapelte Bücher in den schmalen Schrank. Peggy stand neben ihr. »Ich kann es nicht glauben«, sagte sie. »Diese Frau vor der Bibliothek war eine Reporterin?«
Jenny nickte.
»Woher wußte sie, wo du warst?«
»Ich weiß es nicht. Sie behauptete, Mom hätte es ihr gesagt,

aber das stimmt nicht. Ich nehme an, sie ist mir von zu Hause aus gefolgt.«
»Das tut mir leid«, sagte Peggy.
Jenny seufzte. »Du kannst doch nichts dafür. Aber meine Mom ist richtig böse auf mich.«
Peggys Vater hatte den Artikel ihrer Stiefmutter am Frühstückstisch vorgelesen. Und dann hatten die beiden Peggy über die Newhall-Familie ausgefragt. »Hast du deiner Mom gesagt, wie es passiert ist?« fragte Peggy. »Daß diese Frau behauptet hat, eine ehemalige Freundin deiner richtigen Mutter zu sein?«
»Ja, aber es hat nichts genützt.«
»Hey, Newhall!« rief jemand. Jenny und Peggy drehten sich um und sahen sich Mark Potter gegenüber. Er war drahtig, hatte das Gesicht voller Aknepickel und fettiges braunes Haar. In der ganzen Schule war er als Schläger verschrien. Jetzt grinste er die beiden Mädchen verschlagen an. Hinter ihm standen zwei Kids, die vor Neugier platzten.
»Was willst du?« fragte Jenny streitlustig.
»Stimmt es, daß deine alte Dame eine Mörderin ist?«
»Halt's Maul!« sagte Jenny betont aggressiv.
»Hey, das hast doch du gesagt. Nicht ich. Lies mal die Zeitung.«
»Ich habe das nicht gesagt«, schrie Jenny. »Ein Mann hat sie umgebracht. Ein Verrückter.«
»Ein Verrückter«, äffte er sie nach. »Es hört sich an, als wäre deine Mutter die Verrückte.«
Tränen traten Jenny in die Augen, und sie geriet in Panik. Es war ihr Fehler, daß sie solche Sachen über ihre Mutter gesagt hatte. Sie wünschte, sie wäre unsichtbar.
In einiger Entfernung hatten sich ein paar Schüler um sie geschart. Jenny war, als säße sie in der Falle, als würden alle nur darauf warten, daß sie zusammenbrach. Den ganzen

Morgen hatte sie das Gefühl gehabt, die Leute würden sie neugierig anstarren. »Meine Mom könnte niemandem etwas zuleide tun«, sagte sie mit überschnappender Stimme, was sie noch mehr demütigte.
»Ach, du armes, kleines Mädchen«, gurrte Mark und wollte ihr übers Haar streicheln. »Hat ihre Mom so was Böses getan?«
Wütend schlug Jenny seine Hand weg, worauf die anderen Jungen lauthals lachten.
Peggy war tapfer an Jennys Seite geblieben. Jetzt sagte sie mit hoher Stimme: »Laßt sie in Ruhe. Warum knöpft ihr euch nicht jemanden vor, der so groß ist wie ihr?«
Sofort konzentrierte sich Mark auf Peggy. Seine Augen glitzerten vor hämischer Vorfreude auf ein neues Opfer. Doch ehe er zum Angriff übergehen konnte, sagte ein in der Nähe stehendes Mädchen: »Sie ist ihm gewachsen.«
Alle brachen in Gelächter aus. Mit zusammengekniffenen Augen drehte er sich um und starrte die Mitschülerin an, die es gewagt hatte, sich einzumischen. Es war Angela Beeton. Eine gutaussehende, lässige Blondine, die ungerührt Marks Blick erwiderte.
Voller Erleichterung merkte Jenny, daß sich die Aufmerksamkeit der Umstehenden nun auf die beiden konzentrierte.
Der etwas zu kurz geratene Mark warf der selbstsicheren, großen Angela wütende Blicke zu, denn er wußte sofort, daß er gegen sie verlieren würde. Deshalb sagte er nur: »Kümmere dich um deinen eigenen Dreck«, und bemühte sich um einen möglichst würdigen Abgang.
Jenny lächelte Angela an. »Danke«, sagte sie.
Angela zuckte nur mit den Schultern. »Ich kann diese Niete nicht ausstehen«, sagte sie und ging mit ihren Freundinnen davon.

Als alle verschwunden waren, sah Peggy ihre Freundin mitfühlend an. »Du siehst nicht gut aus«, sagte sie.
»Mir geht's auch nicht gut«, sagte Jenny. »Ich glaube, ich gehe zur Krankenstation. Ich möchte nach Hause. Sogar da ist es noch besser als hier.«
»Ich begleite dich«, sagte Peggy.
»Dann kommst du zu spät zum Unterricht«, sagte Jenny.
»Das ist mir egal.«

Sam Duncan gab seiner Frau einen Stups. Sie stand unter dem gewölbten Bogen zwischen den beiden Speiseräumen und hielt einen Stapel Speisekarten vor ihre Brust gepreßt. Ihr Blick war vage.
»Hey«, sagte er, »komm zu dir. Wir haben Gäste.«
Mary sah ihren Mann an, als erwachte sie aus einem tranceähnlichen Zustand. »Was?«
»Mary«, sagte er und wedelte mit der Hand vor ihrem Gesicht herum. »Hast du dir den Kopf gestoßen?«
»Sam«, sagte sie, »ich muß immer darüber nachdenken, was ich der Polizei gesagt habe.« Walter Ference und Larry Tillman hatten Mary am Morgen über Lindas Treffen mit Jenny befragt.
Sam seufzte und lächelte dann zwei ältere Damen an, die das Restaurant betreten hatten.
»Sam, hörst du mir überhaupt zu? Hast du gehört, was ich wegen der Polizei sagte?«
»Du hast doch alle ihre Fragen beantwortet. Wo liegt das Problem?«
»Du kennst das Problem sehr gut«, sagte Mary. »Ich habe nicht alles gesagt, was ich weiß.«
»Vermutungen interessieren die Polizei nicht, Mary. Auch nicht alte, aufgewärmte Gerüchte.«
»Das sind keine Gerüchte«, beharrte Mary. »Es war ein

Geheimnis, eine vertrauliche Mitteilung. Ich glaube, ich sollte zur Polizei gehen und es ihr sagen.«
»Das ist lächerlich«, sagte Sam.
»Warum ist das lächerlich?«
»Mary, du kannst doch jetzt nicht einfach gehen. Ich brauche dich hier. Und es wird endlos lange dauern. Außerdem wirst du dann in etwas hineingezogen, das dich nichts angeht.«
»Es geht mich etwas an«, protestierte Mary. »Linda war meine Freundin.«
»Ja, vor Lichtjahren einmal«, sagte Sam. »Da waren wir noch Kinder ...«
»Und wenn schon. Himmel noch mal, sie wurde ermordet. Was spielt es dabei schon für eine Rolle, wie lange ich sie kannte? Jemand hat ihr den Schädel eingeschlagen, sie in einen Müllsack gesteckt und ihren Körper in einen Abfallcontainer geworfen.«
»Was Wichtiges weißt du doch gar nicht«, sagte Sam. »Das war alles nur das Geschwätz eines kleinen Mädchens vor dreizehn Jahren. Du mußt den Tatsachen ins Gesicht sehen, Mary. Irgend so ein Perverser hat sie sich geschnappt und umgebracht. Wahrscheinlich war es derselbe, der das Mädchen umbrachte, das sie im vergangenen Herbst gefunden haben. Wie nannten sie sie noch?«
»Amber«, sagte Mary irritiert.
»Richtig. Ich gebe ja zu, daß es nicht angenehm ist, wenn man darüber nachdenkt, daß noch so ein Verrückter hier in der Stadt frei rumläuft. Aber der kommt doch wohl eher als Täter in Frage. Das, was du der Polizei sagen willst, macht keinen Sinn. Lies die Zeitungen, Mary. Diese Dinge passieren jeden Tag. Irgend so ein Schwein dreht durch und bringt irgendeine arme Frau um. Die Polizei weiß, was sie zu tun hat. Du brauchst deine Nase da nicht reinzustecken.«

Mary sah ihren Mann kalt an. »Dir ist es egal, wer meine Freundin ermordet hat. Du kümmerst dich nur darum, ob ich hier arbeite oder nicht. Du lebst ja nicht einmal, Sam. Du hast keine Freunde, du hast keine Familie. Du hast nur ein Restaurant. Vor Jahren vertraute mir meine Freundin ein Geheimnis an, das sehr wohl bei diesem Mord eine große Rolle spielen könnte. Und wenn du glaubst, mich davon abhalten zu können, zur Polizei zu gehen …«

Sam machte eine ärgerliche Handbewegung. »Tu doch, was du willst«, sagte er.

»Das tue ich auch.«

Ein alter Mann kam an einem Stock auf die beiden zu gehumpelt und knuffte Sam in die Rippen. Offensichtlich merkte er von der gespannten Atmosphäre zwischen dem Ehepaar nichts. »Sonny, wo soll ich sitzen?« fragte er.

Mühsam gelang es Sams Haltung zu bewahren. Er schenkte dem Gast ein falsches Lächeln. »Meine Frau zeigt Ihnen Ihren Tisch«, sagte er.

Mary drängte Sam die Speisekarten fast gewaltsam auf. »Nein, das tut sie nicht!«

»Mary!« zischte er.

Doch sie beachtete ihn nicht weiter und ging zur Tür.

15

Greg parkte seinen Wagen am Rand der Sandstraße, von der aus man den Strand überblicken konnte. Die Sonne war fast untergegangen; der Himmel leuchtete rosagolden am Horizont.
Jenny hatte sich auf dem Rücksitz zusammengerollt, ihr kleines Gesicht wirkte bedrückt. Fast den ganzen Nachmittag war sie in ihrem Zimmer geblieben. »Warum halten wir hier?« fragte sie. »Ich dachte, wir wollten Pizza essen.«
»Und ich dachte, daß du zum Essen zu krank wärst«, neckte Greg sie liebevoll. »Ich dachte, du wolltest nur ein Cola trinken.«
»Ich mache dir nichts vor, Daddy«, sagte sie. »Mir geht's schlecht.«
»Ich weiß, daß du das nicht tust, Liebes«, sagte er. »Wir fahren gleich weiter. Ich will mir nur den Sonnenuntergang anschauen.«
Karen schwieg. Sie mochte diese endlos langen Tage mit dem abendlichen Zwielicht nicht. Sie wollte, daß es dunkel wurde. Sie hatte von diesem Tag die Nase voll.
»Macht es dir was aus?« fragte Greg seine Frau.
Karen zuckte mit den Schultern. »Es ist mir egal.«
Sie und Jenny hatten den ganzen Nachmittag kaum miteinander geredet. Die Krankenschwester hatte sie aus der Schule angerufen, und Greg hatte seine Tochter abgeholt. Doch zu Hause stellte sich heraus, daß Jenny nicht richtig krank war – nur ein Nervenbündel. Trotz des Zeitungsartikels hatte Karen mit ihr Mitleid, doch andererseits war sie noch

immer wütend und verletzt, weil Tamara sie nach Hause geschickt hatte. Und sie scheute davor zurück, Besorgungen zu machen, weil sie Angst hatte, die Leute würden mit dem Finger auf sie zeigen. Außerdem fürchtete sie sich davor, daß die Polizei kam. Sie hatte überhaupt keine Lust, Pizza essen zu gehen, doch Greg hatte darauf bestanden.
»Wenn du Pizza willst, können wir uns doch welche kommen lassen«, hatte sie gesagt, aber sie wußte, daß er mit der Familie etwas unternehmen wollte. Und davon ließ er sich nicht abbringen. Deshalb hatte sie schließlich widerstrebend zugestimmt.
»Ich liebe diesen Strand«, sagte Greg. »Er ist so natürlich geblieben.«
»Er ist schön«, stimmte Jenny zu. Karen starrte teilnahmslos aus dem Fenster.
»Ja, das ist er«, sagte Greg. »Siehst du den Aussichtsturm da drüben? Als deine Mutter und ich noch jung waren, trafen wir uns dort, oder wir hinterlegten Briefe.«
Jenny kannte die alte Geschichte längst, aber sie gefiel ihr wegen des romantischen Aspekts. »Weil eure Eltern nicht wollten, daß ihr euch trefft«, griff sie dem nächsten Satz vor.
»Na ja, sie hielten uns für ernsthaft verliebt und dachten, wir wären dafür zu jung«, sagte er. »Aber ich wußte vom ersten Augenblick an, daß deine Mutter für mich die Richtige war. Es war mir egal, was die anderen sagten.«
»Hast du deswegen Ärger bekommen?« fragte Jenny, obwohl sie die Antwort kannte.
»Die ganze Zeit.« Greg kicherte. »Aber das war es wert. Ich hatte gar keine andere Wahl, als meinem Herzen zu folgen. Und deine Mom hat es wahrhaftig verdient. Immer.«
Karen spürte, wie ihr Tränen in die Augen traten. Nicht so sehr wegen der alten Geschichte, sondern weil sie im Innersten so tief verletzt war. Und sie wollte nicht weinen, deshalb

sagte sie kalt: »Erzähl ihr das nicht. Du mußt sie nicht noch mehr ermutigen, ihren Eltern die Stirn zu bieten.«
Greg ließ sich durch den Zorn in der Stimme seiner Frau nicht beirren. »Warum sollte ich nicht davon reden? Schließlich ist es die Wahrheit. Und du? Bereust du es?«
Ohne ihn anzusehen, spürte sie, daß er lächelte. Ihr ganzes Leben war von diesen leidenschaftlichen Treffen im Aussichtsturm bestimmt gewesen. Und mehr noch: alle guten und alle schlechten Tage, ihr Heim, ihr gemeinsames Leben, ihre Kämpfe, ihr Kind. Alles. Sie schüttelte den Kopf.
»Nein«, sagte sie, »ich bereue nichts.«
Ihre Worte schienen im Innern des Wagens widerzuhallen. Kurz darauf spürte Karen Jennys Hand auf ihrer Schulter, leicht wie ein Schmetterling.
»Bitte, sei mir nicht mehr böse, Mom«, sagte sie. »Es tut mir wirklich sehr, sehr leid.«
»Schon gut«, sagte Karen steif. Ihre Worte besaßen keine Wärme, selbst in ihren Ohren nicht, aber alle wußten, daß ihre rauhe Schale sehr dünn war. Nun hatte sie einen Knacks bekommen und würde leicht zerbrechen.
»Ich weiß, daß du niemandem etwas zuleide tun könntest. Ich weiß nicht, warum die Reporterin das so geschrieben hat.«
»Sieh mal«, sagte Greg ernst, drehte sich um und deutete mit dem Zeigefinger auf seine Tochter. »Du ziehst aus dieser Geschichte besser eine Lehre. Denn du kannst niemanden außer dir dafür verantwortlich machen.«
»Das weiß ich«, sagte Jenny.
»Wir leben in einem freien Land, und die Leute können alle möglichen häßlichen Dinge sagen. Diese Frau hat einfach geschrieben, was du gesagt hast.«
»Ich wünschte, ich könnte es zurücknehmen.«
»Das ist eine der ältesten Geschichten auf der Welt. Aber

jeder macht Fehler. Jetzt müssen wir das Beste daraus machen, und zwar gemeinsam. Wir sind eine Familie. Wir halten zusammen. Ganz egal, was die Leute über uns reden, wir ignorieren sie und gehen unserer Wege, mit hocherhobenen Köpfen.«
Leichter gesagt als getan, dachte Karen. Aber sie wußte, daß er recht hatte.
»Okay«, sagte Jenny feierlich.
Karen schwieg wieder. Schließlich war sie diejenige, über die geredet wurde. Nicht über Greg. Nicht über Jenny. Sie spürte, daß die beiden warteten. Auf ein Zeichen der Solidarität von ihr warteten. Sie dachte darüber nach. Hatte es einen Sinn, mit ihrem Mann und ihrer Tochter zu schmollen? In ihrer Welt waren doch Greg und Jenny die wichtigsten Menschen. Was kümmerte es sie, was die Leute sagten?
»In Ordnung«, sagte Karen.
»Jetzt könnte ich eine Pizza vertragen«, sagte Greg erleichtert. »Und wie steht's mit euch beiden?«
»Ich auch«, rief Jenny.
»Selbst wenn die Leute mit Fingern auf uns zeigen?« fragte er.
»Dann zeige ich auch auf sie«, sagte Jenny ernst. »Marmor, Stein und Eisen bricht ...«
»Und du, Karen?« fragte Greg.
Karen nickte. »Ich bin bereit.«
Die Sonne war jetzt untergegangen, und es wurde schnell dunkel. Karen lächelte ihren Mann an, doch innerlich fror sie, gegen ihren Willen. Wenn die Sonne untergegangen war, merkte man nicht mehr, daß es bald Sommer sein würde.

»Sie?« schrie Margo Hofsteder, als Knudsen, der Mechaniker vom Reparaturdienst, ins Foyer des Motels kam. »Wagen

Sie es ja nicht, mir eine Rechnung zu schicken. Seit Sie die Eismaschine repariert haben, habe ich nichts als Ärger damit.«

»Was?« protestierte Knudsen. »Ich weiß gar nicht, wovon Sie reden. Ich habe das Ding nicht repariert. Deswegen komme ich ja heute. Eher habe ich es nicht geschafft.«

Margo, die gerade mit ihrer Tirade fortfahren wollte, lehnte sich ernüchtert in ihrem Stuhl zurück. »Sie konnten nicht eher kommen?«

»Tut mir leid«, sagte Knudsen. »Meine Frau hatte die Grippe, und ich mußte mich um die Kinder kümmern. Ich dachte, daß Sie vielleicht jemand anderen mit der Reparatur beauftragt hätten, bin zur Sicherheit aber trotzdem vorbeigekommen.«

»Nein«, sagte Margo verblüfft. »Nein, ich dachte nur ...« Verwirrung zeichnete sich in ihren grünen Augen ab, und sie fing an zu rechnen.

»Wissen Sie was Neues über den Mord?« fragte Knudsen. »Ich hab in der Zeitung gelesen, daß die junge Frau hier gewohnt hat.«

»Hmm«, murmelte Margo. Sie deutete mit ihrem Bleistift auf ihn und sah ihn prüfend aus schmalen Augen an. »Sie sind nicht neulich abends hier vorbeigekommen und haben sich das Ding angeschaut? An dem Abend, als sie umgebracht wurde?«

»Nein«, sagte Knudsen. »Also, soll ich die Maschine nun reparieren oder nicht?«

Margo runzelte die Stirn, aber sie sah durch ihn hindurch.

Dann sagte sie. »Okay. Reparieren Sie das Ding. Aber diesmal richtig.«

»Ich habe Ihnen doch gesagt, daß ich es nie angerührt habe«, sagte Knudsen empört.

»Ja, schon gut«, sagte Margo. »Wie kommt es, daß Sie so spät dran sind?«

»Ich habe noch einen Job, Lady. Tagsüber. Heutzutage braucht man zwei Jobs, um über die Runden zu kommen.«

Margo nickte und winkte dem Mechaniker geistesabwesend zu, als er ging. Sie lehnte sich zurück und klopfte mit dem Bleistiftende gegen ihre Zähne. Ihr war ein Gedanke gekommen. Hatte die Polizei nicht gefragt, ob ihr in jener Nacht etwas Ungewöhnliches aufgefallen sei? Nun, ihr war etwas aufgefallen. Das war ihr vor ein paar Tagen aber nicht klargeworden. Sie wünschte, Anton wäre da und sie könnte sich mit ihm beraten. Sie vermißte ihn so schmerzlich ... Trotzdem wußte sie, was zu tun war. Sie griff zum Telefon, zögerte dann aber, Eddies Nummer zu wählen. Vielleicht sollte sie bis morgen warten. Nein! Aus ihren Kriminalromanen wußte sie, daß die Polizei lieber eine heiße Spur verfolgte. Keine Minute war zu verlieren. Sie wählte die Nummer von Eddies Zimmer. Als er antwortete, hielt sie sich nicht mit Vorreden auf. »Eddie, Sie müssen mich vertreten. Können Sie gleich runterkommen? Ich habe etwas zu erledigen.«

Eddie stimmte mürrisch zu, und Margo legte auf. Sie war entzückt. Eine Spur, dachte sie, ich habe eine Spur. Sie holte ihren Spiegel aus der Tasche und überprüfte ihr Make-up, während sie auf Eddie wartete. Sie wollte gut aussehen, wenn sie auf dem Revier erschien.

16

Karen trat hinter ihren Mann und legte ihm die Arme um die Taille. Er hatte ein T-Shirt an, Pyjamahosen und einen alten Bademantel, und er überprüfte den Inhalt des Kühlschranks.
»Du kannst doch nicht hungrig sein«, sagte sie. »Ich bin bis zum Rand voll mit Pizza.«
»Nein. Ich habe nur Durst«, sagte er.
Karen lächelte und schmiegte ihre Wange an seinen breiten Rücken. »Das war eine gute Idee, heute abend«, sagte sie.
Greg nahm eine Flasche Mineralwasser aus dem Behälter in der Tür und trank gleich aus der Flasche. »Ich stecke voller guter Ideen«, sagte er.
»Mir hat's gefallen. Jetzt geht es mir besser.«
»Das war der Sinn der Übung«, sagte er. »Das und unserer kleinen Streunerin eine Chance zu geben, ihren Fehler wiedergutzumachen. Sie sah so elend aus, als ich sie heute von der Schule abholte. Kläglicher hat sie wirklich nie ausgesehen.«
Karen lächelte wieder. »Ich weiß«, sagte sie, ließ ihren Mann los, ging zur Hintertür und schloß sie ab. »Ich gehe jetzt zu Bett. Was für ein Tag.«
»Ja, das stimmt«, gab Greg zu. »Aber jetzt kommt es mir vor, als hätten wir das Schlimmste überstanden.«
»Mir auch«, sagte Karen. »Und eigentlich war das alles viel Lärm um nichts. Die Polizei scheint dem Zeitungsartikel kein Gewicht beigemessen zu haben. Sonst wären sie doch gekommen.«

»Was ist das?« fragte Greg. Er runzelte die Stirn und lauschte angestrengt.

»Mom, Dad!« rief Jenny und kam die Treppe heruntergepoltert und in die Küche gerannt. Sie starrte ihre Eltern an, das Gesicht kreidebleich. »In der Einfahrt stehen drei Streifenwagen.«

Karens Herz fing zu rasen an. Bleib ruhig, befahl sie sich. Du hast nichts zu verbergen. »Gerade noch habe ich zu deinem Vater gesagt, daß ich nicht glaube, daß die Polizei kommt«, sagte sie.

»Es tut mir so leid, Mom«, sagte Jenny kläglich.

»Schon gut«, sagte sie zu Jenny. »Ich frage mich nur, warum sie damit bis mitten in der Nacht warten mußten.«

Karen und Greg gingen Hand in Hand zum Vorderfenster und schauten hinter den Vorhängen nach draußen. Zwei schwarzweiße Streifenwagen und ein Zivilfahrzeug, ein Sedan, standen hinter Gregs Van in der Einfahrt. Ihre Funkgeräte quakten. »Mein Gott, glaubst du, daß sie genug Leute mitgebracht haben?« versuchte Karen kläglich zu scherzen.

»Das sind Methoden der Staatspolizei«, sagte Greg. »Es ist empörend, zu dieser Stunde hier aufzukreuzen.«

»Na gut«, sagte Karen. »Bringen wir's hinter uns.« Sie ging zur Haustür und öffnete sie. Walter Ference und Larry Tillman standen davor. Im Garten waren mehrere uniformierte Beamte mit Taschenlampen postiert.

»Guten Abend, Gentlemen«, sagte Karen ruhig. »Suchen Sie nach mir?«

Walters Blick wanderte von Karen zu Greg und Jenny, die jetzt neben ihren Eltern stand. »Dürfen wir reinkommen?« fragte er.

»Natürlich«, sagte Karen und trat zur Seite. Nur Walter und Larry betraten das Haus, die Polizisten blieben draußen. Als Karen Officer Tillman ins Wohnzimmer folgte, dachte sie kurz daran, den beiden etwas zu trinken anzubieten, doch dann fiel ihr ein, daß sie ihnen nicht besonders wohlgesonnen war.

»Ich denke, wir sollten das unter uns bereden«, sagte Walter und sah Jenny an.

»Jenny, geh doch nach oben«, sagte Karen.

»Das ist alles mein Fehler«, rief Jenny.

»Mach dir keine Sorgen«, sagte Karen. »Geh jetzt.« Sobald Jenny das Zimmer verlassen hatte, wandte sich Karen an Detective Ference. »Ich weiß, was Sie wollen.« Ihr Herz klopfte, doch sie war auf ihre ruhige und beherrschte Stimme stolz. »Meine Tochter hat dieser Reporterin eine Menge mißzuverstehender Dinge gesagt, aber sie stand unter großem Druck ...«

»Zeitungsartikeln schenken wir keine besondere Aufmerksamkeit, Mrs. Newhall«, sagte Walter.

Karen sah ihn verwirrt an. »Nein? Ja, dann verstehe ich nicht ...«

Walter wandte sich von ihr ab und sah Greg an. »Wir möchten Ihnen ein paar Fragen stellen, Mr. Newhall.«

Greg rieb sich nervös den Mund. »Okay«, sagte er.

Karen sah die beiden stirnrunzelnd an und setzte sich aufs Sofa.

»Seit wann haben Sie die Tote, Linda Emery, gekannt?« fragte Walter.

»Wir haben Ihnen doch bereits gesagt, daß sie am Sonntag hierherkam.«

»Und davor haben Sie sie nie gesehen?«

Greg runzelte die Stirn, als würde er sich konzentrieren. »Ich glaube nicht ... nein ... das heißt, vielleicht ...«

Walter Ference ließ keine Gemütsregung erkennen, doch Karen glaubte, Larry Tillman höhnisch grinsen zu sehen, und das machte sie wütend.

»Haben Sie Miss Emery am Montag abend in ihrem Motelzimmer besucht?« fragte Walter.
»Natürlich nicht!« rief Karen. »Wovon reden Sie eigentlich? Er war bei einem Kunden.«
Greg starrte den Detective ausdruckslos an. Schweiß sammelte sich an seinem Haaransatz.
»Mr. Newhall«, sagte der Detective. »Das ist kein Spiel. Vielleicht wollen Sie Ihren Anwalt hinzuziehen. Wir haben eine Zeugin, die Ihren Van vor dem Motel gesehen hat.«
»Das ist albern«, sagte Karen. »Es gibt Tausende von diesen Autos.«
»Zufälligerweise hielt sie nach einem solchen Fahrzeug Ausschau und konnte uns deshalb eine gute Beschreibung geben.«
Karen sah ihren Mann an. Der starrte zu Boden. »Greg?« sagte sie.
Er wich ihrem prüfenden Blick aus. »Na gut«, sagte er. »Na gut. Ja, ich war dort.«
»Warum?« rief Karen. »Du hast kein Wort davon gesagt.«
»Ich muß Sie über Ihre Rechte belehren, Mr. Newhall«, warf Walter ein.
»Seine Rechte?« rief Karen.
»Das ist nicht nötig«, sagte Greg zu dem Detective. »Ich habe das nur meiner Frau nicht erzählt. Daß ich Miss Emery besucht habe. Ja, das habe ich getan. Ich streite es nicht ab.«
»Und warum haben Sie sie besucht?« fragte Walter ruhig.
»Na ja, seit sie hier so unerwartet aufgetaucht war, haben Karen und ich natürlich darüber geredet. Karen war überzeugt, daß sie sich zwischen sie und Jenny stellen wollte. Da haben wir Ihnen nicht die ganze Wahrheit gesagt. Meine Frau hat sich darüber aufgeregt. Sehr aufgeregt. Aber nicht so, wie es in der Zeitung steht«, sagte Greg schnell. »Sie machte sich Sorgen. Das verstehen Sie doch, oder?«

»Natürlich«, sagte Walter.
Greg rieb sich die Knöchel mit der Hand, während er sprach. »Ich versicherte Karen immer wieder, daß sie sich keine Sorgen zu machen brauche«, fuhr er fort. »Aber mir genügten wohl meine eigenen Erklärungen nicht. Ich ... ich wollte wissen, warum sie hierhergekommen ist. Ich dachte, sie könnte etwas im Sinn haben. Vielleicht, daß sie versuchen wollte, uns ... Ich weiß nicht, was. Uns Jenny wegzunehmen, in dieser Richtung.«
Walter nickte.
»Jedenfalls«, sagte Greg, »wollte ich Miss Emery aufsuchen, um sicher zu sein, daß nichts Derartiges passiert.«
»Greg!« rief Karen, »ich kann es nicht fassen, daß du mir nichts davon gesagt hast.«
»Ich wollte nicht, daß du dir Sorgen machst, Liebling.«
»Und nachdem Sie mit ihr gesprochen haben?« drängte Walter.
»War ich ... hm ... zufrieden«, sagte Greg. »Ich hatte den Eindruck, daß sie keine unlauteren Absichten verfolgte. Sie wollte nur das Kind sehen, das sie zur Adoption freigegeben hatte.«
Walter klopfte mit dem Stift auf sein Notizbuch. »Also beredeten Sie das mit ihr, gingen dann und fuhren nach Hause.«
»Ja.«
»Mrs. Newhall, wissen Sie, wann Ihr Mann nach Hause gekommen ist?«
»Das weiß ich nicht«, sagte Karen geistesabwesend. »Ich ging früh zu Bett. Sehr früh. Ich meine, das tue ich normalerweise nicht.«
Walter wandte sich wieder an Greg. »Und als Sie wieder zu Hause waren, beschlossen Sie, Ihrer Frau von dieser Unterredung nichts zu sagen. Wäre das Ergebnis denn nicht beruhigend für Mrs. Newhall gewesen?«

»Nun ja, nachdem ich mit Miss Emery gesprochen hatte und es nichts mehr gab, worüber wir uns hätten Sorgen machen müssen, dachte ich, es sei besser, keine schlafenden Hunde zu wecken ...«

Karen wußte nicht, was sie wütender machte: die Tatsache, daß Greg Linda ohne ihr Wissen aufgesucht hatte, oder die unausgesprochene Unterstellung des Detectives, daß Greg deswegen irgendwie verdächtig sei. Sie konnte Greg nicht einmal richtig böse sein – dieses Verhalten war typisch für ihn. Immer versuchte er, sie zu beschützen, als wäre sie noch ein kleines Schulmädchen. Trotzdem, warum hatte er ein Geheimnis daraus gemacht?

»Mr. Newhall«, sagte Walter. »Weiß Ihre Frau von Ihrer früheren Beziehung zu Miss Emery?«

Greg wurde aschfahl. »Was für eine frühere Beziehung?« fragte er vorsichtig.

»Stimmt es nicht, daß Sie vor vierzehn Jahren mit Linda Emery ein Verhältnis hatten?«

»Hören Sie auf!« rief Karen. »Das ist lächerlich. Er hat Ihnen doch gesagt, daß er die Frau nicht kannte.«

Niemand schenkte Karen Beachtung. Es herrschte Schweigen. Karen war, als erlebe sie einen Alptraum, in dem alles Vertraute plötzlich fremd und verzerrt geworden war.

Sie sah ihren Mann an. Greg schaute sie kurz an und wandte dann den Blick ab. In diesem Bruchteil einer Sekunde wußte sie es. Ihre Welt stürzte ein. Sie stand auf, als könnte sie ihn durch ihre körperliche Präsenz am Reden hindern und die anderen zum Gehen veranlassen.

Greg bedeckte kurz sein Gesicht mit den Händen. Dann hob er den Kopf. »Nun gut«, sagte er leise. »Davor hatte ich Angst.«

17

»Ich möchte es noch einmal wiederholen, Mr. Newhall«, sagte Walter Ference. »Vielleicht wollen Sie jetzt einen Rechtsanwalt hinzuziehen, ehe Sie weiterreden.«
»Einen Rechtsanwalt?« murmelte Greg gedankenverloren. Dann schüttelte er den Kopf. »Wie haben Sie das herausgefunden?«
»Eine Freundin von Miss Emery hat uns informiert«, sagte Walter.
Greg sah wie betäubt aus. »Sie hat mir geschworen, es nie jemandem zu sagen.«
Walter lächelte dünn. »Die Leute sagen oft, was man gern hören möchte. Wollen Sie auf Ihren Rechtsbeistand warten, Mr. Newhall?«
»Nein«, flüsterte Greg. Dann sagte er mit fester Stimme: »Nein, das kann ich meiner Frau nicht antun. Ich kann sie nicht damit allein lassen. Jedenfalls habe ich nichts Unrechtes getan ... nicht im gesetzlichen Sinn.«
»Wollen Sie uns nicht alles erzählen?« sagte Walter.
Karen starrte Greg an. Ihr war, als würde ihr das Herz zerspringen. »Du kanntest sie?« sagte sie atemlos, als wäre sie gerannt.
»Es tut mir leid«, sagte Greg. »Sie versprach mir, es nie jemandem zu erzählen.«
»Das Versprechen hat sie nicht gehalten«, sagte Walter. »Haben Sie sie getötet?«
Greg preßte eine Hand gegen seine Stirn. »Nein, nein.

Natürlich nicht. Aber als ich erfuhr, daß sie ermordet worden war, geriet ich in Panik.« Er sah seine Frau flehend an. »Ich hatte Angst, die Wahrheit zu sagen. Ich wußte, wie ich dann dastehen würde. Deshalb schwieg ich. Niemand wußte davon ....«
»Wovon?« sagte Karen. Ihre Hände zitterten.
Greg sah sie nicht an. »Von unserer Beziehung«, murmelte er.
»Du hattest mit ihr eine Affäre?« flüsterte Karen.
Greg nickte.
Es war, als würde das Zimmer schwanken. Karen klammerte sich an der Sofalehne fest, um das Gleichgewicht nicht zu verlieren. Plötzlich war ihr kalt. Eiskalt.
»Der einzige Mensch, der davon wußte – jedenfalls glaubte ich das –, war Arnold Richardson. Unser Anwalt. Und es handelte sich um ein Wissen, das der Schweigepflicht unterliegt.«
Karen starrte ihren Mann ungläubig an. »Arnold Richardson? Warum hast du ihm davon erzählt?« Blitzartig überfiel sie die Erkenntnis. »Wolltest du dich von mir scheiden lassen? Mein Gott! Ging es darum?«
Greg schüttelte den Kopf und sagte wie betäubt: »Nein, keine Scheidung. Aber du wirst es wahrscheinlich für noch schlimmer halten. Es gibt etwas, das ich dir ... nie erzählt habe«, schloß er matt.
Karen schwieg. Greg sah Walter an.
»Reden Sie«, sagte Walter.
»Karen, es passierte zu der Zeit, als wir uns bemühten, ein Kind zu adoptieren und keinen Erfolg hatten. Du warst so deprimiert. Kannst du dich daran erinnern?«
Karen sah ihn wie versteinert an.
Greg räusperte sich. »Ich lernte Linda in Miller's Restaurant kennen. Sie bediente dort, und ich aß dort oft zu Mittag.

Manchmal auch zu Abend. Dir schien nicht viel daran zu liegen, daß ich damals nach Hause kam. Ich meine, das soll keine Entschuldigung sein. Es gibt keine Entschuldigung, wirklich.«

»Wie konntest du nur?« flüsterte Karen und schüttelte den Kopf. »Wie konntest du das tun?«

»Es tut mir leid«, sagte Greg wieder. »Sie und ich ... irgendwie verliebten wir uns ineinander. Sie war sehr einsam ... und irgendwie durcheinander, und ich war ... ich weiß nicht, was ich war. Du wolltest mich nicht. Du hast dauernd gesagt, unser Leben sei ruiniert, weil wir keine Kinder bekommen könnten.«

»Oh, natürlich ist alles mein Fehler«, sagte Karen wütend.

»Nein«, sagte er und sah wieder Walter an. »Könnte ich mit meiner Frau allein reden?« fragte er.

»Nein«, sagte Walter. »Dafür ist es zu spät.«

»Sie haben recht«, sagte Greg. »Ich hatte jahrelang Zeit, es ihr zu sagen ... und habe es nicht getan. Ich war feige. Ich hatte Angst ...« Er sah Karen an. »Ich weiß nicht, ob du mir verzeihen kannst, aber irgendwie ist es jetzt eine Erleichterung, dieses Geheimnis loszuwerden.« Er atmete tief ein und sprach dann weiter. Seine Stimme war flach, ohne Emotion. »Unsere Beziehung dauerte nicht lange, aber Linda wurde schwanger.«

Karen bedeckte ihr Gesicht mit den Händen. »Nein!« schrie sie.

»Sie war erst siebzehn. Ich dachte, sie sei älter, das schwöre ich. Das erfuhr ich erst, als ... Jedenfalls war sie Katholikin und wollte nicht abtreiben lassen. Ich flehte sie an, uns das Baby zu überlassen. Und sie stimmte schließlich zu, weil sie das als die beste Lösung betrachtete. Wir arrangierten dann alles über Arnold Richardson.«

Karen sprang auf. »Du lügst!« schrie sie. »Das stimmt nicht!« Sie ging zu ihm.

»Doch«, sagte er. »Linda ist ... war ... Jenny ist Lindas und mein Kind.«

Karen schlug ihrem Mann ins Gesicht, so fest sie konnte. Gregs Kopf flog zurück, doch er zuckte mit keiner Wimper. Er gab nicht einen Laut von sich und sah seine Frau nicht an.

»Sag, daß das nicht wahr ist!« verlangte sie, dann brach ihre Stimme.

Larry Tillman ergriff Karen an den Armen und führte sie zum Sofa zurück. »Setzen Sie sich, Ma'am«, sagte er. »Tut mir leid, aber wir sind hier noch nicht fertig.«

Greg rieb sich das Gesicht, dann spreizte er die Hände und zuckte mit den Schultern. »Viel mehr gibt's nicht zu erzählen«, sagte er. »Wir gaben Linda Geld, und sie verließ die Stadt, um ihr Baby zu bekommen und dann ein neues Leben zu beginnen. Das wollte sie so. Ich habe nie wieder von ihr gehört oder sie gesehen, bis sie letzten Sonntag hier auftauchte.«

»Und drohte, Ihre ganze Existenz zu vernichten«, sagte Walter.

»Davor hatte ich Angst«, gab Greg zu. »Aber als ich mit ihr redete, sagte sie, sie hege gegen mich keinen Groll. Sie hatte nicht die Absicht, das Geheimnis zu lüften.«

»Und wie konnten Sie sich dessen sicher sein?« fragte Walter. »Sie stellte eine ernste Bedrohung für Sie dar.«

Greg sah den Detective herausfordernd an. »Ich habe ihr geglaubt.«

»Mr. Newhall, ich muß Ihnen mitteilen, daß wir einen Hausdurchsuchungsbefehl haben, der aufgrund der Aussage von zwei Zeuginnen ausgestellt wurde.«

Greg wischte die Bemerkung mit einer Handbewegung bei-

seite. »Nur zu«, sagte er. »Ich habe nichts zu verbergen. Ich habe sie nicht getötet.«
Walter nickte Larry zu, der daraufhin zur Tür ging und die uniformierten Beamten draußen rief. Einer kam ins Wohnzimmer und tippte höflich vor Karen an seine Mütze. Hinter ihm betraten noch zwei Männer den Raum. Die übrigen blieben im Flur. »Fangt oben an«, sagte Larry zu dem Officer. Dann rief er aus der Tür: »Durchsucht auch den Van und die Garage.«
Karen saß auf dem Sofa und starrte den Mann an, den sie seit ihrem vierzehnten Lebensjahr liebte. Er sah wie ein alter Mann aus. Die Wange, auf die sie ihn geschlagen hatte, war rot, aber sonst war sein Gesicht grau. Er starrte zu Boden. Er wollte sie nicht ansehen. Auf die eine Weise war sie darüber froh. Sie wußte nicht, wie sie je wieder in diese Augen blicken sollte. Diese Verräteraugen, in denen sie nur Aufrichtigkeit und Liebe gesehen hatte, während alles nichts als Lüge gewesen war.
Jenny erschien in der Tür und sagte: »Dieser Cop will in meinem Zimmer rumschnüffeln.«
»Das ist schon so in Ordnung«, sagte Greg automatisch.
Karen drehte sich um und sah Gregs Tochter an, als sähe sie sie zum ersten Mal. Karen hatte Greg manchmal damit geneckt, daß Jenny ihm in gewisser Hinsicht sowohl äußerlich als auch was bestimmte Neigungen beträfe, ähnele. Und dann hatten sie darüber gelacht, weil das doch unmöglich war. Aber er hatte es die ganze Zeit gewußt. Er sagte dann immer, auch Hunde würden ihren Herren nach einer gewissen Zeit des Zusammenlebens ähneln. Alte Ehepaare ähnelten sich. Jeder wisse das. Und all die Jahre hatte er sein Geheimnis gehütet. Jenny war sein Fleisch und Blut.
»Was sucht der denn?« fragte Jenny. Greg schwieg. Jenny sah ihre Mutter an. »Mom?«

Diese einzige Silbe verfehlte nicht ihren gewohnten Effekt.
»Es ist okay«, gelang es ihr zu sagen.
Dann sagte Jenny zu Walter Ference: »Meine Mutter hat nichts Böses getan.«
»Das wissen wir«, sagte der Detective.
Jenny schien überrascht zu sein. »Warum sind Sie dann immer noch hier?«
Ehe Walter antworten konnte, wurde die Haustür geöffnet, und Larry Tillman kam ins Zimmer. »Lieutenant?« sagte er. In der Hand hielt er eine Plastiktüte. Darin konnte man einen Schlüssel erkennen, mit einem Etikett an einer Kette.
Walter stand auf und ging zu seinem Officer. Er prüfte den Inhalt des Beutels, ohne ihn herauszunehmen.
»Jefferson Motel, Zimmer 173«, bestätigte Larry. »Wir haben ihn hinter dem Beifahrersitz im Van gefunden.«
Greg sprang auf. »Das ist unmöglich!« protestierte er. »Sie hat nie in meinem Auto gesessen. Ich habe mit ihr in ihrem Zimmer geredet, und dann bin ich gegangen. Das ist alles. Mehr ist nicht geschehen.«
Larry sah Greg nicht an. Er redete weiter zu Walter, der noch immer den Inhalt der Plastiktüte anstarrte.
»Da sind Flecken an dem Schlüssel. Es könnte Blut sein.«
»Bring das ins Labor«, sagte Walter. Er drehte sich um und sah Greg an. »Mr. Newhall, wir müssen Sie festnehmen.«
»Nein!« schrie Jenny auf und klammerte sich an den Arm ihres Vaters.
Larry rief nach den Polizisten im ersten Stock und befahl einem von ihnen, das Beweisstück wegzubringen. Dann wandte er sich an Greg. »Sie haben das Recht zu schweigen …«
Karen beobachtete wie erstarrt und fassungslos, wie Officer Tillman die Formel runterleierte. Jenny zitterte unkontrol-

liert. »Tu doch was, Mom! Was soll das?« Ihre Stimme war voller Panik.

Karen und Greg sahen sich an. Nur kurz. Dann wandte Karen den Blick ab. »Ich weiß nicht, was ich tun soll«, sagte sie.

Officer Tillman holte ein Paar Handschellen hervor und bedeutete Greg, die Hände zu heben.

»Handschellen?« schrie Jenny. Sie wollte sie Larry aus der Hand schlagen, doch Walter hielt sie am Handgelenk fest.

»Nehmen Sie's nicht so schwer«, sagte Walter.

»Nur einen Augenblick«, sagte Greg. »Ich bin im Pyjama. Kann ich mich denn nicht einmal anziehen?«

Walter zögerte kurz. »Gut«, sagte er dann.

Jenny kniete sich vor Karen und griff nach ihren Armen. »Mom, warum hilfst du Daddy nicht? Warum tun sie das? Sie sollen damit aufhören.«

Karen kam es vor, als würde sie von einer kalten, gallertartigen Masse bedeckt. »Ich kann nichts tun«, sagte sie.

Greg ging die Treppe hoch wie ein Mann, der zum Schafott geführt wurde. Officer Tillman begleitete ihn schweigend ins Schlafzimmer.

»Tut mir leid, aber ich kann Sie nicht allein lassen«, sagte er knapp.

»Ich verstehe«, sagte Greg. Er ging zum Kleiderschrank, öffnete die Tür und überlegte, welche Hose er nehmen sollte.

»Wir haben nicht ewig Zeit«, sagte Larry. »Sie gehen nicht zu einer Modenschau.«

»Nein«, sagte Greg mit zitternder Stimme. Er zog ein sauberes Hemd und eine Hose an. Dann steckte er seine Brieftasche, die Schlüssel und Kleingeld, das auf dem Schreibtisch lag, in seine Taschen.

»Das Zeug brauchen Sie nicht«, sagte Larry.

»Gewohnheitssache«, sagte Greg. Er stopfte sein Hemd in die Hose und schloß seinen Gürtel. »Okay«, sagte er. »Ich bin fertig.«

Larry bedeutete Greg, vor ihm aus dem Schlafzimmer zu gehen. Greg tat, wie ihm geheißen. Draußen, auf dem Gang, ging er in Richtung Treppe. Links von ihm, am Ende der Treppe, stand ein Tisch mit einem Alpenveilchen darauf. Darüber war ein Fenster. Greg umklammerte das Treppengeländer und machte einen Schritt nach unten. Larry folgte ihm. Da drehte sich Greg mit einer schnellen Bewegung um, packte Larry unter den Achseln und warf ihn die Treppe hinunter. Larry schrie. Mit einem Satz sprang Greg auf den Tisch und schwang sich aus dem offenen Fenster, wobei er den Tisch mit der Pflanze umwarf. Er landete auf dem Dachvorsprung unter dem Fenster.

»Hey!« rief Officer Tillman und zog seine Waffe. »Haltet ihn!«

Aber Greg kannte jeden Zentimeter seines Hauses und fand den Weg über das Dach wie eine Katze im Dunkeln. Während der Officer noch seine Kollegen mobilisierte und einen Schuß aus dem Fenster abgab, hatte Greg bereits mit Hilfe eines Astes den Boden erreicht und war im dunklen Wald hinter seinem Haus verschwunden.

18

Chief Matthews funkelte seinen Officer wütend an. Der Rotschopf drehte verlegen seine Mütze in den Händen. »Gütiger Himmel, Tillman, wie haben Sie denn das nur fertiggebracht?«
Larry brauchte keine Strafpredigt. Er würde sich diesen Kardinalfehler niemals verzeihen. Und den hatte er noch dazu bei seinem wichtigsten Fall in seiner kurzen Karriere begangen. Am liebsten hätte er geheult. »Es tut mir leid, Sir«, murmelte er.
»Na, das wird Ihnen noch mehr als leid tun«, schnaubte der Chief angewidert.
»Er hat uns alle überrascht, Sir«, sagte Walter Ference. »Ich bin schon lange Cop und hätte eine solche Reaktion nicht einmal in Betracht gezogen.«
Chief Matthews schüttelte den Kopf. Erst vor ein paar Minuten war er im Haus der Newhalls eingetroffen. »Entschuldigungen will ich nicht hören«, sagte er. »Für Festnahmen gibt es Richtlinien, die haben Sie nicht befolgt. Bis Newhall festgenommen wird, sind Sie degradiert. Sie gehen wieder Streife.«
»Yessir«, murmelte Larry kleinlaut.
Dann zählte Dale Matthews stumm bis zehn. Er wollte nicht über Walter herfallen. Walter war sein erfahrenster Mann, und außerdem wäre ihm das vorgekommen, als hätte er seinen Vater gemaßregelt. Aber er hatte große Lust, es zu tun. »Na gut«, sagte er schließlich. »Das Kind ist in den Brunnen gefallen.« Dann starrte er die uniformierten Be-

amten im Zimmer böse an. »Wir dürfen keine Zeit verschwenden.« Und er instruierte sie, was als nächstes zu tun sei.

Walter wandte sich an Karen. »Soll ich einen Arzt kommen lassen, Mrs. Newhall? Sie stehen unter Schock. Er könnte Ihnen ein Sedativum verabreichen.«

»Nein«, sagte Karen kurz angebunden. Sie war schon wie betäubt. Die Stunden nach Gregs Flucht war ihr Haus von der Polizei belagert worden. Männer mit Suchhunden waren erschienen, Techniker hatten eine Anlage installiert, um ihr Telefon abzuhören, Journalisten, Kameraleute, neugierige Nachbarn und Gaffer waren gekommen. Ihr Vorgarten sah aus, als hätte dort jemand mitten in der Nacht eine makabre Karnevalsveranstaltung abgehalten.

Währenddessen saß Karen in ihrem Wohnzimmer wie im Zentrum eines Hurrikans. Sie beantwortete Detective Ferences Fragen: Freunde, Bekannte, Familienangehörige oder Orte, wo Greg hingegangen sein könnte. Ohne Einwände zu machen, stimmte sie allen Überwachungsmethoden der Polizei zu. Sie machte nicht die geringste Anstrengung, die Meinung der Beamten zu korrigieren. Vage nahm sie wahr, daß Jenny unter wüsten Beschimpfungen vor den Eindringlingen in ihrem Haus in ihr Zimmer floh. Aber sie schimpfte weder ihre Tochter aus, noch ging sie zu ihr. Sie saß einfach nur da.

Schließlich – nach Stunden – gingen die letzten. »Wir gehen jetzt«, sagte Walter. »Bleiben Sie sitzen.«

Karen hätte fast darüber gelacht. Als ob sie aufstehen könnte. Ihre Beine fühlten sich an, als gehörten sie jemand anderem.

Walter Ference gab ihr seine Karte mit zwei Telefonnummern. »Das ist die Nummer des Reviers, und das ist meine Privatnummer.«

Karen starrte, ohne zu begreifen, darauf.

»Mrs. Newhall, je eher wir Ihren Mann verhaften, um so besser wird es für Sie alle sein. Sie und Ihre Tochter stehen jetzt im Kreuzfeuer des Interesses. Man wird Sie wegen Ihres Mannes wie Kriminelle behandeln. Solange er auf freiem Fuß ist, wird jeder Ihrer Schritte überwacht, jedes Telefonat, alles.«

»Ja. Das weiß ich«, sagte Karen.

»Sollten Sie irgendeine Information haben, rufen Sie mich an. Ich werde Sie fair behandeln. Gegen Sie und Ihre Tochter liegt nichts vor.«

»Danke«, sagte Karen. Sie starrte wieder auf die Karte und legte sie dann auf den Couchtisch.

»Gute Nacht«, sagte Walter und folgte den übrigen Männern nach draußen.

Karen hörte, wie Jenny die Tür hinter ihm ins Schloß krachen ließ. Kurz darauf kam sie ins Wohnzimmer und stellte sich vor ihre Mutter.

»Stimmt es?« fragte sie.

Karen sah ihre Tochter hilflos an. »Sie haben Lindas Zimmerschlüssel in seinem Auto gefunden. Blutbefleckt. Sie denken, daß ...«

»Davon rede ich nicht«, sagte Jenny ungeduldig. »Ich will wissen, ob es stimmt, daß er mein leiblicher Vater ist.«

Die Frage durchdrang Karens Erstarrung wie ein Pfeil. »Ja«, sagte sie tonlos. »Offensichtlich stimmt es.«

Noch ehe Karen weitersprechen konnte, hatte sich Jenny umgedreht und war die Treppe hochgelaufen.

»Jenny?« rief Karen ihrer Tochter mit schwacher Stimme hinterher. Aber sie bekam keine Antwort. Steh auf, sagte sie zu sich. Geh zu ihr. Das ist ein entsetzlicher Schock für sie.

Aber sie konnte nicht. Ihre eigenen Gefühle überwältigten

sie. Noch immer sah sie Gregs Gesicht bei seinem Geständnis vor sich, und das lähmte sie.
Sie kannte ihn. Mehr als zwanzig Jahre waren sie zusammen, und sie kannte ihn wirklich in- und auswendig. All die Jahre hatten sie alles geteilt – ihre Gedanken, ihre Ängste. Nie hatte sie an seiner Liebe gezweifelt, weil sie wußte, daß sie der Mittelpunkt seines Lebens war. Und er war der Mittelpunkt ihres Lebens – das war eine Tatsache, die sich beide niemals würden nehmen lassen. Das hatten sie sich versprochen. Sie hatten es in Stein gemeißelt.
Karen schaute zu dem alten Sessel hin, in dem er abends immer saß. Nie saß er woanders. Als sie ihm vorgeschlagen hatte, einen neuen zu kaufen, hatte er das abgelehnt. »Ich liebe diesen Sessel. Warum einen neuen kaufen?« So war er eben. Seine Zuneigung zu allem, auch den Dingen, wuchs mit der Zeit, selbst wenn diese Dinge schäbig waren.
Sie schloß die Augen, und Tränen rannen über ihre Wangen. Ihr Herz schmerzte vor innerer Qual.
»Ich hasse dich!« sagte sie laut zu dem Sessel. »Wie konntest du mich derart belügen? Du nicht. Jeder andere, aber nicht du …«
Ihre Gedanken wanderten zu der Zeit zurück, über die Greg gesprochen hatte. Als sie erfuhr, daß sie keine Kinder haben könnte. Als sie beide begriffen, wie schwer eine Adoption sein würde. Es stimmte, sie war deprimiert. Es stimmte, sie wollte nicht mit ihm schlafen. Damals konnte sie kaum aufstehen oder eine vernünftige Mahlzeit kochen oder sich unterhalten.
Ich verstehe dich, hatte er immer gesagt. Manchmal hatte sie sich Sorgen gemacht – würde er sich einer anderen Frau zuwenden? Aber diese Sorge war sehr oberflächlich gewesen, mehr der Form halber. Weil sie von diesen Dingen aus

Artikeln in Magazinen oder Fernsehsendungen wußte. Da hieß es immer, das passiere in normalen Ehen in einer solchen Situation. Aber sie waren nicht wie andere Leute – sie waren etwas Besonderes.
Und er beruhigte sie immer. Es ist nicht wichtig, pflegte er zu sagen. Du bist alles, was ich brauche. Es ist eine Phase in unserem Leben. Sie geht vorüber. Er wurde nie böse. Er beklagte sich nie. Und wenn sie die Kraft hatte, pflegte sie dem Himmel für einen solchen Ehemann zu danken. Und während der ganzen Zeit ... hatte er sie betrogen. Hatte er ein anderes Leben gelebt.
Ich werde verrückt, wenn ich hier rumsitze, dachte sie. Aber sie konnte sich nicht bewegen. Durchs Fenster konnte sie einen bleichen, fast durchsichtigen Mond sehen. Denselben Mond, den sie bei seinem Aufgang vor ein paar Stunden gemeinsam bewundert hatten. Sie und ihr Mann und ihre Tochter.
Jenny kam ins Wohnzimmer geschlichen. Sie preßte eine weiße Wolldecke von ihrem Bett an sich. »Ich halte es in meinem Zimmer nicht aus, Mom«, sagte sie. Ihr Gesicht war so weiß wie die Decke. »Darf ich bei dir bleiben?«
Karen sah ihre Tochter dankbar an. Sie öffnete die Arme. Jenny kuschelte sich wie ein Kätzchen an ihre Mutter. Es schien Karen, als hätten sie so nicht mehr zusammengesessen, seit Jenny ganz klein war. Die Wärme, die ihr Kind ausstrahlte, war unbeschreiblich tröstend.
So saßen beide ein paar Minuten lang da, jede in ihren Ängsten verloren. Dann flüsterte Jenny: »Er hat es nicht getan. Das könnte er nie tun.«
Jenny redete über den Mord. Überrascht stellte Karen fest, daß sie daran kaum einen Gedanken verschwendet hatte; allein Gregs Verrat hatten ihre Überlegungen gegolten, dem Geheimnis, das er all die Jahre für sich bewahrt hatte.

Sie versuchte, sich Greg als Mörder vorzustellen. »Nein«, flüsterte sie. »Nein, nein ... dein Vater könnte so etwas nicht tun.« Doch noch während sie das sagte, beschlichen sie leise Zweifel. Sie hatte sich auch nicht vorstellen können, daß er sie betrog. Hätte jemand sie gefragt, sie hätte geantwortet, daß sie ihren Mann durch und durch kenne.
»Und warum machen sie ihn dafür verantwortlich, Mom?«
»Weil er viele Lügen erzählt hat«, sagte Karen. »Tausend Lügen.«
»Das mußte er doch«, verteidigte Jenny ihren Vater.
Tränen traten in Karens Augen. »Das mußte er nicht«, sagte sie wütend. »Niemand braucht so schamlos zu lügen.«
»Aber du weißt doch, daß Daddy so etwas niemals tun würde. Jemanden verletzen.«
Karen lachte bitter. »Ach, nein?« sagte sie.
»Du weißt schon, was ich meine«, sagte Jenny dickköpfig.
»Ich meine, eine Frau so zu schlagen. Zu töten.«
Karen atmete tief ein. »Nein«, sagte sie. »Das würde er nicht ... das könnte er nicht. Aber die Polizei ...«
»Du mußt es ihnen sagen«, rief Jenny. »Daß er das nie tun könnte.«
»Jenny, der Polizei ist es egal, was ich ihr sage. Außerdem laufen Unschuldige nicht weg«, sagte sie.
Jennys Körper spannte sich, und sie löste sich aus der Umarmung. »Mutter, du hast gerade gesagt, daß er es nicht getan hat.«
Sie starrte Karen an und verlangte Übereinstimmung, vernünftige Antworten. Karen wußte nicht, ob sie lachen oder weinen sollte. Ich habe keine Antworten, hätte sie am liebsten weinend gesagt. Statt dessen sah sie ihrem Kind in die Augen. Deine Welt ist aus den Fugen geraten, dachte sie. Du versuchst, deinem Daddy treu zu bleiben. Sie suchte nach Worten des Trostes, die aufrichtig klangen.

Doch alles, was ihr einfiel, war: »Er muß eine Erklärung dafür abgeben.«

»Das stimmt«, sagte Jenny kämpferisch. Sie setzte sich auf den Rand des Sofas, den Rücken Karen zugewandt. »Bist du böse, weil er mich behalten hat?« fragte sie.

Karen preßte ihre Lippen aufeinander und blinzelte die Tränen weg. Das Herz tat ihr so weh, daß sie kaum atmen konnte. Doch die Wahrheit kam ihr leicht über die Lippen. »Ich liebe dich mehr als alles auf der Welt«, sagte sie.

Daraufhin entspannte sich Jenny. Nach einer Weile setzte sie sich wieder dicht neben Karen. Karen wickelte sie in die Wolldecke. »Ruh dich aus«, sagte sie. Sie knipste die Lampe aus.

»Das kann ich nicht«, sagte Jenny mit kleiner, ängstlicher Stimme in der Dunkelheit.

»Versuch es«, drängte Karen sie.

Schweigend saßen die beiden zusammen. Nach einer Weile hörte Karen die rhythmischen Atemzüge des Schlafs. Sanft schob sie einen Arm um ihre Tochter und hielt ihr schlafendes Kind. Sie wünschte, sie könnte ihn hassen. Ihn nur hassen. Ihn zum Verlassen ihres Herzens bewegen, so wie er ihr gemeinsames Haus verlassen hatte. Aber die Liebe zu ihm war eine alte Gewohnheit von ihr. Sie versuchte, ihn sich nicht da draußen vorzustellen, irgendwo, allein in der kühlen Nacht. Aber das war sinnlos. Er war ihr so vertraut wie sie selbst. Greg, der es jeden Abend nicht erwarten konnte heimzukommen, zu seinem Sessel am Kaminfeuer, in die Wärme ihres Bettes, in die Arme seiner Frau, zu den Küssen seiner kleinen Tochter. Wir sind die drei Bären, hatte Jenny gesagt, als sie noch ein Kind war. Und alle hatten gelacht. Es schien so wahr zu sein. Und jetzt war Papa Bär allein im Dunkeln und wurde von Jägern gejagt. Und hier, am erkalteten Herd, war ihre Märchenwelt in Trümmer geschlagen worden. Wie hast du uns das antun können? hätte sie am liebsten geschrien. Ich glaubte, du liebst mich. Aber es gab niemanden, der sie hörte. Niemanden, der ihr eine Erklärung gab. Flammen der Angst züngelten um Karens Herz anstelle des Feuers im Herd.

19

Während Emily im Schlafzimmerschrank nach ihrer Regenhaube suchte, stand Walter in der Küche an der Spüle und wusch sein Frühstücksgeschirr. Seine Schwester, Sylvia, saß am Tisch. Sie wartete auf Emily.

»Walter, du brauchst einen Geschirrspüler«, sagte sie. »Und einen Mikrowellenherd. Und schau dir mal diesen Fußboden an. Das Linoleum ist an vielen Stellen abgetreten. Kein Wunder, denn Mutter hat es in dem Jahr verlegen lassen, als Vater starb. Das ist nun fast fünfzig Jahre her. Die Zeit fliegt nur so dahin.«

Walter trocknete seine Tasse ab und stellte sie in den alten Schrank. Sylvia verzog das Gesicht, als die Tür in den Angeln quietschte. »Ich weiß nicht, wie du es in dieser Bude aushalten kannst. Sieh dir doch mal diese alten Drucke an. Jeden Augenblick können sie von der Wand fallen. Warum hängst du sie nicht richtig auf?«

Walter stellte die Untertasse weg und schloß die Schranktür.

Sylvia seufzte. »Ich weiß wirklich nicht, wie du es hier aushältst«, sagte sie noch einmal. »Ich lebe jetzt gern in Seaside Village. Alles ist neu dort. Wenn etwas kaputtgeht, kommt sofort jemand und repariert es. Ich meine, wenn man selbst zu ungeschickt dazu ist«, sagte sie und sah ihren Bruder bedeutsam an, der seine Brille mit einem Papiertaschentuch putzte und sie nicht beachtete.

Walter hielt seine Brille gegen das Licht einer uralten Lam-

pe, um zu prüfen, ob sie sauber war. »Ich will dir die Wahrheit sagen«, schwatzte Sylvia weiter, »nach Mutters Tod wollte ich nie mehr einen Fuß in dieses Haus setzen. Mir schien es immer, als gäbe es hier nichts als Krankheit und Trübsinn.« Sie schauderte.
»Du bist der morbideste Mensch, den ich kenne«, sagte Walter ruhig und setzte seine Brille wieder auf. »Warum würdest du sonst heute auf diese Beerdigung gehen? Dich reizt doch nur die Tatsache, daß es die Beerdigung eines Mordopfers ist.«
Sylvia entgegnete empört: »Zu deiner Information: Ich kenne die Emerys seit Jahren durch die Kirche. Sie haben keine weiteren Familienangehörigen. Wenn du in deiner Gemeinde aktiver wärst …«
»Du weißt, daß Beerdigungen schlecht für Emilys Gemütszustand sind«, sagte Walter.
»Unsinn«, schnaubte Sylvia. »Es ist völlig egal, ob Emily zu einer Beerdigung oder einer Gartenparty geht. Emily leidet unter einer angeborenen Schwäche. Das weißt du so gut wie ich.«
Aus dem Flur kam Emilys Stimme. »Ich suche nur noch meine Handtasche. Ich komme gleich.«
Sylvia stand auf und strich ihren Rock glatt. »Auch du solltest zu dieser Beerdigung gehen, Walter. Damit du siehst, wer alles da ist. Es heißt doch, daß Mörder oft zu den Beerdigungen ihrer Opfer kommen.«
»Das überlasse ich dir«, sagte Walter.
»Ziemlich unverantwortlich von dir, wenn man die Tatsache in Betracht zieht, daß du den Mörder hast entkommen lassen.«
Darauf antwortete Walter nicht. Er zog sein Jackett an und ging zur Hintertür. Er blieb kurz davor stehen und sah in den Regen hinaus. »Ich hoffe, du genießt die festliche

Veranstaltung«, sagte er zu seiner Schwester. »Der Tag dafür ist perfekt.«

»Mutter«, sagte Bill Emery, »bist du fertig? Der Wagen ist schon vorgefahren.«
Alice Emery starrte in den Schrank im Flur, der mit Taschen, Stiefeln und Wintermänteln vollgestopft war. Vom obersten Brett nahm sie eine schwarze Abendtasche. »Kannst du dich an das Jahr erinnern, als mir Linda diese Tasche zu Weihnachten schenkte? Sie hatte das Geld, das sie als Babysitter verdiente, dafür gespart.«
Bill sah auf seine Uhr und warf dann einen Blick auf die Tasche.
»Ich weiß nicht«, sagte er. »Ich kann mich nie an ein spezielles Weihnachtsfest erinnern. Für mich sind sie alle gleich.«
Alice lächelte wehmütig. »Nie habe ich sie benutzt. Dein Vater ging ja nicht aus. Ich weiß nicht, warum sie mir eine Abendtasche geschenkt hat. Sie wußte doch, daß wir uns nie feinmachten. Vielleicht hat sie eine solche Tasche in einem Film gesehen und fand sie schön.«
»Vielleicht«, sagte Bill. »Ich weiß es nicht.«
»Heute nehme ich diese Tasche«, sagte Alice.
»Aber das ist doch eine Abendtasche, Mutter. Die paßt nicht zu einer Beerdigung.«
»Das weiß ich«, sagte Alice dickköpfig. »Trotzdem nehme ich sie.«
»Na gut. Schön. Aber beeil dich.«
Alices Hände zitterten, als sie den Verschluß öffnete.
»Was machst du da?«
»Ich muß doch meine Sachen reintun«, sagte Alice. Sie deutete auf ihre abgenutzte, braune Tasche, die neben dem Fernseher lag. »Gib mir bitte meine andere Tasche.«

Bill unterdrückte einen Seufzer und ging das Gewünschte holen. Dann gab er die Tasche seiner Mutter. »Die Leute warten schon«, sagte er.
Alice wühlte in ihrer braunen Tasche und tat verschiedene Dinge in die Abendtasche. »Laß sie warten«, sagte sie.
»Ich glaube nicht, daß du das ganze Zeug brauchst, Mutter. Außerdem paßt wohl nicht alles da rein«, sagte er taktvoll.
Doch Alice ließ sich nicht beirren. Methodisch packte sie weiter. Sie sah Bill nicht an und sagte: »Ich hätte nie auf dich hören dürfen. Das werde ich für den Rest meines Lebens bedauern.«
Wut stieg in Bill auf, doch er antwortete ruhig: »Niemand hat dich jemals zu etwas gezwungen.«
»Ich habe sie vor die Tür gesetzt«, sagte Alice mit zitternder Stimme. »Meine eigene Tochter. Ich hatte nicht einmal die Gelegenheit, noch einmal mit ihr zu reden.«
»Wir wußten doch nicht, daß so etwas passieren würde«, sagte Bill.
»Du warst entschlossen, deinen Kopf durchzusetzen. Und ich hatte das Gefühl, daß ich dich auch noch verlieren würde, wenn ich nicht täte, was du willst«, sagte Alice und stopfte eine kleine Geldbörse in ihre Tasche.
Bill ballte die Hände zu Fäusten und ging zum Fenster. Er zog den Vorhang zurück. Glenda war aus dem Wagen gestiegen und winkte ihm zu kommen. »Wir müssen gehen«, sagte er.
Alice sah ihren Sohn an und schüttelte den Kopf. »Ist dir das denn völlig egal? Deine eigene Schwester?«
»Ich will nicht dein Sündenbock sein«, sagte er.
»Bill!« rief Alice. »Es ist entsetzlich, was du sagst.«
Bill ging zur Haustür und rief hinaus: »Wir kommen.«
Alice setzte ihren Hut auf und ließ den schwarzen Schleier

über ihr Gesicht fallen. »Sind die Kinder im Wagen?« fragte sie zerstreut.

»Ich habe es dir bereits zweimal gesagt«, blaffte Bill. »Sie sind bei einer Nachbarin. Für eine Beerdigung sind sie noch zu klein.«

»Sie werden nie ihre Tante Linda kennenlernen«, sagte Alice und betupfte sich dabei ihre Augen mit einem Taschentuch. Dann klemmte sie sich ihre Tasche unter den Arm.

»Und wessen Schuld ist das?« murmelte Bill.

»Was?« fragte Alice.

»Nichts«, sagte er. »Gehen wir.«

Wenn man in Betracht zog, daß Linda schon lange nicht mehr in Bayland gelebt hatte, waren viele Trauergäste zu ihrer Beerdigung erschienen. Doch nur wenige davon trauerten aufrichtig um sie. Reporter waren gekommen und die krankhaft Neugierigen. Viele waren erschienen, um die Reaktion von Lindas Kind mit eigenen Augen zu sehen – das Kind, dessen Vater des Mordes an Linda bezichtigt wurde und der geflohen war. Diese Leute wurden enttäuscht. Karen hatte Jenny gerade aus diesem Grund die Teilnahme verboten – weil ihre Gegenwart auf dem Friedhof Tumult auslösen könnte.

Wegen des Regens war die Grabrede nur kurz. Mary Duncan, deren Mann einen Regenschirm über sie hielt, betupfte sich bei den Abschiedsworten des Priesters die Augen. Sie sah, daß Lindas Mutter verwirrt aussah, als sie eine Rose auf den Sarg warf. Mary konnte kaum das Leid dieser Frau fassen, die innerhalb weniger Monate ihren Mann und ihre Tochter verloren hatte. Marys Blick wanderte zu Bill Emery, der pflichtgetreu, mit unbewegtem Gesicht, nach seiner Mutter eine Blume in das Grab warf. Mary hatte schon das

schlaksige blonde Mädchen mit der Sonnenbrille bemerkt, das jede Geste Bills mit glühendem Eifer verfolgte. Sie fragte sich, ob Glenda das ebenfalls aufgefallen war. Es ist so offensichtlich, dachte Mary. Aber schließlich merkte es die Ehefrau immer als letzte.
Sam stieß sie an. »Können wir zum Auto gehen?« fragte er.
Er hatte nicht kommen wollen, aber sie hatte ihn so beschämt, daß er sie begleitet hatte. Sie sah ihn zärtlich an. »Erinnerst du dich, wieviel Spaß wir mit Linda gehabt haben?«
»Natürlich. Komm jetzt.«
Mary streichelte die samtenen Blütenblätter ihrer Rose. Dann trat sie vor den Sarg und warf sie darauf. »Auf Wiedersehen, alte Freundin«, flüsterte sie.
Als sie sich vom Grab abwandte, sprach eine junge, nachlässig gekleidete Frau sie an. »Entschuldigen Sie, Mrs. Duncan?«
»Ja.«
»Ich bin Phyllis Hodges von der *Gazette*. Ich habe gehört, daß Sie zur Polizei gegangen sind und ihr den Tip gegeben haben, daß Mr. Newhall der Mörder ist.«
Vor Verblüffung öffnete Mary den Mund. Doch noch ehe sie etwas sagen konnte, trat Sam zwischen die beiden Frauen und zog seine Frau weg.
»Sind Sie krank?« fragte er. »Das ist eine Beerdigung. Die Leute trauern hier.«
»Ich mache nur meinen Job«, sagte Phyllis.
»Mrs. Duncan weiß nicht, wovon Sie sprechen«, sagte er. »Komm.« Er eilte mit Mary zu seinem Wagen.
Sam öffnete die Tür und stieß seine Frau ins Auto. Dann umrundete er den Wagen und stieg hastig ein. »Verriegele die Tür«, sagte er. »Vielleicht folgt sie uns.«

»Was ist denn in dich gefahren?«
»Das haben wir gerade noch gebraucht«, sagte Sam. »Sie schreibt in ihrer Zeitung, daß du gesungen hast, und Newhall nimmt dich als nächste aufs Korn. Ich habe dir doch gesagt, daß du dich da nicht einmischen sollst.«
»Um Himmels willen, Sam«, sagte Mary. »Der Mann ist jetzt tausend Meilen weit weg.« Sie verriegelte die Tür.

20

Mom, was tust du da?« rief Jenny und kniete sich neben den Abfallkorb, der überquoll. Entsetzt starrte sie auf den Inhalt.
Karen wühlte ungerührt weiter in ihrem Schmuckkästchen und der obersten Schublade ihrer Kommode. »Ich räume auf«, sagte sie und warf ein Paar Ohrringe auf den Haufen. Jenny hob Halsketten, Armbänder, Parfümflaschen und Halstücher auf. »Mom, das gehört doch alles dir. Das sind Geschenke von Dad. Du kannst das doch nicht wegwerfen!«
Karen ignorierte Jennys Proteste. Letzte Nacht hatte sie sich in den Schlaf geweint, Gregs Kopfkissen umarmt, und im Morgengrauen war sie aus einem Alptraum erwacht. Sie hatte geträumt, daß er mit einer dunkelhaarigen Frau, mit heller sommersprossiger Haut und schweren Brüsten geschlafen hatte. In ihrem Traum hatten sich die beiden zwischen verschwitzten Laken im Bett gewälzt; seine Hand war über den runden Bauch der Frau geglitten und zwischen ihren Beinen verschwunden, während beide kicherten, als Karens Name fiel. Die Erinnerung an dieses demütigende Bild wurde sie nicht los.
Das Telefon auf dem Nachttisch fing zu läuten an. »Geh nicht dran«, sagte Karen im Befehlston. Heute war Lindas Beerdigung, und das Telefon hatte pausenlos geläutet. Als Karen Jennys entsetzten Blick registrierte, sagte sie freundlicher: »Das macht nur noch mehr Ärger.« Sie hatte beschlossen, heute nicht ans Telefon zu gehen. Ein paar Freunde hatten angerufen, die ihre Hilfe anboten, aber

Karen wollte keine Besuche. Hinter jedem Hilfsangebot lauerten Fragen, die sie nicht beantworten wollte. Außerdem wollte sie die Geschichte nicht wieder und wieder erzählen. Die übrigen Anrufer waren Journalisten und Kunden von Greg gewesen, die ihre Aufträge stornierten. Wie sie ohne ein gesichertes Einkommen leben sollten, das wußte Karen nicht.

Das Telefon hörte zu klingeln auf, und Karen nahm das silberne Medaillon aus dem Kästchen. Sie hatte es noch nicht einmal getragen, und sie wußte, daß es teuer gewesen war. Er hatte es mit Bedacht in einem exklusiven Antiquitätengeschäft gekauft; er kaufte Geschenke nicht, weil es einen Anlaß gab, sondern um ihr eine Freude zu machen.

»Wie hübsch das ist«, sagte Jenny sehnsüchtig.

Karen öffnete das Medaillon und nahm das kleine Foto von Jenny heraus. Sie legte das Bild in ihre Schmuckschatulle zurück und wog die Kette prüfend in der Hand. Du wirst das Geld brauchen, sagte sie sich. Du mußt praktisch denken. Du könntest das Medaillon wieder in das Geschäft bringen. Dann schüttelte sie den Kopf und warf es zu den anderen ausrangierten Sachen. Ich finde schon einen Weg, um Geld zu verdienen, dachte sie.

Mit einem leisen Aufschrei griff Jenny in den Korb. »Darf ich es behalten?« sagte sie.

Karen sah ihre Tochter kalt an. »Mir wäre es lieber, du würdest das nicht tun«, sagte sie.

Jenny mied den Blick ihrer Mutter. »Ich will es haben«, beharrte sie. »Du hast es weggeworfen. Dann kann es dir doch egal sein.«

»Ich will es nicht sehen«, sagte Karen.

Jenny stand auf und legte die Kette mit einer herausfordernden Geste um ihren Hals. Das Medaillon steckte sie unter ihr Sweatshirt. »Ich trage es unter meiner Kleidung«, sagte sie.

»Wie du willst.«

»Ja, das will ich«, sagte Jenny trotzig. »Du bist entsetzlich.«

Ein Teil von Karen wußte, daß das stimmte. Diese Geschenke waren mit Liebe ausgewählt worden, über lange Zeit. Mit jedem Geschenk war eine Erinnerung verbunden. Sie wurde weicher, als sie daran dachte, wie Greg jedesmal gestrahlt hatte, wenn er sie beschenkte.

Doch dann verwandelte sich sein Lächeln in die Grimasse des treulosen Liebhabers in ihrem Traum und nährte den Haß in ihrem Herzen.

Das Geräusch eines vorfahrenden Wagens schreckte sie aus ihren Gedanken auf. »Das ist wahrscheinlich unser Wachhund«, sagte Karen. Der Regen hatte die Neugierigen vor ihrem Haus vertrieben. Aber noch immer stand ein nicht als solches erkennbares Polizeiauto vor ihrer Einfahrt mit einem kaum sichtbaren Beamten hinter dem Steuer.

Jenny ging zum Fenster und schaute hinaus. »Nein, es ist jemand anderer.«

Karen schaute ebenfalls aus dem Fenster. Ein schwarzer BMW parkte vor dem Haus. Gerade stieg ein Mann mit einem Aktenkoffer aus.

»Wer ist das?« fragte Jenny.

Karen beantwortete Jennys Frage nicht, sondern murmelte aufgebracht vor sich hin, als sie die Treppe hinunterging. Sie prüfte, ob die Haustür verschlossen war, während der Mann läutete. Jenny folgte ihr.

»Karen«, rief der Mann draußen. »Ich muß mit Ihnen reden. Öffnen Sie die Tür.«

»Gehen Sie, Arnold!« sagte Karen wütend. »Ich will nicht mit Ihnen reden.«

»Seien Sie doch nicht so dickköpfig«, sagte Arnold Richardson ungeduldig. »Ich habe keine Zeit, hier lange rumzustehen.«

»Dann gehen Sie«, schrie Karen. »Wer hat Sie gebeten hierherzukommen?«

»Wer ist das?« flüsterte Jenny.

»Unser Anwalt«, sagte Karen.

»Laß ihn reinkommen«, bat Jenny. »Bitte, Mom. Vielleicht kann er uns helfen.«

»Sie haben eine Menge zu verlieren, Karen. Machen Sie die Tür auf.«

Karen zögerte. Sie sah die Verzweiflung in Jennys Augen. Sie öffnete die Tür. Arnold Richardson schüttelte seinen schwarzen Schirm aus und betrat den Flur. Er war nur ein paar Jahre älter als Karen und Greg, hatte aber das gepflegt elegante Aussehen eines wesentlich älteren Mannes.

»Jenny?« fragte er höflich.

Jenny nahm ihm seinen Mantel und Schirm ab und sah ihn prüfend aus großen Augen an.

»Sie wissen wohl Bescheid«, sagte Karen kurz angebunden, und dann zu ihrer Tochter: »Liebes, hängst du bitte Mr. Richardsons Mantel auf. Er trieft vor Nässe.«

»Natürlich«, sagte Jenny. »Werden Sie meinen Vater als Anwalt vertreten?«

»Ich bin sein Anwalt«, sagte Arnold.

»Er hat es nicht getan«, sagte Jenny.

»Jenny«, sagte Karen.

Jenny verschwand mit dem Mantel. Karen bot Arnold einen Sessel an, doch sonst nichts. Es fiel ihr sogar schwer, ihn anzusehen.

»Karen«, fing er an, »ich weiß, was es für Sie für ein Schock war, die Wahrheit über Jenny zu erfahren. Ich hoffe, Sie verstehen, daß ich nicht darüber reden durfte. Ich war an meine Schweigepflicht gebunden.«

»Das war ein Komplott.«
Arnold seufzte. »Was für eine Katastrophe.«
»Ja, da bin ich ganz Ihrer Meinung.«
»Ich kann nicht begreifen, daß Greg vor der Polizei mit dieser Geschichte rausgeplatzt ist. Ohne mich zu konsultieren. Was hat er sich nur dabei gedacht? Das war sehr dumm von ihm.«
»Ich weiß. Und außerdem seltsam für einen notorischen Lügner«, sagte Karen bitter.
Arnold ignorierte ihre Bemerkung. »Er hat keinen Kontakt mit Ihnen aufgenommen ...«
»Mein Telefon wird überwacht.«
»Das habe ich mir gedacht. Ich habe auch nichts von ihm gehört«, sagte Arnold.
»Und was wollen Sie dann hier?« fragte Karen.
»Ihnen meinen Beistand anbieten. Sie brauchen Rat, in finanzieller wie in rechtlicher Hinsicht, was Gregs Firma angeht. Ich möchte Ihnen in jeder Hinsicht helfen. Und natürlich, wenn Greg zurückkommt oder ...«
»... gefaßt wird«, sprach Karen seinen Gedanken zu Ende.
»... möchte ich helfen.«
Karen sah ihn kalt an. Greg hatte immer große Stücke auf Arnold gehalten. Karen war er stets wie ein ganz gewöhnlicher Anwalt erschienen, aber sie hatte den Worten ihres Mannes geglaubt. Außerdem hatte sie ihn gemocht, denn er hatte die Adoption arrangiert.
»Ich weiß, daß Sie Greg in der Vergangenheit eine große Hilfe waren«, sagte Karen sarkastisch. »Ich meine, wären Sie nicht gewesen ...«
»... hätte er einen anderen Anwalt gefunden, um das für ihn zu erledigen«, sagte Arnold bestimmt. »Er war ganz verrückt auf diese Adoption. Wie besessen. Die kleine Emery hatte

auf das Kind verzichtet, und er war entschlossen, daß Sie das Kind bekommen.«

»Daß er es bekommt, Arnold. Verdrehen Sie doch jetzt nicht die Tatsachen.«

»Ich verdrehe überhaupt nichts. Ich kann mich noch ganz genau daran erinnern. Ich erinnere mich so genau daran, weil ich ihm den Rat gab, genau das nicht zu tun. Wenn er es täte und Ihnen nicht die Wahrheit sagte, hielt ich ihm vor, würde die Geschichte ihm früher oder später viel Ungelegenheiten bereiten. Natürlich konnte ich mir nicht vorstellen, daß es so enden würde.«

»Nein, natürlich nicht«, murmelte Karen.

»Jedenfalls ließ er nicht locker. Er sagte, er müsse Ihnen ein Kind schenken. Daß seine Ehe davon abhinge. Daß Gott oder das Schicksal ihm jetzt eine Chance gegeben hätte.«

»Und damit waren Sie einverstanden?« fragte Karen.

»Ehrlich gesagt, mir kam die ganze Geschichte verrückt vor«, sagte Arnold. »Ich habe Greg immer gemocht. Ihn immer wegen seines Geschäftssinns bewundert. Aber jeder von uns hat seinen schwachen Punkt. Das war seiner. Er begriff das als Gelegenheit, Ihnen das Kind zu schenken, das Sie sich so sehnsüchtig wünschten.«

»Hören Sie auf, Arnold!« rief Karen. »Tun Sie doch nicht so, als hätte er das allein für mich getan. Hatte er diese Affäre auch meinetwegen? Schlief er für mein Wohlergehen mit einer anderen Frau?«

»Ich bin nicht hier, um Ihren Mann zu verteidigen. Was auch geschehen ist, es geschah zwischen Ihnen und Ihrem Mann. Ich sage Ihnen nur, was ich weiß.«

»Vielleicht haben Sie lediglich Angst, daß ich Ihr Verhalten publik mache und Sie deswegen von der Anwaltskammer ausgeschlossen werden.«

»Tun Sie, was Sie tun müssen«, sagte Arnold ruhig. »Aber

vorerst haben Sie Probleme, die doch wohl dringender sind.«
»Vielleicht hätte er mir nur die Wahrheit sagen sollen«, murmelte Karen.
»Und die hätten Sie verstanden?« fragte Arnold skeptisch.
»Er hat mir ja keine Wahl gelassen.«
Achselzuckend meinte Arnold: »Niemand gibt gern Schwächen zu. Wir alle sehen uns lieber als Helden.«
»Mein Held«, sagte Karen bitter.
Sie schwiegen. Schließlich raffte sich Karen auf: »Sie können nichts dazu, Arnold. Ich weiß das.«
Arnold seufzte. »Haben Sie eine Idee, wo er hätte hingehen können?«
»Ich habe augenblicklich das Gefühl, nicht einmal den Mann zu kennen, über den wir sprechen«, sagte Karen kopfschüttelnd.
Arnold stand auf. »Falls er sich meldet, sagen Sie ihm, daß er sofort mit mir Verbindung aufnehmen soll. Ehe er irgend etwas unternimmt.«
Karen nickte.
»Das ist mein voller Ernst, Karen. Ihr ... Greg steckt in großen Schwierigkeiten.«
»Wirklich?« sagte Karen. Sie sah den Anwalt argwöhnisch an. »Besteht die geringste Chance, ihn da rauszuholen?«
»Ich habe kein Recht auf Akteneinsicht«, sagte Arnold kopfschüttelnd. »Erst dann, wenn er wieder in Gewahrsam ist und mich als seinen Anwalt benennt. Er hat ein Motiv; er war in der Mordnacht bei ihr. Das ist schlimm. Wissen Sie, wenn er mit dieser Geschichte nicht rausgeplatzt wäre, hätten wir behaupten können, daß Sie bereits wußten ...«
»Ach, ich hätte also für ihn lügen sollen?«
»Sehen Sie ihn denn lieber im Gefängnis für ein Verbrechen, das er nicht begangen hat?«

»Sind Sie sicher, daß er es nicht getan hat?«
»Halten Sie ihn denn für den Täter?« fragte Arnold ungläubig.
Karen wandte sich von ihm ab.
»Karen?«
»Nein«, sagte sie mit kleiner Stimme.
»Na, das klingt schon besser. Wenigstens haben Sie nicht völlig die Fassung verloren. Nicht, daß irgend jemand Ihnen deswegen Vorwürfe machen könnte ...«
»Warum gehen Sie nicht«, sagte sie.
»Ich bin im Begriff zu gehen«, sagte Arnold und nahm seinen Aktenkoffer.
»Jenny«, rief Karen, »kannst du Mr. Richardson seinen ...« Noch ehe sie den Satz vollendet hatte, erschien Jenny mit Mantel und Schirm.
»Karen, sollten Sie irgendwelche Fragen haben, rufen Sie mich an.«
»Ich kann Sie nicht bezahlen«, sagte Karen mutlos.
»Darum kümmern wir uns später«, sagte er. »Auf Wiedersehen, Jenny. Halt die Ohren steif.«
»Das tue ich«, sagte Jenny. »Auf Wiedersehen.«
»Danke, daß Sie gekommen sind, Arnold«, sagte Karen. Sie öffnete die Tür, ohne ihn anzusehen. Arnold klappte seinen Schirm auf und trat aus dem Haus. Sie kam sich unhöflich und undankbar vor.
Aber er hatte bei diesem Komplott mitgewirkt. All die Jahre hatte er alles gewußt. Sie sah, wie er zu seinem Wagen ging und einstieg. Gleich würde er von diesem Haus und ihren Sorgen wegfahren. Einen Moment lang wünschte sie sich verzweifelt, an seiner Stelle zu sein, aus dieser unerträglichen Situation fliehen zu können. Doch dann schloß sie die Tür und ging ins Haus zurück.

21

Phyllis Hodges wickelte einen Plastikbecher, der auf dem Toilettentisch des Motels stand, aus und gab Eiswürfel hinein. Dann goß sie Diätsprite darüber und schlürfte das Getränk. Sie machte den Reißverschluß ihres Tweedrocks auf und ließ ihn zu Boden fallen. Dann zog sie ihren Jerseypullover aus und schleuderte ihre Schuhe von den Füßen. Es tat gut, nicht mehr in diesen feuchten Kleidern zu stecken. Die meiste Zeit war sie tagsüber draußen gewesen, erst auf der Beerdigung, danach war sie der Polizei gefolgt, die versuchte, Greg Newhall aufzuspüren. Bisher hatte sie gar nicht gemerkt, wie durchnäßt sie war; die Jagd war zu aufregend gewesen.
Irgendwie war diese Story zu gut, um wahr zu sein. Sofort nach ihrem Schulabschluß hatte sie bei der *Bayland Gazette* angefangen, und dort wollte sie auch bleiben. Für die Berichterstattung für große Tageszeitungen war sie noch zu unerfahren, und obwohl sie es nie zugegeben hätte, hatte sie auch vor großen Städten Angst. Aber sie brauchte etwas, um zu den Top-Reportern zu gehören, und hatte das untrügliche Gefühl, daß dieser Fall der richtige dafür war. Sie liebte Kriminalfälle – wahrscheinlich weil ihr Dad Cop gewesen war –, und in Bayland waren solche Verbrechen äußerst selten. Außerdem glaubte sie, daß die Geschichte etwas mit Amber zu tun hatte. Ihre Story damals über die Tote in dem Naturschutzgebiet hatte für wochenlangen Gesprächsstoff gesorgt. Vor allem der Name, den sie der Ermordeten gegeben hatte, war ein Hit gewesen. Inzwischen war alles im

Sand verlaufen. Es war frustrierend. Doch dies hier war anders. Diese Story konnte wirklich zu etwas führen. Vielleicht konnte sie sogar ein Buch daraus machen. Das wäre das Beste. Ein Buch. Dann wäre sie unabhängig.
Durch diese Zukunftsperspektive beflügelt, goß sich Phyllis noch ein Sprite ein und schaltete die Nachrichten im Fernsehen ein. Dann legte sie sich aufs Bett, um noch etwas von ihrer Zukunft zu träumen. Ein Bestseller oder den Pulitzer-Preis für ihre Artikelserie in der *Gazette*. Sie malte sich aus, wie sie den Preis entgegennehmen würde – und die unverhohlene Bewunderung der Anwesenden für die Reporterin einer so kleinen Zeitung.
Phyllis schloß die Augen. Sie konnte den Applaus geradezu hören, und die Wärme der Bewunderung auf ihrer Haut spüren. Das reicht, schalt sie sich dann. Wenn du weiter auf dem Bett rumliegst, wirst du keine Preise gewinnen. Es ist Zeit, mit der Arbeit anzufangen. Sie setzte sich auf und verfolgte kurz die Nachrichten. Ein Bericht von der Beerdigung wurde gesendet und die Mitteilung, daß Greg Newhall noch immer auf freiem Fuß war. Dann sah sie sich in dem Zimmer um.
Es hatte sie einiges gekostet, Margo davon zu überzeugen, ihr dieses Zimmer zu vermieten. Margo hatte alle möglichen Einwände aus Angst vor der Polizei gemacht. »Dort ist das Verbrechen nicht geschehen«, hatte Phyllis betont, und schließlich hatte Margo eingewilligt, aber ausdrücklich darauf hingewiesen, daß das Zimmer gründlich gereinigt worden sei. Trotzdem hoffte Phyllis, irgendwelche Spuren zu finden.
Phyllis griff nach dem Telefon, wählte die Auskunft und dann ein Pizza-Restaurant, bei dem sie etwas zu essen bestellte. Sie kam sich fast wie im Urlaub vor, eine Nacht in einem Motel ihres Geburtsorts zu verbringen. Dann stellte sie

einen anderen Sender ein, um zu sehen, was fremde Fernsehstationen über den Fall brachten. Sie dachte über Linda Emery nach.

Linda war an dem Abend, an dem sie gestorben war, in diesem Zimmer gewesen, aber sie war nicht hier umgebracht worden. Phyllis versuchte, die Atmosphäre dieses unpersönlichen Zimmers in sich aufzunehmen, nachzuvollziehen, was Linda gedacht und gefühlt haben mochte. Kurz skizzierte sie in Gedanken die Situation – Einzelheiten waren wichtig.

Phyllis setzte ihren kleinen Kassettenrecorder in Gang und formulierte die Einleitung. »Als sich Linda Emery in diesem Motel einmietete, wußte sie nicht, daß Zimmer 173 der letzte Ort sein würde, wo sie schlief. Sie war hierhergekommen, um mit ihrer Vergangenheit abzuschließen, ihr Kind wiederzusehen, das sie nach der Geburt zur Adoption freigegeben hatte, und den Mann zu treffen, der der Vater ihres Kindes war. Sie konnte nicht wissen, daß sie wenig später gewaltsam zu Tode kommen würde.«

Während des Diktats ging Phyllis ins Badezimmer und suchte nach irgend etwas, was die Polizei übersehen haben könnte.

»Was dachte die junge Frau?« Phyllis kam aus dem Bad und legte den Recorder auf den Toilettentisch. Sie bückte sich und öffnete die Schubladen. Leer. »Was fühlte sie, als sie auf ihren ehemaligen Geliebten, Gregory Newhall, wartete?« Phyllis fuhr mit der Hand in den leeren Raum dahinter. Wieder nichts. »Bereitete sie sich darauf vor, ihre Handlungsweise zu erklären? Oder vielleicht ...« Phyllis machte eine dramatische Pause. »... hoffte sie, die vor vielen Jahren begonnene Romanze wiederbeleben zu können?«

Der Schrank, dachte sie. Im Schrank könnte etwas sein. Sie drehte sich abrupt um, ging hin und öffnete die Tür. Und

stand direkt vor einem Mann, der sich dort in der Dunkelheit versteckt hatte.
Phyllis stieß einen Schrei aus. Der Mann drehte sich um und sprang durch die Tür. Phyllis konnte in das nächste, im Dämmerlicht liegende Zimmer sehen. »Du Hurensohn!« schrie sie, vergaß ihre mangelhafte Bekleidung, und rannte hinter ihm her.

22

Karen wärmte eine Dosensuppe und stellte zwei Schalen auf den Tisch, dazu Muffins. Morgen mußte sie Lebensmittel kaufen. Sie hatte keine Vorräte mehr. Sie fürchtete sich vor der Öffentlichkeit, fürchtete sich davor, den Einkaufswagen durch die Gänge des Supermarkts zu schieben. Aber es führte kein Weg daran vorbei.
Jenny und Karen aßen schweigend. Plötzlich sagte Jenny: »Ich möchte heute abend in die Schule gehen. Fährst du mich hin?«
Karen runzelte die Stirn. »Warum?«
»Es ist Dienstag, Mom. Ich habe Chorprobe. Wie jeden Donnerstag«, sagte sie mit übertriebener Geduld. »Ich darf zur Abschlußfeier nicht singen, wenn ich heute nicht zur Probe gehe.«
Karen stand auf und ging zum Kühlschrank. Sie nahm den Krug mit Eistee und goß sich noch ein Glas ein, um Zeit zu gewinnen. Ihr war, als würde Jenny sie testen, und sie geriet in Panik.
»Du bist doch heute auch nicht zur Schule gegangen«, protestierte Karen.
»Wegen der Beerdigung.«
»Wenn du nicht im Unterricht warst, brauchst du auch nicht zur Probe zu gehen.«
»Du hast mir gesagt, daß ich nicht zur Schule gehen soll. Und nicht zur Beerdigung.«
»Um dich zu schützen.«
»Wahrscheinlich ist das richtig«, gab Jenny zu. »Aber diese

Probe darf ich nicht versäumen. Ich habe meinen Musiklehrer angerufen. Er sagte, ich solle kommen. Außerdem *gehe* ich morgen zur Schule«, fügte sie eigensinnig hinzu.
Da wußte Karen, daß sie ihre Angst überwinden mußte. »Schau mal, wenn du dorthin gehst, werden die Leute dich anstarren und hinter deinem Rücken über dich reden.«
»Das weiß ich. Aber Dad hat gesagt, wir sollen die Leute ignorieren und ...«
»Wäre dein Vater nicht«, sagte Karen bissig, »bräuchten wir uns nicht zu schämen. Dann würden die Leute nicht über uns reden.«
»Ich schäme mich nicht für meinen Vater«, sagte Jenny tapfer.
»Das ist ja wunderbar«, entgegnete Karen sarkastisch. »Ich freue mich für dich.«
Jenny stand auf und ließ ihre Schale klirrend ins Spülbecken fallen. »Du bist nur feige und schiebst es ihm in die Schuhe. Ich verstecke mich nicht zu Hause, weil ich Angst vor dem Gerede der Leute habe. Das kann doch noch lange dauern. Dann muß ich mich eben daran gewöhnen. Den ganzen Tag habe ich darüber nachgedacht und jetzt eine Entscheidung getroffen. Vielleicht hast du Angst, aber ich nicht. Fährst du mich jetzt oder nicht?«
Karen war so müde, daß sie am liebsten aufgestanden und ins Bett gegangen wäre. Doch gleichzeitig erstaunte sie Jennys Verhalten. Sie hatte erwartet, ihre Tochter am Boden zerstört zu sehen, doch Jenny schien eine innere Stärke zu besitzen, die ihr fehlte. Jennys Vorwürfe waren gerechtfertigt. Sie war feige. Sie konnte die Feigheit als Knoten in ihrem Magen spüren. Und wenn ein Kind dieser Situation mutig gegenübertrat, hatte die Mutter dann noch eine andere Wahl?
»Wenn es dir so wichtig ist«, sagte Karen.

»Monatelang haben wir geprobt. Ich will bei diesem Konzert mitsingen.«

Karen seufzte und schob ihre Schale weg. »Okay«, sagte sie. »Ich fahre dich.«

Dann kämmte sie sich und legte etwas Make-up auf. Dieses Mal war Jenny vor ihrer Mutter fertig. Sie wartete bereits ungeduldig im Flur. Während der Fahrt zur Schule war sich Karen schmerzhaft bewußt, daß ihnen ein Zivilfahrzeug der Polizei folgte. Das machte sie ganz krank, sie kam sich wie beschmutzt vor, als wäre sie jemand, der unerwünscht ist und deshalb überwacht wird.

Sie parkte das Auto, und Jenny sagte: »Soll ich dich anrufen, wenn wir fertig sind?«

Normalerweise wartete Karen während der Proben auf ihre Tochter. Der Weg hin und zurück war ziemlich lang, außerdem war es angenehmer zu warten. Viele Eltern warteten; sie lasen oder strickten in der Aula, und mit dem Chorgesang verging die Zeit schnell. Heute abend wollte Karen die Schule nicht betreten. Aber da Jenny so viel Mut zeigte, konnte sie nicht anders, als ihr Kind zu begleiten. »Nein, ich warte auf dich.«

Die Neonröhren in der Eingangshalle verliehen ihren Gesichtern ein kränkliches Aussehen. Ihre Schritte hallten in den Gängen wider. Ein Junge, der gerade die Aula betreten wollte, drehte sich um und starrte Jenny überrascht an. Hinter ihnen folgte in einiger Entfernung Ted Ackerman, ein Polizist.

»Hallo, Dave«, sagte Jenny mutig.

»Hallo, Jenny«, sagte der Junge. Er hielt die Tür für Jenny und Karen auf und musterte die beiden neugierig, als sie die schwach beleuchtete Aula betraten. Ihm folgte der stämmige Cop. Ein paar Schüler standen schon auf der Bühne.

»Ich setze mich hier hin«, sagte Karen und deutete auf einen

Stuhl in den hinteren Reihen. Jenny nickte und ging den langen Gang entlang nach vorn.

Das Geplauder und Lachen der Chormitglieder hörte auf, als Jenny näher kam, doch sie grüßte unbeirrt ihre Mitschüler und Mitschülerinnen, ein starres Lächeln im Gesicht. Ein paar Kids erwiderten ihren Gruß, und dann erhob sich in dem großen Saal ein aufgeregtes Stimmengewirr.

Eltern, die verstreut überall saßen, drehten sich auf ihren Plätzen um und sahen Karen an. Aus den Augenwinkeln konnte sie Ted Ackerman vor der großen Doppeltür stehen sehen. Am liebsten hätte sie geschrien: Hört auf, mich anzustarren. Was erwartet ihr denn zu sehen? Aber das konnte sie Jenny nicht antun. Statt dessen rutschte sie unruhig auf ihrem Stuhl herum und mied die Blicke der anderen.

Da kam der Musiklehrer herbeigeeilt, in der Hand schwenkte er Noten. »Stellt euch bitte auf.«

Das Dröhnen Dutzender Paar Schuhe übertönte das Stimmengewirr, als die Schüler ihre Plätze einnahmen. Karen zwang sich, möglichst entspannt dazusitzen, während die Leute ihre Aufmerksamkeit wieder auf die Bühne richteten. Der Musiklehrer gab dem Pianisten ein Zeichen, und die hellen, jungen Stimmen erfüllten mit ihrem Gesang den Raum. Die Reinheit dieser Stimmen schien auszudrücken, daß ihre Herzen noch unschuldig waren und sie noch an etwas glaubten, wie alle Kinder, ehe ihnen das Leben ihre Illusionen raubte. Karen beobachtete das Gesicht ihrer Tochter, sah, wie konzentriert Jenny den Anweisungen des Dirigenten folgte und ihr Bestes gab. Trotz aller dieser Häßlichkeiten des Lebens, die sie in so kurzer Zeit kennengelernt hatte, war Jenny nicht zynisch geworden.

Nach einer halben Stunde Probe hatte Karen das Gefühl, daß ihre Anwesenheit akzeptiert wurde und sie, ohne Aufsehen zu erregen, die Aula verlassen könnte. Sie ging zur Tür. Sofort folgte ihr Officer Ackerman.

»Ich gehe auf die Toilette«, sagte sie wütend.

Ted Ackerman, der selbst noch ein halbes Kind war, begleitete sie steif bis in die Halle und öffnete die Toilettentür. Dann rief er in den Raum: »Ist jemand da drin?«, ging hinein und überprüfte die Örtlichkeiten flüchtig. Als Karen in den Raum ging, trat er zur Seite und ging dann wieder in die Aula. Karen fühlte sich gedemütigt.

Sie warf einen prüfenden Blick in den Spiegel, als sie sich die Hände wusch, und fühlte sich beim Anblick ihres Gesichts besiegt: schwarze Ringe um die Augen, ein lebloser Ausdruck. Das Rouge auf ihren Wangen wirkte wie die Schminke eines Clowns. Ich habe es fast geschafft, dachte sie, die Tortur heute abend. Aber morgen würde wieder ein Tag zum Fürchten sein.

Sie warf das Papierhandtuch in den Abfallkorb, öffnete die Tür zum Gang und ging zurück durch die leere Halle zur Aula. Als sie am Klassenzimmer Nummer drei und einen Gang von der Aula entfernt vorbeikam, hörte sie, wie eine Tür hinter ihr geöffnet wurde. Sie wollte sich gerade umdrehen, als jemand sie von hinten packte und ihr die Hand über den Mund legte, damit sie nicht schreien konnte.

23

Ich bin's«, flüsterte eine vertraute Stimme, als sie in eines der dunklen Klassenzimmer gezerrt wurde. Sie stieß gegen einen Tisch, als er die Tür schloß.
Nur das Mondlicht beleuchtete schwach die Tische, Stühle und die Tafel. Karen starrte in das abgezehrte Gesicht und die verstörten Augen ihres Mannes.
Sofort war sie unendlich erleichtert. Mit einem Stöhnen ließ sie sich gegen ihn sinken, und er schlang seine Arme um sie. Sie preßte ihr Gesicht an seine Brust. Ihre Finger umklammerten ihn wie eine Ertrinkende. Sie hörte sein Herz wild schlagen.
Du lebst, dachte sie. Ich kann weiterleben. Noch gibt es Hoffnung. Nicht einmal sich selbst hatte sie eingestanden, wieviel Angst sie um ihn gehabt hatte. Das Gefühl, wieder seine Arme zu spüren, war das Tröstlichste, das sie jemals empfunden hatte.
Und nach einem Moment unendlicher Erleichterung wurde sie wütend.
Sie riß sich von ihm los; alles, alles, was geschehen war, wurde ihr plötzlich wieder bewußt. »Laß mich los!« befahl sie
»Bitte, schrei doch nicht.«
»Nimm deine Hände von mir!«
Abrupt ließ auch er sie los und stand mit weit ausgebreiteten Armen da.
»Bitte«, flüsterte er. »Bitte, hör mir zu.«

Ihre Arme waren heiß an den Stellen, wo er sie angefaßt hatte. In ihr tobten unbändige Wut und eine Verwirrung, die sie nicht bändigen konnte.
»Du Bastard!« Sie wußte nicht, wo sie anfangen sollte. Was für ein Verrat! Ihr war, als ertränke sie in ihrer Wut. »Mein Gott, wie ich dich hasse!«
Greg zuckte mit keiner Wimper. Er sah sie unverwandt an, seine dunklen Augen leuchteten im Mondlicht wie Onyx. Verzweifelte Resignation war in seinem Gesicht zu lesen. Unbewußt erwartete sie von ihm eine Entschuldigung, deshalb waren seine nächsten Worte für sie wie ein Schlag ins Gesicht. »Karen«, sagte er, »für Entschuldigungen habe ich keine Zeit. Ich habe nicht einmal Zeit, irgend etwas zu fühlen. In ein paar Minuten wird dieser Cop nach dir suchen. Du mußt mir jetzt zuhören.«
Seine Kühnheit verblüffte sie.
Da er ihre Aufmerksamkeit gewonnen hatte, sprach er schnell weiter. »Wir können jetzt nicht über Jenny reden oder was damals geschehen ist.«
»Wie kannst du es wagen ...«
»Ich habe Linda nicht getötet«, unterbrach er sie. »Ich muß dir sagen, was jetzt geschieht, deshalb hör mir gut zu. Jemand hat mir das angehängt. Jemand, der über mich und Linda Bescheid weiß. Ich war an jenem Abend in ihrem Zimmer und bat sie, unser Geheimnis zu bewahren. Und sie war damit einverstanden. Ich fragte sie, ob sie Geld wolle, und sie entgegnete, daß sie nicht vorhabe, mich zu erpressen. Sie sagte mir auch, daß Jenny ein hübsches Mädchen sei und wir sie gut erzogen hätten und daß sie damals die richtige Entscheidung getroffen habe.«
»Das ist ja phantastisch!« sagte Karen. »Jenny und ich waren nichts als Schachfiguren, die du und Linda beliebig auf dem Brett rumschieben konntet. Und sie machte den richtigen

Zug. Wunderbar! Dafür ... dafür muß ich wohl dankbar sein, wie?«
»Ich sagte, daß ich darüber jetzt nicht reden kann. Und ich will es auch nicht«, sagte er so wütend und drängend, daß sie schwieg.
»Karen«, sagte Greg und sah seiner Frau in die Augen. »Ich weiß, daß du mir eine Menge zu sagen hast und das aus gutem Grund. Wenn ich an deiner Stelle wäre ... ich weiß nicht ... ich glaube, ich könnte mich umbringen.«
»Du brauchst mir meine Gefühle nicht vorzubeten. Was tust du hier eigentlich?«
»Jenny hat Chorprobe. Ich hoffte, daß du kommen würdest.«
»Das meine ich nicht.«
»Ich brauche deine Hilfe.«
Karen sah ihn fassungslos an. »Ich kann dir nicht helfen.«
»Du bist die einzige, die das kann. Du bist der einzige Freund, den ich habe.«
Nein, dachte sie. Kein Freund hätte getan, was du getan hast.
»Greg, wenn dir noch etwas an mir liegt, stellst du dich, damit wir nicht Tag und Nacht überwacht werden. Das geschieht nur deinetwegen. Hör auf, uns zu quälen.«
»Karen«, sagte er, »irgend jemand hat diesen verfluchten Schlüssel in meinem Wagen versteckt, damit die Polizei ihn findet und mich beschuldigen kann. Ich muß herausfinden, wer das war, sonst habe ich keine Chance. Du selbst hast doch gesagt, daß hinter Lindas Besuch hier mehr steckt, als auf den ersten Blick zu vermuten war. Damit hattest du recht. Ich habe sie gefragt, warum sie zurückgekommen sei. Um eine alte Rechnung zu begleichen, sagte sie. Als ich bei ihr war, rief jemand an, und sie vereinbarte mit diesem Anrufer ein Treffen in einer Bar am selben Abend. Und an diesem Abend wurde sie ermordet. Sie nannte den Namen

dieser Bar. Und als sie auflegte, sagte sie: ›Wenn man vom Teufel spricht ...‹ Das war alles. Ich weiß nicht, mit wem sie telefonierte, es ging mich nichts an. Mir war nur wichtig, daß sie nicht meine Familie zerstörte.«

Karen sah ihren Mann kalt an, so als wäre es ihr egal, was aus ihm würde. Aber das stimmte nicht. »Sag das den Cops, die finden dann den Typ.«

»Glaubst du denn, daß mir noch jemand nach all diesen Lügen glaubt?«

Karen gab einen erstickten Laut von sich, irgend etwas zwischen Lachen und Weinen. »Nein«, sagte sie. »Und wenn ich jetzt nicht zurückgehe, taucht dieser Polizist hier auf.«

»Karen«, flehte er, »bitte, warte. Ich muß herausfinden, wer die Person war, die sie in jener Nacht getroffen hat. Aber dazu brauche ich das Foto von Linda, das in Jennys Spiegel steckt. Es ist eine erst kürzlich gemachte Aufnahme. Das Foto in der Zeitung war alt und sah ihr überhaupt nicht ähnlich. Ich brauche einen Zeugen, der sie in jener Nacht gesehen hat.«

»Das ist verrückt«, sagte Karen. »Sie werden dich fassen.«

»Ich muß es versuchen.«

»Du willst also Jenny durch dein ungesetzliches Handeln in Schwierigkeiten bringen? Wie es jetzt aussieht, wird sie wahrscheinlich die Hälfte ihres Lebens auf der Couch eines Psychiaters verbringen, um nach all den Lügen, die du ihr erzählt hast, wieder normal zu werden.«

»Haßt sie mich?« fragte Greg gequält.

Karen zögerte, schüttelte dann aber den Kopf. »Nein«, antwortete sie wahrheitsgemäß. »Was erstaunlich genug ist. Sie wird mit alldem unglaublich gut fertig. Sie ist stark.«

Gregs Augen leuchteten. »Was für ein Mädchen!« sagte er stolz.

Karen wandte sich von ihm ab. Ihr Mann. Ihr Gefährte. Er

sah krank und erschöpft aus. Gegen ihren Willen drängte es sie, ihn in die Arme zu nehmen und zu trösten. Sie kämpfte die Versuchung nieder. Ich muß verrückt sein, dachte sie. Schließlich sagte sie sanft: »Warum hängst du noch hier rum? Warum haust du nicht ab? Sonst erwischen sie dich. Und wenn du dich nicht stellen willst, warum gehst du dann nicht weg von hier? So weit wie möglich. Geh nach Kanada. Wo versteckst du dich überhaupt? Hast du etwas zu essen? Oder ein Dach über dem Kopf?«
»Ich bin immer in Bewegung. Und weggehen kann ich nicht. Alles, was mein Leben lebenswert macht, ist hier. Ich will nur meine Unschuld beweisen. Deshalb brauche ich das Foto.«
Karens Gesichtsausdruck wurde hart.
»Wenn du mir das Foto besorgen willst, leg es in unser Versteck im Aussichtsturm. Ich schaue jeden Tag nach.«
Er ging zum Fenster und stellte einen Fuß aufs Fensterbrett.
»Ich liebe dich«, sagte er.
Sie hörte, wie er draußen auf den Boden sprang. Sie drehte sich nicht um, öffnete die Klassenzimmertür und ging zur Aula zurück. Kurz vor der Tür wäre sie fast mit Officer Ackerman zusammengestoßen, der gerade um eine Ecke bog.
»Wo waren Sie?« fragte er.
»In der Toilette«, zischte sie.
»Das habe ich überprüft, als Sie nicht wiederkamen.«
»Es gab dort keine Papierhandtücher mehr«, sagte sie ungerührt. »Deshalb bin ich in eine andere gegangen.« Sie war überrascht, wie leicht ihr die Lüge über die Lippen kam.
Der junge Cop wurde rot.
»Entschuldigen Sie«, sagte Karen eisig. »Darf ich mich wieder auf meinen Platz setzen?«
Officer Ackerman ließ sie vorbei. Mit weichen Knien ging

Karen zu ihrem Stuhl und ließ sich darauf sinken. Ihre Gedanken rasten. Sie haßte sich, weil sie Greg schützte. Sie hätte schreien und nach dem Cop rufen sollen. Es war Wahnsinn, Greg auch nur anzuhören. Jenny durfte auf keinen Fall erfahren, daß sie ihn getroffen hatte. Das mußte sie ihr verschweigen und sich ganz normal benehmen. Sie fragte sich, wie sie diese Nacht schlafen sollte. Wahrscheinlich würde sie überhaupt nicht schlafen können.

Valerie McHugh, in Leggings und T-Shirt, marschierte hinter ihrer stämmigen Mutter, die einen Trainingsanzug anhatte, ins Revier. Beide Frauen rauchten. Ida Pence schüttelte ihr graues, zotteliges Haupt und kramte in ihrer Handtasche nach den Papieren vom Gericht, dann gab sie dem diensthabenden Beamten die Quittung, auf der stand, daß die Kaution für Edward McHugh bezahlt worden war.
»Ich kann einfach nicht begreifen, daß du den Typ zurückhaben willst«, sagte Ida zu ihrer Tochter. »Er macht nichts als Ärger. Hat nie was getaugt und wird nie was taugen.«
»Wohin soll er denn sonst gehen, Ma?« wimmerte Valerie. »Außerdem lieben ihn die Kids.«
»Eine Sekunde«, sagte der Officer, prüfte das Papier und verschwand hinter einer Tür, wo die Gefängniszellen und die Verhörräume lagen.
»Er lebt ja nicht mal mehr zu Hause«, protestierte Ida. »Ich weiß nicht, warum ich dir helfe. Ich sollte ihn einfach hier verrotten lassen.«
»Jetzt wird er wieder zu Hause leben«, sagte Valerie mit grimmiger Zufriedenheit.
Ida verdrehte die Augen. »Ein tolles Geschäft. Da kriege ich wenigstens was für mein Geld«, sagte sie sarkastisch.
»Das Geld zahlen wir dir zurück, Ma. Ich schwöre es.«
»Ja, ja. Aber nicht in diesem Leben«, sagte Ida.

Phyllis Hodges, die auf einer harten Bank wartete, seit Eddie festgenommen worden war, beobachtete die Frauen ohne großes Interesse. Sie wußte nicht, daß der Mann, über den die beiden sprachen, ihr Spanner war – der Motelangestellte, der nun in dem Mordfall Linda Emery Phyllis' Hauptverdächtiger war. Walter Ference hatte versprochen, mit ihr nach der Vernehmung Eddies zu reden, und seitdem hatte sie geduldig gewartet. Als nun der Diensthabende mit Edward McHugh im Schlepptau erschien, fiel ihr der Kiefer runter. Nach den beiden Männern betrat Detective Ference den Raum.

Phyllis sprang wie von der Tarantel gestochen auf und rief protestierend: »Warum lassen Sie ihn frei? Dieser Mann steht unter Mordverdacht.«

Valerie, Ida und Eddie, alle drehten sich nach ihr um und starrten sie an. Doch Eddie wandte schnell sein käsiges Gesicht ab. Ida musterte Phyllis mit leidender Miene. »Die da hat er sich angeschaut?« sagte sie hämisch. Valerie sah dämlich aus.

»Und merk dir eins, Eddie«, sagte Walter. »Bleib in der Stadt. Wir brauchen noch deine Zeugenaussage.«

Eddie starrte zu Boden und nickte. »Ich weiß«, sagte er.

»Das ist empörend«, sagte Phyllis.

»Beeilt euch«, sagte Ida. »Mein Auto steht vor einem Hydranten, und ich will keinen Strafzettel kassieren.« Valerie wollte sich bei Eddie unterhaken, doch er schüttelte ihren Arm ab. Dann marschierten die drei, in eine mächtige Rauchwolke gehüllt, aus der Tür.

Walter ging zu Phyllis, setzte sich auf die Bank und bedeutete ihr, sich neben ihn zu setzen.

»Ich will mich nicht setzen«, sagte Phyllis wie ein quengeliges Kind. »Ich will nur, daß Gerechtigkeit geübt wird. Dieser Mann hatte zu Linda Emerys Zimmer Zutritt und hat sie

wahrscheinlich auch heimlich beobachtet. Es ist gut möglich, daß er die Situation nicht mehr kontrollieren konnte und gewalttätig geworden ist. Ein Unschuldiger könnte seinetwegen dieses Verbrechens beschuldigt werden.«
»Phyllis«, sagte Walter geduldig, »überleg doch mal. Erst hieltest du Mr. Newhall für den Täter, und jetzt soll es Mr. McHugh gewesen sein.«
»Hör auf mit diesem gönnerhaften Ton, Walter«, sagte Phyllis warnend. »Ich bin nicht mehr Sam Hodges' kleines Mädchen.«
»Das weiß ich.«
»Du mußt doch zugeben, daß dieser kleine Perverse sie heimlich angestarrt hat.«
Walter sah sich in dem fast leeren Raum um. »Setz dich«, wiederholte er. »Dann erzähle ich dir was Inoffizielles.«
Sofort hockte sich Phyllis auf die Bank. Sie schloß einen Handel mit sich selbst ab. Wenn ich es nicht in meinem Zeitungsartikel schreibe, veröffentliche ich es im Buch. »Was?« fragte sie.
»Der kleine Scheißer hat sie heimlich beobachtet, ja. Und er hat Newhall in dem Zimmer gesehen.«
Das war ganz gut, eine Bestätigung ihres Reporterinstinkts, aber noch nicht genug, um sie zufriedenzustellen. Sie verschränkte ihre Arme vor der Brust. »Newhall hat doch zugegeben, daß er da war. Das ist nichts Neues.«
»Ja, aber er behauptet, ihr nichts getan zu haben.«
Plötzlich erwachte Phyllis' Interesse. »Dann hat McHugh also gesehen, wie Newhall sie schlug, oder was auch immer? Woher weißt du, ob er die Wahrheit sagt. Vielleicht sagt er nur, was du hören willst?«
Walter stand auf. »Drücken wir es einmal so aus: Mr. McHugh kann eine Zeugenaussage machen, die hieb- und stichfest ist. Gegen Newhall.«

»Halt mich auf dem laufenden, Walter.«
»Wir sehen uns im Gerichtssaal wieder«, sagte Walter mit einem kleinen Lächeln. »Das heißt, wenn wir Newhall gefaßt haben.«
Phyllis' Gedanken rasten. Ein Zeuge. Ein Spanner, der das Verbrechen gesehen hatte. Das war zu schön, um wahr zu sein. Das konnte nicht warten, bis sie ihr Buch schrieb. Irgendwie mußte sie einen Dreh finden, diese Information in ihrem Zeitungsartikel unterzubringen, ohne es ausdrücklich zu sagen. Es kommt immer darauf an, wie man etwas formuliert, dachte sie. Sie beschloß, nach Hause zu gehen und ihre Katzen zu füttern. Vielleicht kam ihr dann ein genialer Einfall.

24

Die Kellnerin klatschte einen Teller mit zwei Spiegeleiern, Toast und Kaffee auf das Set vor Bill Emery. Bill starrte auf Phyllis Hodges' Artikel in der Morgenzeitung und schien das Essen nicht zu bemerken.
»War's das?« fragte sie. »Hallo, Buddy!«
Bill sah sie verwirrt an.
»Wollen Sie noch was?« fragte sie.
Bill sah sich in der Sitzgruppe um, als hätte er irgend etwas verloren. »Ich erwarte noch jemanden«, murmelte er.
»Rufen Sie mich, wenn Ihr Freund kommt«, sagte sie und ging zum nächsten Gast.
»Ja«, sagte Bill und las weiter.
Nach ein paar Minuten setzte sich eine schlanke junge Frau zu ihm. Sie hatte eine Sonnenbrille auf und ihr goldblondes Haar zu einem Pferdeschwanz gebunden. Sie sah sich schuldbewußt in dem Lokal um, wie eine Spionin, die sich mit einer Kontaktperson trifft. Bill musterte ihr hübsches Gesicht emotionslos und fragte: »Möchtest du etwas bestellen?«
Sie schüttelte den Kopf. »Ich bin so durcheinander, daß ich nicht essen kann.«
Bill nickte nur.
»Wie ich sehe, liest du den Artikel«, sagte sie. »Über den Typ, der deine Schwester im Motel heimlich beobachtet hat. Das klingt so, als hätte er auch den Mörder gesehen.«
»Mir kommt es so vor, als würde diese Hodges nur irgendwelche Storys erfinden.«

»Das glaube ich nicht«, sagte das Mädchen. »Ich glaube, daß sie etwas weiß.«
Bill fuhr sich übers Gesicht. »Christine, über was willst du mit mir reden?«
»Sprich nicht in diesem Ton mit mir, Bill. Ich bin verärgert, und das zu Recht.« Sie nahm ihre Sonnenbrille ab. Ihre blauen Augen waren rot und verschwollen. »Ich habe seit Tagen weder gegessen noch geschlafen.«
»Bist du deshalb nicht zur Arbeit gekommen?« fragte er.
»Als ich anrief, hat mich deine Mutter zum Teufel geschickt. Ich hoffe, du hast dich nicht meinetwegen an ihrer Schulter ausgeweint.«
»Ich bin nicht zur Arbeit gekommen, weil ich dich nicht sehen wollte«, wies sie ihn zurecht. »Und natürlich habe ich meiner Mutter nichts gesagt. Sie würde sich meinetwegen schämen.«
Bill nahm seine Gabel und zerstach das Eigelb. Es rann über seinen Teller. Vor drei Monaten hatte er Christine Bishop als Verkäuferin eingestellt und fast am ersten Tag, als sie mit ihrer Arbeit begonnen hatte, eine Affäre mit ihr angefangen.
»Willst du mit mir darüber reden?« fragte er.
»Es ist nicht richtig, Bill«, sagte sie. »Ich wußte es von Anfang an, daß es falsch war, aber hier geht es um etwas Schwerwiegendes. Die Polizei anzulügen ...« Wieder sah sie sich nervös in dem Lokal um.
»Sprich leiser ...« sagte er.
Sie sahen sich um.
Christine senkte den Kopf und flüsterte fast: »Wenn meine Eltern jemals erfahren, was ich getan habe ...«
»Sie erfahren es nur, falls du es ihnen sagst.«
Sie zog eine Papierserviette aus dem Spender und betupfte sich die Augen. Dann zerriß sie die Serviette. »Warum, um

Himmels willen, mußte ich dich in dem Motel treffen, in dem deine Schwester abgestiegen ist?«
»Ich wußte nicht, daß sie dort war. Es war ein Fehler.«
»Die ganze Geschichte ist ein Fehler«, sagte Christine ruhig.
Dann saßen sie schweigend da. Schließlich sagte Bill: »Schau mal, das alles tut mir schrecklich leid. Ich wollte dich nie in so etwas hineinziehen. Am besten halten wir den Mund und warten, bis sich der Wirbel gelegt hat.«
»Bill, ich habe ernsthaft nachgedacht.«
»Worüber?« fragte er mit schmalen Augen.
»Über uns.«
Innerlich schrak Bill vor dem Wort zurück. Warum wollten Frauen immer ein »uns«, ein »wir« haben? In seinem Kopf gab es kein »wir«. Sogar mit Glenda, mit der das »wir« vor dem Standesamt besiegelt worden war, hatte er das nie so empfunden. Bei keiner Frau hatte er das jemals empfunden. Dann kam ihm ein seltsamer Gedanke. Vielleicht hatte er, vor langer, langer Zeit, als Linda und er noch Kinder waren ...
»Bill«, sagte Christine schrill. »Hörst du mir eigentlich zu?«
»Ja«, sagte er. »Was ist mit uns?«
»Ich glaube, es ist am besten, wenn wir uns nicht mehr sehen.«
Bill sah Christine argwöhnisch an. »Das wird wohl ziemlich schwierig sein«, sagte er. »Wir sehen uns doch jeden Tag. Wir können unsere Gefühle doch nicht unterdrücken ...«
»Darüber habe ich ebenfalls nachgedacht«, sagte Christine. »Es ist wohl am besten, wenn ich mir einen neuen Job suche.«
Bill runzelte die Stirn. »Hör mir zu, Christine. Ich mache dir keine Vorwürfe, daß du böse auf mich bist, aber ...«
Christine wischte sich ein paar Tränen aus dem Gesicht. »Nein ... darum geht es nicht. Ich glaube, diese Geschichte

mit der Polizei wurde von Gott gesandt. Er will mir damit sagen, daß ich Unrecht tue. Ich wußte, daß ich nicht mit einem verheirateten Mann schlafen sollte. Gott hat mir eine Warnung geschickt ... damit ich aufhöre. Damit ich wieder den rechten Weg gehe.«

Bill preßte seine Fingerspitzen zusammen, bis sie weiß waren. »Überlegst du ... hast du das Gefühl, daß du der Polizei erzählen mußt ... du weißt schon ... daß wir da im Motel zusammen waren?«

Christine sah ihn erstaunt an. »Glaubst du denn, ich will publik machen, daß ich mit einem verheirateten Mann eine Affäre habe?«

»Nein, natürlich nicht.«

»Außerdem hast du deine Schwester ja nicht getötet. Also ist es völlig egal, ob wir da waren oder nicht.«

»Genau«, sagte Bill.

»Du gibst mir doch ein Zeugnis, oder?« fragte sie.

»Wie?«

»Ja, ein Zeugnis. Für meinen neuen Job.«

»Das beste«, sagte er schnell. »Du schreibst es, und ich unterschreibe.«

Sie sah ihn empört an. »Das ist nicht fair. Nach alldem bist du zu faul, mir ein Zeugnis zu schreiben?«

»Ich habe nur so dahergeredet«, sagte er beschwichtigend. »Du kannst dir kein besseres Zeugnis träumen, als das, was ich dir schreiben werde.«

Christine lehnte sich erleichtert zurück. »Okay«, sagte sie und türmte die Papierfetzen zu einem Häufchen auf.

Bill atmete langsam aus. »Okay«, sagte er.

25

Irgendwie hatte Karen den Tag hinter sich gebracht. Das Treffen mit Greg hatte sie Jenny verschwiegen.
Durch den Supermarkt war sie wie ein Zombie gegangen, ohne zu merken, was um sie herum vor sich ging. Und dann hatte sie nicht gewußt, was sie tun sollte, bis Jenny von der Schule nach Hause gekommen war und sich in ihr Zimmer zurückgezogen hatte.
Nun stand sie vor Jennys verschlossener Tür und hörte die Spieldose *Beautiful Dreamer* spielen. Sie wußte noch immer nicht, was sie sagen sollte, als sie leise klopfte. »Darf ich reinkommen?«
Die Musik hörte abrupt auf, und kurz darauf sagte Jenny: »Komm rein, Mom.«
Karen stieß die Tür auf und sah, wie Jenny ihre Spieldose auf die Kommode zurückstellte.
»Das ist eine hübsche Melodie, nicht wahr?« sagte Karen freundlich.
»Ja, schon.« Jenny setzte sich auf ihr Bett und blätterte in einem Notizbuch.
Karen zögerte und setzte sich dann zu ihrer Tochter. »Wie war's in der Schule?«
Jenny sagte achselzuckend: »Ach, ganz gut.«
»Hat dich jemand dumm angeredet?«
»Die meisten waren nett zu mir.«
»Das ist schön«, sagte Karen. »Wie geht's Peggy?«
Jenny strich eine Haarsträhne aus ihrem Gesicht. »Peggy ist

toll«, sagte sie bestimmt. »Sie ist die beste Freundin, die ich je hatte.«

»Das freut mich wirklich«, sagte Karen.

Jenny sah ihre Mutter aus den Augenwinkeln an. »Ich dachte, du wärst Peggy böse?« sagte sie.

Karen sah ihre Tochter überrascht an. »Warum sollte ich Peggy böse sein?«

»Na, du weißt schon. Wegen dem Muttertag.«

Karen seufzte. »Ich habe in den vergangenen Tagen viel nachgedacht, Liebling ...« Ihr gefiel nicht, wie sie redete, deshalb änderte sie ihre Taktik. »Ich bin wirklich froh, daß Peggy trotz alledem zu dir hält.«

»Das tut sie.«

Es herrschte ein kurzes Schweigen, dann sagte Jenny: »Weißt du, ich wollte dir das schon lange erzählen. Das, was am Muttertag passiert ist.«

»Ja?«

»Es gab gute Gründe, warum ich nicht ins Restaurant gekommen bin.«

»Das habe ich mir gedacht.« Karen wollte nicht darüber sprechen; sie wollte nicht daran erinnert werden, wie verletzt sie gewesen war. Sie brauchte ihre ganze Kraft, um mit der gegenwärtigen Situation fertig zu werden.

»Nein, wirklich. Du mußt wissen, daß Peggys Mutter vor zwei Jahren gestorben ist. Damals kannte ich sie noch gar nicht.«

»Oh, das tut mir leid. Das wußte ich nicht.«

»Ja. Und ihr Vater hat dann gleich wieder so eine Frau aus seinem Büro geheiratet.«

»Du sagtest mir, daß sie eine Stiefmutter hat.«

»Peggy kann sie nicht leiden. Jedenfalls ging es ihr sehr schlecht, weil Muttertag war und sie an ihre sterbende Mutter dachte und wie sie sie vermißte und alles das. Und ich konnte richtig sehen, wie schlecht es ihr ging. Ich hätte genauso empfunden, wenn ich sie gewesen wäre, und deshalb habe ich gesagt: ›Gehen wir doch ins Kino.‹ Ich wollte sie nicht allein lassen, in dem Zustand.«

Karen wurde das Herz leicht. Sie blühte wie eine verdurstende Pflanze auf, die endlich gegossen wird. »Das kann ich gut verstehen«, sagte sie ernst.

»Ich wollte dir nicht weh tun, Mom. Aber du hast mir ja keine Gelegenheit gegeben, das zu erklären.«

Eine so einfache Erklärung, die einen so großen Schmerz linderte. »Meine Gefühle waren verletzt«, sagte Karen aufrichtig. »Ich habe geglaubt, daß du nicht kommen wolltest. Daß dir nichts daran lag.«

»Nein. Es war nur so, daß mich Peggy mehr gebraucht hat.«

Karen lächelte. »Du hast sicher richtig gehandelt.«

»Ich hätte Linda auch nicht dein Geschenk geben dürfen. Ich glaube, ich war böse, weil ihr alle auf mir rumgetrampelt seid, und da wollte ich etwas Gutes tun. Und dann hatte ich auch das Gefühl, daß du dich nicht mehr so um mich kümmerst. Du weißt schon, als du schwanger warst und dann das Kind verloren hast ...«

»Ach, Jenny. Ich wollte dich nicht verletzen. Du bist am allerwichtigsten auf der Welt für mich.«

Jenny sah überrascht, aber auch sehr erleichtert aus.

»Vielleicht war es gut, daß du dieses Geschenk Linda gegeben hast. Viel Zeit hast du ja nicht mit ihr verbringen können. Mir tut es wirklich leid, ob du mir nun glaubst oder nicht.«

»Ich glaube dir.«

»Du hast in den vergangenen Tagen viel durchmachen müssen. Und ich bewundere deine Art, damit fertig zu werden.«

Jenny spielte mit der Kette um ihren Hals. Karen sah, daß sie noch immer das Medaillon unter ihrem T-Shirt trug.
»Weißt du, Peggy sagte mir was Komisches.«
Sofort wurde Karen wachsam. »Und was sagte sie?«
»Na ja, ich dachte, sie würde über ihre Eltern reden, doch wenn ich jetzt darüber nachdenke, schien sie mich wohl wegen Dad warnen zu wollen.«
»Was hat sie genau gesagt?«
»Sie sagte nur, daß Mütter und Väter manchmal vor ihren Kindern Geheimnisse haben und daß sie das täten, um ihren Kindern Kummer zu ersparen, aber daß diese Geheimnisse – wenn sie aufgedeckt würden – nur noch mehr Kummer verursachten.«
»Wie wahr«, murmelte Karen.
Wieder sah sie Gregs Gesicht vor sich, als er sein Verhältnis mit Linda gestanden hatte und daß er Jennys Vater sei. Und wieder brandete Schmerz in ihr auf, überwältigender Schmerz.
»Aber weißt du«, fuhr Jenny fort, »damit hatte sie unrecht. Jedenfalls, was mich betrifft. Ich meine, zuerst wußte ich überhaupt nicht, was ich denken sollte. Ich war wütend und verletzt. Aber wenn ich jetzt darüber nachdenke – daß Dad mein leiblicher Vater ist –, bin ich richtig glücklich darüber. Das bedeutet doch, daß er mich wirklich behalten wollte. Daß er mich wirklich liebte.«
Obwohl für Karen eine Welt zusammengebrochen war, war sie über Jennys Reaktion glücklich. Wenigstens etwas war nicht mißglückt. Aus den Trümmern ihrer Leben war etwas Gutes gewachsen. Aber so konnte sie das nicht im Raum stehenlassen. Greg war kein Held.
»Er hat gelogen«, sagte sie.
»Das weiß ich«, sagte Jenny eigensinnig. »Aber nur, weil er nicht wußte, wie er mich sonst hätte behalten können.«

Und was ist mit mir? hätte Karen am liebsten geschrien. Er hat mich betrogen. In jeder Hinsicht. Aber das durfte sie Jenny nicht sagen. Denn hätte es diesen Verrat nicht gegeben, würde sie nicht hier mit Jenny sitzen, ihrer Tochter, dem Stern ihres Lebens.
»Für mich ist das alles nicht so einfach«, sagte Karen.
»Das weiß ich«, sagte Jenny ernst.
»Man muß jemandem vertrauen können ...« Karens Stimme verlor sich, und sie sah wieder sein Gesicht im Mondschein in dem leeren Klassenzimmer vor sich. Sie hörte seine flehende Stimme.
»Ich vertraue ihm«, sagte Jenny.
Karen drückte die Hand ihrer Tochter und zwang sich, an das Nächstliegende zu denken. Die Frage lautete: Glaubte sie an seine Unschuld, was den Tod Linda Emerys betraf? Was er sonst noch getan hatte, spielte jetzt keine Rolle.
»Was schaust du so, Mom?«
Karen stand auf und ging zum Schreibtisch. Das Foto von Linda mit ihrer Katze steckte im Spiegel. Dieses Gesicht, dem Jenny so ähnelte, lächelte sie traurig an.
»Ich sehe mir nur das Foto an«, sagte sie.
Jenny zappelte unbehaglich auf ihrem Bett rum und sagte dann leicht herausfordernd zu ihr: »Ich finde das Foto schön.«
Karens Mund wurde trocken, und sie hatte das Gefühl, als wäre ihre Kehle zugeschnürt. »Ja, es ist schön«, stimmte sie zu. »Ich könnte es in den Fotoladen bringen und für dich rahmen lassen.«
Jenny strahlte vor Erleichterung und Vergnügen. »Das wäre toll.«
Sorgfältig löste Karen das Bild aus dem Rahmen des Spiegels. Noch mehr Lügen, dachte sie. Aber sie durfte Jenny nichts von ihrem Treffen mit Greg sagen, von seiner Bitte.

Von einem Kind konnte sie nicht erwarten, daß es eine solche Information für sich behielt. So ist es eben, dachte sie. Eine Lüge führt zur nächsten. Sie hielt das Foto vorsichtig in der Hand. Erstaunlich, dachte sie, daß etwas derart Leichtes so schwer auf dem Herzen lasten kann.

26

»**W**arum mußt du denn gehen?« jammerte Valerie hilflos.
»Sieh mal«, sagte Eddie und warf Socken und Unterwäsche in einen Matchbeutel. »Du kannst doch das Auto behalten.«
»Das Auto ist mir egal«, protestierte Valerie. »Außerdem fährt es kaum noch.«
»Dann laß es reparieren.«
»Wovon denn?«
Eddie machte sich schweigend in dem fast dunklen Schlafzimmer zu schaffen. Er hatte darauf bestanden, daß die Jalousien den ganzen Tag in dem schäbigen Haus, das sie gemietet hatten, geschlossen blieben.
»Du darfst wegen der Kaution nicht abhauen!« schrie Valerie. »Dann verliert meine Mutter ihr Geld.«
Eddie schielte in eine Schublade. »Wo ist mein olivfarbenes Hemd?«
»Meinst du das braune? Ich weiß nicht. Vielleicht im Wäschekorb.«
»Scheiße.«
»Ich bin nicht dein Dienstmädchen«, schimpfte Valerie. »Wie oft soll ich denn mit den Gören zwischen den Beinen in den Waschsalon gehen?«
»Schon gut«, sagte Eddie und steckte ein paar andere Hemden in seinen Matchbeutel.
»Morgen gehe ich«, versprach sie.
»Morgen brauche ich es nicht mehr.«
»Nun komm schon, Eddie. Du mußt diese Zeugenaussage

machen. Du hast doch gesehen, wie dieser Newhall die Frau geschlagen hat.«
Eddie band schweigend seine Armbanduhr um.
»Du hast ihn doch gesehen, oder?«
»Vielleicht habe ich nur gesagt, was sie hören wollten«, sagte Eddie.
»Du hast doch nicht gelogen, Eddie? In allen Zeitungen steht, daß du den Mörder gesehen hast.«
»Was weiß denn ich?« blaffte Eddie. »Diese Hodges hat einen Zirkus meinetwegen veranstaltet.«
»Ich habe überhaupt nichts kapiert«, jammerte Valerie. »Also?«
»Mama«, greinte der Zweijährige und klammerte sich an ihre nackten Beine. Valerie nahm ihn auf den Arm und tätschelte automatisch seinen Rücken.
»Dann sag mir wenigstens, wohin du gehst«, sagte sie. »Oder nimm uns mit.«
»Das geht nicht«, sagte er.
»Natürlich geht das. Wir sind in Null Komma nichts fertig. Wir fahren mit dem Auto. Wir alle.«
»Nein!« bellte Eddie. »Ich muß alleine gehen.«
Valerie tat so, als würde sie ihn nicht hören. »Diese Bude macht mich sowieso krank. Wir fahren einfach so weit, bis wir einen Ort gefunden haben, der uns gefällt.«
Eddie wollte schon mit ihr zu streiten anfangen, doch dann ließ er es bleiben. »Okay«, sagte er. »Du kümmerst dich um die Sachen der Kinder. Ich gehe raus und checke das Auto.«
»Wirklich?« schrie Valerie. »Darf ich schnell meine Mom anrufen?«
»Besser nicht«, sagte Eddie.
»Okay, okay. Das wird prima. Du wirst schon sehen.«
»Sicher«, sagte Eddie. »Wir hauen zusammen ab.«

Irgendwie wunderte er sich darüber, daß sie so glücklich war. Nicht jede Frau wäre glücklich, ihre Sachen zu packen und die Stadt zu verlassen, dachte er. Doch Valerie war immer rastlos gewesen. Das hatte ihm von Anfang an an ihr gefallen. Sie war wild. Natürlich hatten sie dieses Haus nur gemietet; sie konnten ihre ganze Habe in ein paar Plastiktüten verstauen.

»Du bist ein gutes Mädchen, Val«, sagte er, als er aus dem kleinen, engen Kinderzimmer ging. Sie packte den Inhalt der Schubladen in einen zerbeulten Koffer und schenkte ihm ein strahlendes Lächeln. Schnell wandte er den Blick ab. Der Zweijährige machte Flugzeuggeräusche und brachte das Spielzeug durcheinander, das sie gerade eingesammelt hatte.

Eddie ging mit seinem Matchbeutel die Treppe hinunter. Das Baby lag auf einer schmuddeligen Decke auf dem Boden und ruderte mit den Armen in der Luft herum. »Auf bald, Kleiner«, flüsterte Eddie. Er öffnete die Haustür und ging nach draußen. Es dämmerte bereits.

Er sah sich verstohlen um und eilte dann zu einem Pfad, der hinter das Haus führte. Sie würde sein Verschwinden erst bemerken, wenn sie nach unten ging. Er konnte seine Familie auf der Flucht nicht gebrauchen. Das war zu gefährlich. Den ganzen Tag hatte er darüber nachgedacht. Er wußte, was zu tun war. Er mußte weit weg, so schnell wie möglich. Einen richtigen Plan hatte er noch nicht gemacht, denn er hatte nur wenig Geld. Aber die hinter dem Haus vorbeifahrenden Züge hatten ihn auf eine Idee gebracht. Er wollte auf einen Güterzug aufspringen. Das taten Landstreicher. Wenigstens hießen sie früher so, ehe es so viele wurden und die Leute sie Obdachlose nannten. Irgendwie klang »Landstreicher« besser. Aber wie man es auch ausdrückte: Das war er jetzt. Und aus dem einzigen Grund, weil er noch

mal zurückgegangen war, um diese Emery heimlich zu beobachten.
Eddie warf seinen Matchbeutel über den Holzzaun hinter dem Haus, kletterte darüber und ließ sich auf den müllübersäten Bahndamm fallen. Die beste Stelle, um einen Zug zu entern, war in der Nähe des Bahnhofs, weil er dort seine Fahrt verlangsamte. Also ging er die Schienen entlang. Etwa eine Meile mußte er zurücklegen.
In der Ferne hörte Eddie das Pfeifen einer Lokomotive. Den kriege ich nicht, dachte Eddie. Der ist längst fort, wenn ich nahe genug am Bahnhof bin. Doch das Pfeifen war ihm ein Ansporn. Beeil dich, dachte er. Er konnte die Entfernung zur Lokomotive nicht abschätzen und sah nur ein schwaches Leuchten der Scheinwerfer. Natürlich wäre ein Personenzug bequemer, aber dann mußte er sich immer vor den Schaffnern verstecken.
Eddie beschleunigte seinen Schritt. Mit Zügen kannte er sich überhaupt nicht aus. Er wußte nicht, wie langsam sie fahren würden und ob es ihm gelang, sich hinaufzuhieven. Wieder pfiff die Lokomotive. Jetzt konnte Eddie die Lichter deutlich erkennen. Ach, zum Teufel, machte er sich Mut. Wenn ich diesen nicht erwische, dann eben den nächsten. Am Haus waren pausenlos Züge vorbeigefahren. Er schwang seinen Beutel über die Schulter und ging weiter.
Plötzlich hörte er hinter sich etwas, jemand war auf eine Plastiktüte getreten. Es war unheimlich. Und der Zug kam auf ihn zu, wie ein riesiger donnernder Drache aus Metall. Jemand war hinter ihm. Er brauchte sich nicht einmal umzudrehen. Er wußte, wer es war.

»Ich muß noch mal schnell weg. Nicht lange«, rief Karen die Treppe hoch.
»Okay«, rief Jenny zurück.

Karens Herz klopfte, als sie das Foto von Linda in einen Umschlag tat und den Umschlag in den Hosenbund ihrer Shorts steckte, unter ihr Sweatshirt. Sie ging zum Auto und stieg ein.
Als sie die Auffahrt hinunterfuhr, startete ihre ständige Polizeieskorte den Motor. Karen fuhr langsam durch die Dämmerung; ihre Hände auf dem Lenkrad waren schweißfeucht. Schließlich bog sie zum Strand ab, fuhr in die Nähe des Picknickplatzes und parkte den Wagen.
Als sie ausstieg, kam ein älterer Mann mit seinem Hund auf den Parkplatz. Karen schenkte ihm ein kurzes, automatisches Lächeln, als sie langsam an ihm vorbeiging. Benimm dich ganz normal, sagte sie sich. Du bist eine Frau, die sich den Sonnenuntergang am Strand anschauen will. Es ist absolut nichts Merkwürdiges daran, wenn jemand spazierengeht.
Sie sank mit ihren Tennisschuhen in den weichen Sand ein, als sie ans Wasser ging, dann marschierte sie mit weitausholenden Schritten am Wasser entlang. Andere Leute gingen ebenfalls spazieren. Eine Gruppe Teenager saß rauchend auf einem Felsen hinter den Dünen. Ein älteres Paar kam Hand in Hand auf Karen zu. Eine Ecke des Umschlags in ihrem Hosenbund pikste sie.
Ihr war, als hätte sie erst gestern Greg hier getroffen und nicht vor zwanzig Jahren. Wie schüchtern sie damals gewesen waren, wie jede Berührung Qual und gleichzeitig Seligkeit bedeutet hatte! Alle hatten gesagt, das sei Leidenschaft und würde nicht dauern. Es war Leidenschaft, aber auch Zärtlichkeit. Und Lachen. Und Frieden und verzweifelte Versprechen; mehr, als sie jemals zu träumen gewagt hatte.
»Guten Abend«, grüßten der alte Mann und seine Frau, als sie vorbeigingen.

»Guten Abend«, murmelte Karen, ohne aufzublicken.
Sie hatte immer angenommen, daß sie mit ihm alt werden würde, mit ihm am Strand entlanggehen, wie diese beiden, Hand in Hand.
Sie kam an der letzten Buhne an und drehte sich um. In der Ferne konnte sie die Wetterfahne auf dem Aussichtsturm erkennen. Wieder wurde ihr die Ironic des Ganzen bewußt. Hier war sie nun, um das zu tun, was er verlangte. Sie versuchte, ihm zu helfen. Nach allem, was geschehen war. Kurz erwog sie die Möglichkeit, einfach zum Wagen zurückzukehren und nach Hause zu fahren.
Nein, gib ihm das Foto, dachte sie. Er braucht es. Aber vielleicht wird er gefaßt; das geschieht ihm dann ganz recht. Wieder tauchte vor ihrem geistigen Auge sein abgezehrtes Gesicht im Mondlicht auf. Und sie hatte Angst. Doch wie konnte er es wagen, sie um Hilfe zu bitten? Nach all den Lügen und dem Verrat. Trotzdem wußte sie, daß er nur ihr vertraute. Und diese ganze Ungerechtigkeit machte sie krank.
Wie ein Roboter näherte sie sich dem Aussichtsturm, und als sie dort ankam, sah sie, daß davor eine Frau und ein Kind saßen. Panik ergriff sie. Sie konnte den Turm nicht betreten, wenn dort bereits Leute saßen. Das würde verdächtig aussehen. Ihr Wachhund beobachtete sie ganz sicher. Nein, sie würde umkehren müssen.
Gerade als sie sich zum Gehen wenden wollte, hörte sie die Frau sagen: »Sara, es ist Zeit zum Abendessen.« Dann nahm sie ihr protestierendes Kind auf den Arm und ging die Treppe auf der anderen Seite hinunter. Karen zögerte nicht. Sie tat so, als würde sie stolpern, und stieg die Treppe hoch. Im Turm setzte sie sich auf die Bank und schaute aufs Meer hinaus.
Du verdienst meine Hilfe nicht, dachte sie, und in ihre

Augen traten Tränen der Wut. Sie wischte sie mit dem Handrücken weg und griff dann unter ihr Sweatshirt, holte den Umschlag hervor, beugte sich vor und legte ihn unter die Bank. Noch eine Weile starrte sie, ohne etwas zu sehen, auf den Sonnenuntergang. Dann stand sie auf und kehrte zu ihrem Wagen zurück.

27

Walter Ferencc starrte auf seine Frau. Emily saß zusammengesunken vor dem Schlafzimmerschrank. Ihr Mund stand offen, ihr Kopf war gegen die Tür gelehnt, und ihre Augen waren halb geschlossen. Unter dem Toilettentisch lag eine leere Flasche. Sylvia kauerte neben Emily und schlug ihr leicht auf die Wange.
»Es ist Zeit, daß du kommst«, sagte sie empört. »Ich wollte sie auf dem Nachhauseweg besuchen und fand sie so vor.«
»Tut mir leid. Ich bin sofort gekommen, nachdem du angerufen hast«, sagte Walter. »Du weißt ja, daß ich einen Mord aufzuklären habe.«
»Ach, Quatsch!« sagte Sylvia. »Da gibt's doch nichts mehr aufzuklären. Du wartest doch nur darauf, daß dir jemand den Täter bringt.«
Walter seufzte und kniete sich neben seine Frau. »Emily«, sagte er. »Em, kannst du mich hören?«
»Walter, das ist eine Schande«, sagte Sylvia. »Du kannst jetzt nicht mehr so tun, als ob. Es muß etwas geschehen.«
»Hilf mir, sie aufs Bett zu legen, Syl«, sagte Walter und packte Emily unter den Armen. »Nimm ihre Füße.«
Sylvia tat, wie ihr geheißen, und die beiden legten Emily aufs Bett.
»Walter, es ist mir ernst mit dem, was ich gesagt habe«, fuhr Sylvia fort, als Walter die Kissen unter Emilys Kopf zurechtklopfte. »Es reicht. Deine Frau braucht Hilfe.«
»Es wird ihr nicht recht sein, daß du sie in diesem Zustand gefunden hast«, sagte Walter.

»Na, dich scheint ihr Zustand kaum zu verwundern. Wie oft passiert das?«
»Hin und wieder«, gab Walter zu. »Du hast doch darauf bestanden, daß sie auf diese Beerdigung mitgeht. Das war zuviel für sie.«
»Mach mich dafür nicht verantwortlich«, sagte Sylvia.
»Es tut mir leid, daß du sie so gefunden hast, aber seit dem Unfall geht es ihr nicht mehr gut. Das ist ihre Art, damit fertig zu werden.«
»Damit fertig werden nennst du das?« empörte sich Sylvia. »Dieser Unfall geschah vor fünfzehn Jahren! Du darfst es nicht zulassen, daß sie so weitermacht. Sie braucht eine Entziehungskur.«
»Das habe ich schon versucht«, sagte Walter. »Sie geht da nicht hin.«
»Dann mußt du sie dazu zwingen. Was bist du denn für ein Mann?«
Das Telefon auf dem Nachttisch fing an zu läuten. Walter nahm ab. Er hörte einen Augenblick zu, dann schloß er die Augen und schüttelte den Kopf. »Oh, mein Gott«, sagte er. »Wann ... Okay, okay, ich komme.« Er drehte sich zu seiner Schwester um. »Ich muß noch mal fort. Mein Augenzeuge ist gerade von einem Zug überfahren worden.«
»Und du läßt deine Frau einfach so zurück?«
Walter warf Emily einen traurigen Blick zu. Sie schnarchte leicht. »Ich kann jetzt nichts für sie tun.«
»Das stimmt doch nicht. Pack einen Koffer für sie. Wir müssen sie ins Krankenhaus bringen. In eine Suchtabteilung.«
»Tut mir leid, aber das ist nicht möglich«, sagte Walter ruhig.
Sylvia starrte ihren Bruder wütend an, doch der wich ihrem Blick aus.

»Walter, was ist mit dir los? Willst du, daß sie sich zu Tode trinkt, und einfach danebenstehen und nichts tun?«
»Ich muß jetzt gehen. Darum kümmere ich mich später.«
»Das bezweifle ich«, schnaubte Sylvia. »Wenn du dich all die Jahre nicht darum gekümmert hast ... Na gut. Dann geh. Laß sie im Stich. Ich kümmere mich darum. Wenn du nichts unternimmst, tue ich es eben.«
»Dafür wird sie dir nicht dankbar sein«, sagte er.
»Daran bin ich gewöhnt«, sagte Sylvia verbittert.
Walter ging und eilte zu seinem Wagen.

»Ich weiß nicht, wie das passiert ist«, sagte der Lokomotivführer, den Tränen nahe, und wischte sich den Schweiß von der Stirn. »Plötzlich, wie aus dem Nichts, tauchte der Bursche auf und sprang mir vor den Zug ...«
»Sprang er oder wurde er gestoßen?« fragte Larry Tillman. Hinter ihnen war die Lokomotive, ein dunkel drohender Schatten im Mondlicht. Auf der Straße standen Streifenwagen mit blinkenden Lichtern und quäkenden Funkgeräten. Die Passagiere hatte man aus dem Zug gebracht. Sie würden ihre Reise in Bussen nach Boston fortsetzen.
Der Lokführer sah Larry verzweifelt an. »Ich weiß es nicht. Wie könnte ich es wissen? Ich habe den Mann nicht mal eine Sekunde gesehen.« Der Mann fing an zu weinen.
»Schon gut«, sagte Larry. »Beruhigen Sie sich.« Er drehte sich zu Walter um, der neben Valerie McHugh kauerte. Eine Nachbarin hütete die Kinder, während eine andere ihr eine Decke gebracht hatte.
Valerie fror trotz der warmen Nacht.
Walter machte Larry ein Zeichen, sie allein zu lassen. »Hat er gesagt, warum er wegging?« fragte er dann verständnisvoll.
Valerie schüttelte schluchzend den Kopf. »Er hatte verspro-

chen, uns mitzunehmen«, jammerte sie. »Er sagte, er müsse gehen. Warum, hat er nicht gesagt.«
»Sie wußten doch, daß er vor Gericht mußte«, sagte Walter.
»Natürlich wußte ich das«, sagte Valerie weinend. »Meine Mutter hat doch die Kaution für ihn bezahlt.« Sie sah Walter mit großen Augen an; die Wimperntusche war auf ihrem Gesicht verschmiert.
»Hatte er vor irgendwas Angst, oder war er deprimiert?«
»Wie meinen Sie das?« fragte Valerie argwöhnisch.
»Ich meine, hat er irgendwas gesagt, das auf einen Selbstmord hindeutet?«
»Er hat sich nicht umgebracht«, sagte Valerie und zog die Decke fester um sich.
»Okay«, sagte Walter. »Nehmen Sie's nicht so schwer.«
Chief Matthews trat zu der Gruppe und schüttelte den Kopf. »Diese Reporter machen uns noch verrückt«, sagte er und deutete hinüber zu einer Gruppe Journalisten und Fotografen hinter dem Zaun. Ein Officer hielt die Meute zurück. Er wandte sich an Walter: »Ist das die Witwe? Mein Beileid, Madam.«
»Danke«, sagte Valerie und fing wieder an zu weinen. »Was unternehmen Sie jetzt? Mein Eddie wurde ermordet.«
»Unser Zeuge wurde ermordet«, sagte Walter leise zum Chief.
Dale Matthews massierte seine Stirn und seufzte. »Mein Gott. War es wirklich kein Selbstmord? Ist er vielleicht ausgerutscht und auf das Gleis gefallen?«
Valerie sprang auf und wollte mit Fäusten auf Dale einschlagen. »Nein! Nein!« schrie sie.
Larry Tillman und ein anderer Beamter hielten sie fest.
»Laßt sie los, Jungs«, sagte der Chief. »Diese Frau ist außer sich vor Schmerz.«
»Das bin ich nicht«, schrie Valerie. »Aber ihr kotzt mich an.

Warum habt ihr ihn nicht beschützt? In jeder Zeitung stand sein Name und daß er Zeuge sei, und jetzt ...«
»Beruhigen Sie sich, Mrs. McHugh. Gibt es jemanden, zu dem Sie gehen können, jemand, der sich um Sie kümmert?«
»Meine Mutter kommt«, schluchzte Valerie.
Als hätte ihre Tochter sie gerufen, stapfte Ida Pence in einem grünvioletten Trainingsanzug, eine Zigarette im Mund, am Arm eines Officers den Hügel hinunter.
»Valerie, mein Baby!« schrie sie.
Valerie preßte sich an den mächtigen Busen ihrer Mutter.
»Dieser Taugenichts Eddie«, sagte Ida müde und umarmte ihre vor Schluchzen bebende Tochter.

Auf ihrem Weg zurück vom Strand machte Karen ein paar Einkäufe. Sie ging ins Einkaufszentrum und kaufte Blumendünger und einen neuen Gartenschlauch. Greg hatte den alten schon im vorigen Sommer ersetzen wollen, war aber nicht dazu gekommen. Sie hatte Gewissensbisse, Geld dafür auszugeben, auch wenn es wenig war, aber sie wollte ihren Garten nicht vertrocknen lassen. Dann kaufte sie noch eine Packung von Jennys Lieblingseis.
Es war schon dunkel, als sie sich endlich auf den Heimweg machte. Sie fuhr langsam, in Gedanken mit dem Foto beschäftigt, als der Verkehr plötzlich noch langsamer wurde und dann zum Erliegen kam. In einiger Entfernung konnte sie Streifenwagen, Fernseh-Übertragungswagen und Busse erkennen.
»Was ist passiert?« fragte sie aus dem heruntergekurbelten Fenster eine ältere Frau, die einen Kinderwagen vor sich her schob.
»Ein Mann wurde vom Zug überrollt«, sagte die Frau.
Karen wünschte, sie könnte weiterfahren. Sie fühlte sich in ihrem Auto eingesperrt. Leute rannten an ihr vorbei und

riefen sich etwas zu. Sie seufzte, schaltete das Radio ein und suchte nach einem Sender, der ihr gefiel.
»Wen haben wir denn da?« sagte eine Stimme plötzlich neben ihrem Ohr.
Karen stieß einen kleinen Überraschungsschrei aus und erkannte dann Phyllis Hodges, die ihren Kopf zum Fenster reinsteckte.
»Wenn das nicht Mrs. Newhall ist!«
»Was wollen Sie?«
»Haben Sie von dem Mann gehört, der vom Zug überfahren wurde?« fragte Phyllis.
»Ja«, sagte Karen eisig. »Verschwinden Sie.«
»Wußten Sie, daß es Edward McHugh ist? Der Zeuge, der gegen Ihren Mann aussagen sollte? Die Cops glauben, daß ihn jemand vor den Zug gestoßen hat.«
Karen überlief es eiskalt. Sie versuchte, sich nichts anmerken zu lassen.
»Ach, Sie wußten es noch nicht«, sagte Phyllis zufrieden.
Karen kam sich vor, als säße sie in der Falle. Außerdem fiel ihr keine Antwort ein, die nicht nach einer Entschuldigung klang. Sie wollte das Fenster hochkurbeln, aber Phyllis legte ihre Hand auf die Scheibe, und Karen mußte es bleiben lassen. »Gehen Sie!«
»Kein Problem«, entgegnete Phyllis. Sie richtete sich auf und starrte in die Dunkelheit. »Ich glaube, Sie können jetzt weiterfahren.«
Der Verkehr setzte sich wieder in Bewegung, und Karen starrte nur geradeaus, als sie den Gang einlegte. Phyllis lehnte an einem geparkten Auto und sprach in einen Recorder. Karen schaltete das Radio aus und verriegelte alle Türen. Automatisch nahm sie die vertraute Route, während ihre Gedanken rasten. Ihr fiel ein, daß ihr noch immer der Polizeibeamte folgte, doch das gab ihr kein Gefühl der

Sicherheit. Auch die Polizei war ein Feind. Sie wollten nicht sie und Jenny schützen. Sie wollten nur Greg finden. Sie kam sich vor wie eine Fremde in einem feindlichen Land, dessen Sprache sie nicht verstand, obwohl ihr Leben davon abhing. Je mehr sie versuchte, diese Sprache zu verstehen, um so ängstlicher und frustrierter wurde sie. Karen hatte von McHughs Festnahme erfahren, hatte gerüchteweise gehört, daß er ein Zeuge war. Aber warum sollte ihn jemand umbringen wollen? Außer Greg. Und Greg konnte es nicht getan haben, denn er wollte Beweise für seine Unschuld beibringen. Nie würde er einen Menschen vor einen Zug stoßen. Ganz sicher hatte er sich nicht in das Monster verwandelt, das die Presse von ihm zeichnete. Er war noch immer derselbe Greg. Vielleicht ein Lügner. Aber kein Mörder. Wenn es Greg jedoch nicht getan hatte, wer dann? Ein Gedanke setzte sich in ihr fest: Da draußen lief jemand frei herum, der einen für sie und ihre Familie fatalen Plan geschmiedet hatte.

Sie war erleichtert, als sie wieder zu Hause war, und eilte ins Haus. Sie verschloß die Tür. Oben auf der Treppe erschien Jenny.

»Mom«, sagte sie, »ich habe gerade im Fernsehen von dem Typen aus dem Motel erfahren ...«

»Ich weiß«, sagte Karen.

»Macht die Polizei Dad dafür verantwortlich?« fragte sie ängstlich.

»Ich weiß es nicht«, sagte Karen. »Komm runter, ich habe dir Eis gekauft.«

Jenny ging zu ihrer Mutter in die Küche. Gedankenverloren rührte sie in ihrem Eis herum. »Wohin ist Dad gegangen? Was glaubst du?« fragte sie.

Karen stellte den Rest Eis in den Gefrierschrank. Ihre Ängste wollte sie Jenny nicht anvertrauen. »Wenn er nur etwas

gesunden Menschenverstand besitzt, ist er weit, weit weggegangen«, sagte sie.
»Das hoffe ich nicht«, sagte Jenny. »Ich will, daß er zurückkommt.«
»Liebling, wenn er zurückkommt, stecken sie ihn nur ins Gefängnis.«
»Er wird beweisen, daß er es nicht getan hat«, sagte Jenny.
Karen schaute durch die Küchentür in den dunklen Flur. Heute abend wirkte das Haus kalt und verlassen auf sie. »Iß jetzt lieber dein Eis auf, und mach deine Hausaufgaben«, sagte sie.
»Ich kann mich so schlecht konzentrieren«, sagte Jenny.
»Das kann ich verstehen.«
»Vermißt du ihn denn nicht?« fragte Jenny.
Karen runzelte die Stirn. Die Leere in ihr sagte ihr, was sie nicht zugeben wollte. »Ich bin noch zu böse auf ihn«, gab sie zu.
»Aber wenn wir ihn nun nie mehr wiedersehen?« schrie Jenny.
Karen dachte an das Foto in dem Umschlag. Sie fragte sich, ob Greg es gerade in diesem Augenblick holte. Finde den Schuldigen, dachte sie. Um Jennys willen. Damit sie dich wiederhaben kann.
»Du mußt positiv denken«, sagte Karen und streichelte Jenny übers Haar. Aber sie konnte ihrer Tochter jetzt nicht wirklich helfen.

28

Ein kleines Boot mit zwei Männern schaukelte auf dem Meer, als die Sonne golden am Horizont aufging. Die beiden Angler waren schon im Dunkeln aufgebrochen und saßen jetzt, in kameradschaftlichem Schweigen verbunden, da und warteten auf dieses Zucken der Leine, das einen Fang ankündigte.
Die beiden beachteten den Strand nicht. Sie sahen auch nicht den geduckt dahinkriechenden Mann, der sich im Schutz von Dünen und Felsen auf den Aussichtsturm zubewegte.
Doch Greg behielt sie im Auge. Er glaubte, so früh gekommen zu sein, daß niemand hier wäre, aber die beiden Angler waren schon vor ihm dagewesen. Alle seine Hoffnungen richteten sich auf das Versteck im Turm. Als er nahe am Ziel war, warf er noch einen Blick zu den Anglern, die ihn aber nicht beachteten. Dann huschte er in den Turm, zur Bank. Mit zitternden Händen tastete er unter den Brettern, bis er den Umschlag berührte. Langsam zog er ihn hervor und öffnete ihn nervös. Er zog Lindas Foto heraus. Dann suchte er im Umschlag nach einem Brief, einer kurzen Mitteilung, nach irgend etwas, wenn es nur von seiner Frau stammte.
Doch der Umschlag war leer, bis auf Lindas Bild. Greg war etwas enttäuscht, doch dann zwang er sich, die positive Seite zu sehen. Karen hatte das Foto für ihn hingelegt. Was auch immer sie von ihm halten mochte, das hatte sie getan, und das war kein kleiner Triumph. Denn das Foto allein besagte schon, ich glaube dir. Ich will dir helfen. Und mehr konnte

er jetzt von keinem Freund, keinem Partner erwarten. Das war schon etwas. Es war ein Anfang.

In seine Augen traten Tränen, als er mit der Hand über die Bank fuhr, wie ein Zimmermann, der die Glätte des Holzes prüft. Sie hatte hier gesessen, hier, auf ihrem alten Platz, und hatte sich sicher in ihren Erinnerungen verloren, so wie er sich jetzt in ihnen verlor. Hunger und Müdigkeit machten sie noch lebendiger.

Greg steckte das Foto wieder in den Umschlag und beides in seine Tasche. Er mußte gehen, ehe die Sonne am Himmel stand und Jogger und Spaziergänger den Strand bevölkerten. Von früher her kannte er Schleichwege, aber auch die waren tagsüber gefährlich.

Als Kind hatte er den Thriller *Der unsichtbare Mann* geliebt. Jetzt wünschte er sich, unsichtbar zu sein, um sich frei bewegen zu können. Und er setzte alles daran, nicht gesehen zu werden. Nachts versteckte er sich in Neubauten, die er kannte. Wenigstens hatte er da ein Dach über dem Kopf. Und gewöhnlich ließen die Bauarbeiter auch immer etwas zu essen und zu trinken zurück, wenn es auch nur Reste waren. Tagsüber versteckte er sich in der Wildnis, nahe bei den Baugrundstücken. Die langen Stunden vergingen unerträglich langsam. Er beobachtete Vögel und Eichhörnchen oder eine Spinne, die ihr Netz wob.

Doch heute würde ein anderer Tag sein. Heute hatte er ein Ziel. Heute konnte er für den Abend planen. Er wußte, wo die »Harborview-Bar« war, eine Spelunke in einem Nachbarort am Meer, wo Minderjährigen Alkohol ausgeschenkt wurde. Wegen Lindas Foto hatte er sich bereits eine Geschichte ausgedacht, eine Geschichte, die Sympathie und Vertrauen wecken würde. Er klammerte sich an die geringe Hoffnung, die Information, die er so dringend brauchte, zu bekommen.

Unter einem Baum entdeckte Greg ein zerknittertes Einwikkelpapier und bückte sich, um es zu untersuchen. Ein halbgegessener Schokoriegel war darin. Ameisen krochen darauf herum. Er wischte sie ab und stopfte gierig den Rest in seinen Mund. Manchmal wunderte er sich, daß er trotz seines Hungers noch klar denken konnte.
Doch er fragte sich oft, was manche Leute jetzt wohl von ihm hielten; schließlich hatte er einfach die Flucht ergriffen, sich gegen das Gesetz gewandt. Sein Leben lang war er gesetzestreu gewesen. Ein anderes Leben hätte er sich nicht vorstellen können. Doch sein Instinkt hatte ihm geraten, wegzulaufen. Und diese Flucht, zusätzlich zu seinen Lügen, ließ ihn natürlich schuldig erscheinen. Aber als ihm die Polizei den blutbefleckten Zimmerschlüssel gezeigt hatte, wußte er, daß er gegen etwas Schlimmeres als die Polizei kämpfen mußte. Irgend jemand hatte das inszeniert, ihm den Mord angehängt. Und sich wie ein Lamm zur Schlachtbank führen lassen, nein, das konnte er nicht. Er mußte sich aus eigener Kraft aus dieser Situation befreien. Es wenigstens versuchen.
Das Foto in seiner Tasche schien auf seinem Schenkel zu brennen. Karen hatte ihm geglaubt. Nein, das war vielleicht zu hoch gegriffen. Aber sie hatte sich bei allem Zweifel für ihn entschieden. Die langen gemeinsam verbrachten Jahre zählten noch immer. Wenn er herausgefunden hatte, wer sein Peiniger war – wenn er wieder frei war –, würde er ihr alles erklären. Aber darüber konnte er jetzt nicht nachdenken. Er mußte pragmatisch vorgehen. Er mußte sich waschen, rasieren und einen Weg finden, wie er zu dieser Bar kam.
Zur Lösung der ersten beiden Probleme fiel ihm etwas ein. In einer Villa in einer vornehmen Gegend wurde die Küche renoviert. Reiche Leute zogen vorübergehend oft aus ihren

Häusern aus, selbst wenn nur ein Teil renoviert wurde. Greg wollte das Haus beobachten, während die Handwerker noch arbeiteten, um zu sehen, ob es bewohnt war. Nach Feierabend konnte er dann vielleicht dort eindringen und das Badezimmer benutzen.

Als er weiter durchs Unterholz ging, entdeckte er am Rand der Straße einen Abfalleimer. Er wollte das Einwickelpapier des Schokoriegels dort hineinwerfen und tastete in seiner Hosentasche danach. Niemand war auf der Straße. Er kam aus dem Dickicht und warf das Papier in den Eimer. Da entdeckte er eine Zeitung darin. Die Schlagzeile lautete: *Zeuge von Zug getötet.* Das war alles, was er lesen konnte, denn er hörte, wie ein Auto auf die Straße hinter ihm einbog.

Sein erster Impuls war, wegzulaufen, aber er sagte sich sofort, daß er dann am ehesten Verdacht erregen würde. Also schlenderte er die Straße entlang. Sein Herz hämmerte, und er verfluchte sich, daß er dieses verdammte Papier in den Mülleimer hatte werfen müssen. Er betete, daß nicht Polizisten in dem Wagen saßen. Dann überholte das Auto – ein Sedan – ihn und verlangsamte die Fahrt. Es hielt. Greg spürte, wie alles Blut aus seinem Gesicht wich. Keine Panik, dachte er. Lauf nicht weg. Als Greg näher kam, wurde das Beifahrerfenster heruntergekurbelt.

»Entschuldigen Sie«, sagte eine ältere, schwergewichtige Frau, die sich aus dem Fenster beugte. »Wir haben uns verfahren. Können Sie uns sagen, wo das ›Bayland Inn‹ ist?«

Greg leckte sich die aufgesprungenen Lippen und war sich der Schäbigkeit seines Anzugs bewußt. Und als die Frau sich ihn näher ansah, konnte er deutlich erkennen, was sie von ihm hielt. »Tut mir leid«, murmelte er und ging weiter. Er wollte nicht, daß die beiden ihn noch genauer musterten. Er hörte, wie die Frau das Fenster trotz des warmen Morgens schnell wieder hochdrehte. Greg sah nicht zu ihnen hin, als sie davonfuhren. Sobald sie um eine Kurve verschwunden waren, tauchte er wieder im Wald unter.

Wie unvorsichtig! schalt er sich. Noch so ein Zwischenfall, und sie haben dich.

Im Auto sagte die Frau zu ihrem Mann: »Meine Augen sind nicht mehr so gut wir früher, aber ich könnte schwören, daß ich den Mann von irgendwoher kenne...«

Ihr Mann hörte nicht zu. Er war völlig damit beschäftigt, den Weg zurück in die Stadt zu finden. »Ich habe ihn mir gar nicht angeschaut«, sagte er zerstreut.

»Ich bin mir ganz sicher«, bekräftigte sie und kaute nachdenklich auf ihrer Unterlippe.

29

Karen kniete in ihren blühenden Blumenrabatten und zupfte Unkraut. Sie hatte sich in der Hoffnung an die Gartenarbeit gemacht, körperliche Arbeit würde die düsteren Gedanken vertreiben, die Ängste, die sie fast die ganze Nacht wach gehalten hatten. Es hatte sie ihre letzte Kraft gekostet, Gartenkleidung anzuziehen und das Gerät zu holen. Lange hatte sie in der Küche gestanden und nach draußen in den hellen Sonnenschein gestarrt. Sie war sich wie ein Vampir vorgekommen, der das Licht scheut und sich am liebsten im Dunkeln versteckt. Doch als sie mit ihrer Arbeit zwischen den Blumen begann, verging die Zeit schnell. Sie winkte Jenny zu, die von Peggys Vater heimgebracht worden war.

Ein Wagen kam in die Einfahrt gefahren; Karen stand auf und schirmte die Augen mit der Hand ab, um besser sehen zu können. Sie kannte die ältere Frau nicht, die langsam auf sie zukam. Die Frau näherte sich ihr nur zögernd. Trotz des warmen Frühlingstags trug sie dunkle Hosen und eine graue Strickjacke. In den Händen hatte sie eine alte braune Handtasche und eine Einkaufstüte. »Mrs. Newhall?« sagte sie.

Karen nickte.

»Ich bin Alice Emery«, sagte sie. »Ich bin Linda Emerys Mutter.«

»Oh!« sagte Karen überrascht. Sie wußte wirklich nicht, wie sie reagieren sollte. »Oh.«

»Ich weiß, daß Sie mich nicht erwartet haben, aber ich möchte gern mit Ihnen reden.«

Intuitiv spürte Karen ganz plötzlich, wie schwach, wie zerbrechlich ihre Besucherin war. »Natürlich«, sagte sie schnell. »Bitte, kommen Sie ins Haus.«
Karen zog ihre Arbeitshandschuhe aus und deutete auf das Haus. Die Frau folgte ihr durch die offene Terrassentür in die Küche. »Setzen Sie sich doch«, sagte Karen. »Möchten Sie etwas zu trinken? Vielleicht eine Limonade?«
»Sehr gern«, sagte Alice.
Beide schwiegen, als Karen Gläser brachte und das Getränk einschenkte. Karen dachte an den Verlust, den ihre Besucherin erlitten hatte: Ihre Tochter war ermordet worden. Einen solchen Schmerz konnte man kaum nachvollziehen. Und Karens Mann war der mutmaßliche Mörder. Warum war sie gekommen?
»Sicherlich finden Sie es seltsam, daß ich Sie aufsuche«, sagte Alice, als könnte sie Gedanken lesen.
»Es … es macht mich etwas verlegen«, gab Karen zu.
»Ja. Mich auch.« Alice nippte an ihrem Getränk und schien für einen Moment in ihre Gedanken verloren zu sein. Dann stellte sie das Glas auf den Tisch. »Das schmeckt köstlich«, sagte sie.
Karen spürte nichts von jener Feindseligkeit in Mrs. Emery, auf die sie sich gefaßt gemacht hatte. Sie war äußerst verwirrt und beschloß dann, das Unsagbare auszusprechen.
»Mein herzliches Beileid«, sagte sie.
Alice sah ihr in die Augen, und Karen wäre am liebsten diesem Blick ausgewichen, weil sie den Schmerz darin nicht ertragen konnte. In dieser Sekunde waren sie nur zwei Mütter, die ein gemeinsames Verständnis einte. Als Alice den Blick abwandte, war Karen wieder auf der Hut.
»Danke«, sagte Alice mit Würde. »Mein Schmerz ist groß.«
Diese Worte machten Karen noch verlegener, sogar wütend. Diese Frau erwartete doch wohl nicht, ihren Kummer auf

sie abladen zu können; sie hatte schon mehr als genug an ihrem eigenen zu tragen. Linda Emery war nicht ihre Freundin gewesen – sie war die Geliebte ihres Mannes gewesen. Nichts konnte diese Tatsache aus der Welt schaffen. Karens Mitgefühl war begrenzt.
Als wäre Karens aggressives Schweigen ein Stichwort, fing Alice an zu reden. »Als mich Linda besuchte, schickte ich sie auf Drängen meines Sohnes fort. Nach fast vierzehn Jahren. Und ich tat es. Tat, was er wollte.«
Karen hatte etwas anderes erwartet. Eine Bemerkung über den Mord – über Greg. Sie war erleichtert, gleichzeitig stieß sie dieses Geständnis ab. Wenigstens beantwortete es eine Frage – warum Linda ins Motel gegangen war. Karen hatte sich das inzwischen oft gefragt. Seltsamerweise war sie für die Information dankbar.
»Nun«, sagte Karen und suchte nach irgendeiner Antwort. »Das hat sie sicher verstanden.«
»Nein, das glaube ich nicht.«
Wieder überkam Karen dieses Gefühl peinlicher Verlegenheit. Warum erzählen Sie mir das? hätte sie am liebsten geschrien.
Alice sah Karen prüfend an. »Ich möchte mir keine Vorwürfe mehr machen«, sagte sie, als würde sie Karens stumme Frage beantworten.
»Nein«, sagte Karen vorsichtig.
»Sie erzählte mir, daß ich eine Enkelin habe«, sagte Alice.
Karen fuhr bei diesem Wort zusammen. Natürlich, es stimmte. Vor ihr in der Küche saß Jennys Großmutter. Eine Sekunde lang war Karen froh, daß ihre Mutter nicht mehr lebte und das hatte erleben müssen. Alle Männer sind Betrüger, pflegte ihre Mutter immer zu sagen, und sie hatte noch mehr darauf beharrt, als Karen verkündete, sie heirate Greg. Das wirst du noch bitter bezahlen, hatte ihre Mutter gesagt.

Nicht, daß sie sich darüber gefreut hätte. Ihre Ansicht war einem Wissen entsprungen, und sie hatte Angst, daß ihre Tochter, wenn das Unvermeidliche eintrat, die Last nicht würde tragen können.
Karen zwang sich, sich auf ihre Besucherin zu konzentrieren. Alice wirkte jetzt ziemlich herausfordernd – als könnte Karen diese Tatsache leugnen.
»Ja«, sagte Karen. »Es ist nur ... ich glaube nicht ...«
»Ich möchte sie gern kennenlernen«, sagte Alice.
»Natürlich«, sagte Karen schnell. »Ich nahm an, daß Sie über ... über meinen Mann sprechen wollten.«
Alice winkte müde mit der Hand ab, als wollte sie sagen, das sei völlig unwichtig. Sie zögerte, als ordne sie ihre Gedanken, und sagte dann: »Das ist Sache der Polizei. Was immer auch geschieht, es bringt Linda nicht zurück.«
»Nein«, stimmte Karen zu.
Alice trank von ihrer Limonade und räusperte sich. »Ich habe lange darüber nachgedacht, Mrs. Newhall. Ehe ich hierherkam, habe ich mein Herz geprüft. Linda war sehr aufgeregt, nachdem sie ihre Tochter kennengelernt hatte. Sie wollte, daß auch ich sie kennenlerne. Ihre Tochter ist jetzt alles, was von ihr übriggeblieben ist. Verstehen Sie, was ich damit meine?«
»Natürlich verstehe ich das«, sagte Karen schnell.
»Ich bin also hergekommen. Ich möchte sie kennenlernen, und ich hoffe, daß Sie mir das erlauben.«
Karen konnte dieser Frau eine gewisse Bewunderung nicht verwehren, für den Mut, einen solchen Schritt zu tun. »Ich bin einverstanden«, sagte sie vorsichtig. »Aber alles übrige – verstehen Sie mich richtig – müssen Sie Jenny überlassen ...«
»Natürlich«, sagte Alice. Erleichtert sank sie in ihren Stuhl zurück.

»Ich gehe jetzt und sage ihr, daß Sie hier sind«, sagte Karen. Kurz vor der Tür drehte sie sich noch einmal um. »Ich muß Sie warnen. Jenny sieht ihrer Mutter sehr ähnlich.«
»Danke, daß Sie mir das gesagt haben«, entgegnete Alice, gleichzeitig erfreut und verwirrt.
»Ich bin gleich wieder da.«

Karen konnte es insgeheim nicht fassen, wie bereitwillig Jenny auf den Vorschlag eingegangen war, diese Fremde, ihre Großmutter, kennenzulernen. Es schien, als würden die entsetzlichen Geschehnisse der vergangenen Tage Jenny stählen.
Als Jenny die Küche betrat, lächelte sie Alice schüchtern an.
»Hallo«, sagte sie.
Alice traten Tränen in die Augen, als sie das Mädchen sah. »Oh, du meine Güte!« sagte sie. »Du siehst genau wie sie aus.« Alice stand auf, ging zu Jenny und nahm das Gesicht ihrer Enkelin in beide Hände.
Karen wollte schon gegen diese vertraute Geste rebellieren, doch dann sah sie, daß es Jenny außerordentlich stolz machte. »Ich weiß«, sagte Jenny tröstend. »Ich wünschte nur, ich hätte sie besser gekannt.«
Alice nickte und setzte sich wieder. »Sie war ein hübsches junges Mädchen, genau wie du.«
»Danke«, sagte Jenny und setzte sich Alice gegenüber.
Karen fühlte ihr Herz vor Stolz schwellen, als sie sah, wie sicher und einfühlsam Jenny ihrer Großmutter begegnete.
»Mein Vater hat Linda nicht getötet«, sagte Jenny.
Alice sah sie ernst an. »Nein?«
Jenny schüttelte den Kopf.
Alice drückte ihr die Hand. »Es ist richtig, daß du zu ihm hältst. Deine … Linda hat auch immer zu ihrem Vater gehalten. Wenn er doch nur erlebt hätte, daß sie zurückge-

kommen ist. Von diesem Tag hat er immer geträumt. Und er hätte mich daran gehindert, das zu tun, was ich mein Leben lang bereuen werde. Ich habe meine Tochter sehr schäbig behandelt. Ich habe es nur getan, um meinem Sohn einen Gefallen zu tun, aber es war nicht richtig.«
»Sie hat mir davon erzählt«, sagte Jenny. »Doch ich glaube nicht, daß sie dich dafür verantwortlich gemacht hat.«
Dann hat Jenny es also gewußt, dachte Karen, und ihr Geheimnis für sich behalten.
»Linda hat dir erzählt, wie ich reagiert habe?«
»Nur wenig. Ich war viel zu sehr damit beschäftigt, ihr meine Fotos und das alles zu zeigen. Da habe ich nicht richtig zugehört. Ich wollte die verlorene Zeit wettmachen.«
Alice seufzte. »Du bist die einzige gewesen, die Linda zu Hause willkommen geheißen hat, die sie nicht bestraft hat.«
Jenny senkte verwirrt den Blick. »Ich habe immer davon geträumt, sie kennenzulernen.«
Alice lächelte gerührt. »Vielleicht darf ich mir diese Bilder auch mal irgendwann anschauen.«
Jenny strahlte. »Natürlich. Soll ich sie holen?«
»Mrs. Emery meint nicht sofort«, mischte sich Karen ein.
»Das Ungestüm der Jugend ...« sagte Alice lächelnd.
»Ich wollte dich nicht drängen.«
»Oh, nein«, sagte Alice. »Ich möchte nur einen Grund haben, dich wiederzusehen.«
»Natürlich«, sagte Jenny.
»Es ist so seltsam«, sagte Alice. »Als würde ich sie wiedersehen – doch ohne diesen Zorn. Du weißt wohl, daß Mütter und Töchter manchmal heftig streiten können.«
Jenny warf Karen einen bedeutsamen Blick zu. »Ja. Das tun wir auch manchmal.«
»Weißt du«, sagte Alice, »ich hatte richtige Angst hierherzukommen. Ich mußte mich dazu zwingen.«

»Warum denn?« fragte Jenny.
»Jenny!« sagte Karen mahnend.
»Na ja, vielleicht ist das eine dumme Frage, nach all dem, was passiert ist«, sagte Jenny.
»Nein, sie ist schon richtig. Ich hatte wohl Angst vor dem Unbekannten.«
Jenny nickte.
»Aber ich muß jetzt gehen. Doch ich habe dir etwas mitgebracht.« Alice griff nach ihrer Einkaufstüte, suchte darin und holte eine hellblaue bemalte Katze daraus hervor.
»Das ist eine Spardose«, sagte sie und schüttelte die Katze. Münzen klimperten. »Sie gehörte Linda. Sie liebte Katzen und die Farbe Blau.«
»Ich auch«, rief Jenny. »Wie hübsch sie ist.«
Alice gab sie ihr. »Ja, Linda hatte diese Katze, als sie ungefähr in deinem Alter war. Natürlich sind junge Mädchen heutzutage viel erwachsener. Aber ich wollte dir etwas schenken, das ihr gehört hat. Das ihr viel wert war. Ich habe nichts, was ihr jetzt gehörte. Ich war nicht einmal dort, wo sie gelebt hat. Aber das ...«
»Es gefällt mir, wirklich«, sagte Jenny.
»Das freut mich«, sagte Alice. Sie stand auf.
»Und mich freut, daß du gekommen bist«, sagte Jenny.
Alice zögerte, doch dann umarmte sie Jenny schnell. Auch Jenny umarmte ihre Großmutter. Sie umklammerte dabei die Katze.
»Und vielen Dank für Ihr Verständnis, Mrs. Newhall.«
»Sagen Sie doch Karen zu mir. Und kommen Sie wieder. Bitte.«
Alice ging zur Tür, dann sah sie nachdenklich ihre Enkeltochter an. »Wie wundervoll«, murmelte sie. Und Karen hatte den seltsamen Eindruck, daß Alice über Zeit und Raum zu ihrer Linda sprach.

30

Da stand er leibhaftig vor uns«, sagte Frank Kearny. »Ich sagte zu meiner Frau: ›Der kommt mir aber bekannt vor.‹«
Nachdem die Kearnys Greg Newhall nach dem Weg gefragt hatten, waren sie zum *Bayland Inn* gefahren, hatten dort ein Zimmer genommen und gefrühstückt. Anschließend waren sie zur Hochzeit einer Großnichte gegangen. Und während des Empfangs hatte plötzlich einer der Gäste von dem Mord in der Stadt gesprochen. Da konnte sich Theresa Kearny erinnern, warum ihr dieser Mann bekannt vorgekommen war. Obwohl laut der Version, die die Kearnys der Polizei lieferten, ihr Ehemann den Flüchtigen erkannt hatte.
Walter Ference hörte die Geschichte jetzt zum drittenmal. Er stand auf und hustete in die vorgehaltene Hand. »Mr. Kearny, ich möchte Ihnen für Ihre Mühe danken, uns diese wertvolle Information zukommen zu lassen. Doch jetzt müssen Sie mich entschuldigen. Wir müssen uns um die Suche nach dem Flüchtigen kümmern.«
»Gibt's eine Belohnung, wenn Sie diesen Burschen fassen?« fragte Frank Kearny geradeheraus.
»Frank!« rief seine Frau vorwurfsvoll.
»Ich lebe von der Sozialhilfe. Da hilft jeder noch so geringe Betrag ...«
»Leider nicht«, sagte Walter.
»Warum nicht?« fragte Kearny.
In diesem Moment kam Chief Matthews auf sie zugeeilt.
»Sind das die Kearnys?« fragte er.

Walter nickte. »Das ist Chief Matthews.«
»Chief«, sagte Kearny respektvoll. Er freute sich über die Beachtung eines so hochgestellten Beamten.
»Wir können Ihnen gar nicht genug danken«, sagte Dale und schüttelte dem alten Mann die Hand. »Wir haben hinsichtlich dieser Fahndung schon eine Menge Hinweise bekommen, die aber zu nichts geführt haben. Das ist ein richtiger Durchbruch für uns. Und nicht jeder Bürger denkt so uneigennützig und läßt eine Hochzeitsfeier im Stich, um der Gerechtigkeit zum Sieg zu verhelfen ...«
»Komm, Frank. Laß uns zum Fest zurückgehen«, sagte Theresa. Frank zögerte, als wollte er noch einmal die Belohnung zur Sprache bringen, ließ es dann aber.
»Freut mich, daß ich Ihnen helfen konnte, Chief«, sagte er, als seine Frau ihn nach draußen drängte.
Dann sagte Dale zu Walter: »Ich habe alle verfügbaren Leute in Alarmbereitschaft versetzt. Natürlich hat der alte Kauz den ganzen Tag gebraucht, um zwei und zwei zusammenzuzählen. Jetzt könnte Newhall schon in Timbuktu sein.«
»So weit ist er sicher nicht gekommen«, sagte Walter. »Mich überrascht, daß er überhaupt noch in der Gegend ist. Ich dachte, er hätte sich nach Kanada oder Mexiko abgesetzt.«
Dale rieb sich die Hände. »Ich habe ein gutes Gefühl, Walter. Diesmal schnappen wir ihn.«
»Das hoffe ich aber«, sagte Walter.
»Ich will, daß unsere Leute sehr vorsichtig sind«, sagte der Chief. »Soviel wir wissen, ist er nicht bewaffnet, aber er ist sicher gefährlich. Und verzweifelt. Doch jetzt ans Werk. Jede Minute zählt.«

Jenny lag auf ihrem Bett und spielte mit der blauen Porzellankatze. Sie dachte über ihre Großmutter nach. Seltsam, wenn man mit dreizehn eine Großmutter bekam, die sozusagen aus heiterem Himmel herabschwebte. Eine Fremde taucht auf, die deine leibliche Mutter ist. Und dann stellt sich heraus, daß dein Vater wirklich dein Vater ist. Sie fragte sich, wie sie ihre Großmutter anreden sollte. Alles im Leben war jetzt seltsam. Und das meiste war unheimlich und schrecklich. Sie wünschte sich nichts so sehr, als daß alles wieder wie früher wäre.

Nicht, daß es ihr leid getan hätte, daß Linda gekommen war – niemals würde sie das bedauern. Schon als ganz kleines Mädchen hatte sie sich gefragt, wie ihre Mutter wohl aussähe. Und jetzt, da sie es wußte, da dieses Bild Gestalt angenommen hatte, schien sie alles verloren zu haben. Genau in dem Augenblick, als ihre Frage beantwortet worden war. Sie hatte Linda verloren. Und vielleicht auch ihren Vater, obwohl Jenny diesen Gedanken sofort weit von sich schob. Vielleicht wollte ihre Mutter aufgeben, sie jedenfalls war nicht bereit dazu. »Du glaubst, daß er dir den Mond vom Himmel holen kann«, sagte ihre Mom immer, wenn sie von Dad sprach. Und das stimmte. Jenny glaubte daran.

Ehe das alles geschehen war, schien es Jenny, daß sie sich oft unmöglich aufgeführt hatte, immer unzufrieden gewesen war. »Oh, mein Gott«, flüsterte sie, »wenn du alles wieder in Ordnung bringst, verspreche ich dir, mich nie mehr zu beklagen oder böse zu sein.« Wenn dieses Gebet auch über ihre Lippen kam, sie glaubte eigentlich nicht daran, daß Gott oder irgend jemand das Leben wieder wie früher werden lassen könnte.

Jenny hörte, wie das Telefon läutete, doch sie rührte sich nicht vom Bett.

»Liebling, Peggy ist am Apparat«, rief Karen vom Fuß der Treppe her.

»Okay«, sagte Jenny und seufzte. Sie stand auf und ging ins Elternschlafzimmer.

»Hallo, Peg«, sagte sie.
»Wie geht's dir?«
»Gut. Was gibt's?«
»Hör mal, wollen wir heute abend ins Kino gehen? Es gibt den neuen Film mit Arnold Schwarzenegger.«
Jenny geriet in Verzückung. Es wäre toll, im dunklen Kino zu sitzen, Popcorn zu essen und Cola zu trinken und für ein paar Stunden alles zu vergessen. Und sie wußte, daß ihre Mutter sie gehen lassen würde. Daran lag es nicht. Aber sie brauchte mindestens zehn Dollar für den ganzen Spaß, und um das Geld wollte sie nicht bitten. Sie wußte, daß ihre Mutter Geldsorgen hatte.
»Jenny?« fragte Peggy. »Du wolltest den Film doch sehen, oder?«
»Ja«, sagte Jenny. »Aber heute abend bin ich müde.« Den wahren Grund konnte sie Peggy nicht sagen, denn dann würde Peggy sie einladen, und das wollte sie nicht.
»Stimmt was nicht?« fragte Peggy.
»Du spinnst wohl.«
»Ich meine, ist was passiert?«
»Ja, was Komisches. Ich erzähle es dir, wenn wir uns in der Schule sehen.«
»Okay«, sagte Peggy verunsichert. »Ruf mich an, falls du deine Meinung änderst.«
»Mach ich«, sagte Jenny und legte auf. Sie ging in ihr Zimmer zurück.
»Was wollte Peggy?« rief Karen die Treppe hoch.
»Nichts«, sagte Jenny und schloß die Tür ihres Zimmers. Sie legte sich wieder aufs Bett, nahm die Katze und fuhr mit den Fingern über das aufgemalte Muster aus Erdbeeren und weißen Blüten. Es war ein komisches Gefühl, daran zu denken, daß Linda, ihre Mutter, vor vielen Jahren darin ihre Ersparnisse aufbewahrt hatte. Sie fragte sich, wofür Linda

ihr Geld gespart hatte. Damals gab es noch keine CDs. Wahrscheinlich für Schallplatten. Ihre Eltern besaßen eine Sammlung Schallplatten aus ihrer Jugendzeit. Und Kleider natürlich. Jenny drehte die Spardose gedankenverloren in ihren Händen. Die Münzen darin klapperten.

Mal sehen, wieviel sie gespart hat, dachte Jenny, setzte sich auf und betrachtete die Katze mit neuem Interesse. Sie hielt sie ans Ohr und schüttelte sie. Neben dem Klingeln glaubte sie ein Rascheln zu hören. Vielleicht Dollarnoten. Vielleicht war genug darin, daß sie ins Kino gehen konnte.

Neugierig geworden, wollte Jenny den Gummipropfen herausziehen, doch der rührte sich nach so langen Jahren nicht von der Stelle. Sie legte die Katze aufs Bett und holte eine Nagelfeile. Dann steckte sie die Feile vorsichtig zwischen den Propfen und den Rand des Lochs, um die Spardose nicht zu zerkratzen.

Der Pfropfen löste sich. Jenny drehte die Katze um, und eine Menge Münzen fielen auf ihr Bett. Dann schüttelte sie die Katze und konnte wieder dieses Rascheln hören. Sie steckte ihren Finger in das Loch und ertastete das Papier, wußte jedoch sofort mit einem Gefühl der Enttäuschung, daß es kein Geld war. Vorsichtig zog sie es heraus.

Es handelte sich um ein leicht verschmutztes, vielfach gefaltetes, lilafarbenes Blatt Papier. Jenny fing an, es zu entfalten, doch dann schüttelte sie die Katze noch einmal. Mit leisem Rascheln blieb ein Stück Zeitung in der Öffnung hängen, auch dieses mehrfach gefaltet. Jenny glättete es und hielt einen Zeitungsartikel in den Händen, der vor fast fünfzig Jahren im *Des Moines Register* in Des Moines in Iowa erschienen war. Undeutlich konnte man auf einem Schnappschuß einen blassen, hohläugigen Mann namens Randolph Summers erkennen. Unter seinem Foto stand: »Strafgefangener entkommt, nachdem er Wache aus dem Hinterhalt überfallen hat.« Der Artikel befaßt sich damit, daß ein Häftling, der eine zwanzigjährige bis lebenslange Strafe wegen bewaffneten Raubüberfalls zu verbüßen hatte, aus einer Strafvollzugsanstalt entkommen sei und man die Öffentlichkeit vor diesem gefährlichen Kriminellen warne.

Jenny las den Artikel noch einmal und fragte sich, warum Linda gerade diesen Zeitungsartikel in ihrer Sparbüchse versteckt hatte. Sie mußte gute Gründe gehabt haben, ihn dort zu verwahren. Jenny hatte ein ungutes Gefühl, als sie ihn auf ihr Bett legte. Stirnrunzelnd griff sie dann nach dem Blatt Papier und entfaltete es.

31

Der letzte Zug des Tages hielt in Bayland um zwanzig Uhr siebenundvierzig. Die beleuchtete Uhr über dem Bahnsteig zeigte einundzwanzig Uhr, und es hatte zu nieseln angefangen, als Greg am Bahnhof ankam. Es war dort so ruhig wie auf einem Friedhof. Der Bahnhof war verschlossen; heute würde es dort keine Reisenden mehr geben.
Greg ließ seinen prüfenden Blick über den Parkplatz wandern. Da an diesem Tag kein Zug mehr fuhr, würden die geparkten Autos dort bis morgen oder noch länger stehen. Und Greg brauchte an diesem Abend einen Wagen.
Er fuhr mit der Hand über sein frischrasiertes Gesicht. Mit dem Haus der Kingmans hatte es besser als erhofft geklappt. Während der Renovierung bewohnten die Eigentümer ihr Haus nicht, und Greg hatte dort in aller Ruhe duschen und sich rasieren können. Dann hatte er sich von Mr. Kingman eine Hose und ein Polohemd geliehen. Seine schmutzige Kleidung hatte er in einen Wäschekorb geworfen. Es würde noch eine ganze Weile dauern, bis in diesem Haus gewaschen wurde und jemand etwas merkte. Nachdem er noch einen Schraubenzieher mitgenommen hatte, war er zum Bahnhof gegangen.
Jetzt hatte er sich für einen schwarzgrauen Toyota entschieden, ein unauffälliges Auto, mit dem er sich auskannte, weil er als Jugendlicher in einer Tankstelle gearbeitet hatte.
Greg war nervös und warf einen Blick über seine Schulter. Die verstärkte Präsenz der Polizei in der Stadt war ihm nicht

entgangen. Diese Leute heute früh hatten ihn erkannt, dessen war er sich sicher. Es hatte jetzt keinen Sinn, daß er sich wegen seines Fehlers Vorwürfe machte. Er mußte sich auf seine Aufgabe konzentrieren. So lässig wie möglich ging er über den Parkplatz zu dem Toyota. Er mußte in die »Harborview Bar« und einen Versuch wagen. Er wußte, es war ein kühner Versuch, aber was machte das schon für einen Unterschied? Immerhin besser als überhaupt kein Versuch. Er würde den Wagen nehmen und ihn im Laufe der Nacht zurückbringen. Der Eigentümer würde nichts merken.

An dem Toyota angekommen, legte er die Hand auf den Türgriff. Genau in diesem Moment fuhr ein Streifenwagen langsam auf den Parkplatz und hielt auf der anderen Seite der geparkten Autos. Gregs Magen verkrampfte sich. Der Polizist öffnete die Tür, das Licht im Wagen ging an. Voller Entsetzen beobachtete Greg, wie der Officer ins Handschuhfach griff und dann ausstieg. Er streckte sich, und als er das tat, sah er Greg in der Dunkelheit neben dem Toyata stehen. Ohne zu überlegen, winkte Greg ihm zu. Der Officer winkte zurück und holte dann eine Schachtel Zigaretten aus seiner Hemdtasche, schüttelte eine aus dem Päckchen und zündete sie, gegen seinen Streifenwagen gelehnt, an.

Bald würde sich der Cop wundern, warum Greg nicht in seinen Wagen stieg. Wie ein Mann, dessen Leben bedroht wird, mit zitternden Knien, drückte Greg auf den Türgriff, und die Tür öffnete sich. Er konnte es nicht fassen. Er schloß die Augen und dankte Gott. Das war ein Zeichen. Ein Omen. Eigentlich glaubte er nicht an solche Dinge, aber hier war es wohl so. Greg stieg ein und schloß den Toyota kurz. Er war schweißgebadet, und sein Herz klopfte wild. Er schaltete die Scheinwerfer ein, und der Polizist gegenüber hob eine Hand, um nicht geblendet zu werden. Greg fuhr schnell vom Parkplatz in die Nacht hinaus, ohne Führerschein, ohne Schlüssel und ohne die leiseste Ahnung, wessen Wagen er fuhr.

Walter Ference kaute auf seinem Sandwich herum und starrte grämlich auf den gerahmten Druck, der sich zwischen dem Küchentisch und der Wand verklemmt hatte. Heute morgen war das Bild heruntergefallen, als er Kaffee trank, was ihm einen Riesenschrecken eingejagt hatte. Sofort hatte er an Sylvia denken müssen, die ja prophezeit hatte, daß das Bild herunterfallen würde, und er hatte sich darüber doppelt geärgert, weil sie recht gehabt hatte. Hammer und Nägel hatte er bereits auf den Küchentisch gelegt. Er sollte das Bild aufhängen, ehe Emily wieder aus der Klinik kam, aber das würde noch einen Monat oder länger dauern. Also brauchte er sich damit nicht zu beeilen.
Ohne Emily war es im Haus still. Das erinnerte ihn an seine Jugend, wenn er von der Schule nach Hause gekommen war. Er kam immer vor Sylvia, und seine Mutter pflegte dann in ihrem abgedunkelten Schlafzimmer zu sein. Sylvia hatte ihm oft erzählt, daß sie, ehe der Vater starb, Bedienstete gehabt hätten, aber daran konnte sich Walter nicht erinnern. Eigentlich konnte er sich an seinen Vater überhaupt nicht erinnern. Nur an diese Stille, dieses Schweigen. Manchmal stand er vor der Tür des Schlafzimmers seiner Mutter und rief nach ihr, aber sie antwortete ihm nie. Dazu sei sie zu krank, sagte sie. Und oft verließ sie den ganzen Tag ihr Zimmer nicht oder jedenfalls nicht, wenn die Kinder zu Hause waren. Sie sagte ihnen beiden, daß sich Sylvia um alles kümmern solle. Sylvia war der Boß, und Mutter wünschte nichts mehr darüber zu hören. Die Tür blieb verschlossen, sosehr er auch flehte.
Walter stand unvermittelt auf und trug seinen Teller zum

Spülbecken. Er starrte aus dem Fenster in den Regen und fuhr mit dem Finger über die keilförmige Narbe auf seiner Stirn. Es war ein Fehler gewesen, einem Mädchen in der Pubertät so viel unbegrenzte Macht zu geben. Er betrachtete den Hammer auf dem Tisch; aber es war müßig, sich zu fragen, ob das derselbe Hammer war, mit dem Sylvia ihn verletzt hatte. Er konnte sich nicht erinnern, was er getan hatte, daß sie mit dem Hammer auf ihn losging. Sie war sechs Jahre älter als er, größer und stärker, und es gab viele Dinge, die er tat, um sie wütend zu machen.
Emily hatte immer gewußt, daß er seine Schwester nicht leiden konnte, obwohl er ihr nie viel darüber erzählt hatte. Nur, daß Sylvia ziemlich gemein werden konnte, wenn er nicht tat, was sie wollte. Doch Emily sagte immer, ihre Mutter habe Sylvia eine schreckliche Bürde auferlegt und Sylvia räche sich dafür an ihm. Walter stimmte seiner Frau zu. Es hatte keinen Sinn, darüber zu diskutieren, denn Emily versuchte immer, die Fehler anderer Menschen zu entschuldigen. Er erzählte ihr nie, daß er ganze Tag in seiner Kindheit darüber phantasiert hatte, wie ... nun ... diese Phantasien über Sylvia hatte er nie in die Tat umgesetzt, und er dachte kaum noch daran. Das waren alte Phantasien. Nie würde er sie realisieren.
Es klopfte an der Tür, und Walter schrak zusammen. Er schaute zur Hintertür. Durch die gerafften Vorhänge konnte er Phyllis Hodges' eckiges Gesicht erkennen. Sie machte ihm Zeichen, er solle die Tür öffnen. Sie winkte aufgeregt, fast hektisch.
Walter ging zur Tür und öffnete sie. »Hallo, Phyllis«, sagte er.
Phyllis rauschte wie ein Wirbelwind an ihm vorbei. »Walter«, rief sie, »ich bin froh, daß ich dich gefunden habe. Wo ist deine Frau?«

Walter runzelte die Stirn. »Sie fühlt sich nicht wohl.«
»Oh, das tut mir leid«, sagte Phyllis flüsternd.
»Sie ist nicht zu Hause«, sagte Walter. »Sie ist im Krankenhaus.«
»Im Krankenhaus?« rief Phyllis. »Ist es ernst?«
»Nein«, erwiderte Walter knapp. »Was kann ich für dich tun?«
»Zuerst habe ich im Revier vorbeigeschaut, aber man sagte mir, du seist zum Abendessen heimgegangen. Der Chief will nicht mit mir reden. Du weißt ja, daß er mich nicht leiden kann.«
Phyllis hatte eine Art zu sprechen, die Walter fürchterlich auf die Nerven ging. Er haßte diese schrille Stimme, diesen rechthaberischen Ton, in dem gleichzeitig immer so etwas wie Selbstmitleid durchklang. Phyllis war nie attraktiv gewesen, auch früher nicht. Er hatte sie nie gemocht.
»Ich konnte einfach nicht warten. Deshalb bin ich gekommen.«
»Was ist denn so dringend?«
»Ich weiß, wie du einen Augenzeugen für den Mord an Eddie McHugh finden kannst.«
Walter starrte Phyllis an. Ihr Gesicht war vor Aufregung gerötet. Sein Herz fing an, unregelmäßig zu schlagen, doch seine Stimme blieb ausdruckslos. »Wir sind uns nicht sicher, ob es Mord war«, sagte er.
»Natürlich war es Mord«, sagte Phyllis ungeduldig. »Alle wissen das.«
»Phyllis, das ist doch reine Spekulation.« Er lehnte sich gegen den Eckschrank und verschränkte die Arme vor der Brust.
Phyllis stellte sich vor ihn, engte ihn ein. »Ich habe es rausgefunden. Soll ich es dir erzählen?«
»Natürlich«, sagte Walter gedehnt. Er glaubt, ihren schalen

Atem im Gesicht zu spüren, obwohl das unmöglich war, denn sie reichte ihm kaum bis zur Schulter.

»Wer, glaubst du, hat Eddie McHugh ermordet?« fragte Phyllis. Noch ehe Walter antworten konnte, plapperte sie weiter: »Ich behaupte, daß es zwei Alternativen gibt. Erstens: Newhall hat ihn umgebracht. Das ist eine Möglichkeit. Schließlich hat Eddie behauptet, er habe gesehen, daß Newhall Linda geschlagen hat. Aber das kann Eddie auch erfunden haben, weil er dachte, daß die Polizei das hören will. Zweitens: Was ist, wenn er jemand anderen in dem Zimmer gesehen hat? Und daß diese Person nervös wurde, als sie meinen Artikel las?«

Natürlich glaubst du, daß dein Artikel der entscheidende Faktor ist, dachte Walter angewidert. Was für eine arrogante Närrin du bist! »Du kannst endlose Spekulationen anstellen«, sagte er ungeduldig. »Das alles ist bedeutungslos.«

»Nein, nein! Das ist der Punkt!« sagte Phyllis schrill. »Ich habe einen Plan.«

Sie stand zu nahe bei ihm und kläffte ihn wie einer von Sylvias kleinen Terriern an. »Entschuldige«, sagte er kalt. Phyllis trat einen Schritt zurück, so daß Walter gerade an ihr vorbeischlüpfen konnte. Dann fuhr sie unbeirrt fort: »Mir fiel ein, daß ich über solche Dinge schon gelesen hatte. Ich habe dann nachgeschaut. Sieh mal.« Sie gab ihm ein Stück Papier. Darauf standen Name und Adresse eines Arztes in Philadelphia.

»Was ist das?«

»Der Lokführer«, sagte Phyllis.

Walter sah sie stirnrunzelnd an. »Wovon redest du?«

»Er behauptet doch, daß er sich an das Geschehene nicht erinnern kann, richtig? Er sah nur Eddie, der plötzlich vor ihm auftauchte.«

»Ja, das hat der Mann gesagt.«

»Aber als du ihn befragt hast, stand er wahrscheinlich unter Schock.«
»Das haben wir berücksichtigt, Phyllis. Er wurde heute noch einmal vernommen. Er steht nicht mehr unter Schock.«
»Ja. Aber er ist noch immer traumatisiert.« Phyllis konnte kaum ihren Triumph verbergen. »Er kann sich nicht daran erinnern, was er gesehen hat, weil er durch das Geschehene traumatisiert wurde. Ich meine, er hat einen Mann getötet. Zwar geschah das unabsichtlich, aber er hat getötet.«
»Ja, und?«
»Also«, sagte Phyllis, immer lauter werdend, »dies ist die Adresse eines Mediziners der Universität von Pennsylvania in Philadelphia, der ein Spezialist auf diesem Gebiet ist. Er hypnotisiert die Leute, und unter Hypnose erinnern sie sich dann, was sie gesehen haben. Ich erinnere mich, über einen Fall gelesen zu haben. Da ging es um einen U-Bahn-Fahrer. Und dann fand ich schließlich den Artikel in der Bibliothek. Jedenfalls bringen wir den Lokführer zu dem Arzt, lassen ihn hypnotisieren, und dann wird er sich an die Person erinnern, die Eddie auf die Schienen stieß. Vielleicht kann er den Typ sogar beschreiben.«
Es hatte etwas Widerliches an sich, wie Phyllis den Polizeijargon benutzte. Walter wußte, daß sie sich dazu berechtigt glaubte, weil ihr Vater ein Cop gewesen war. Und dieser triumphierende Gesichtsausdruck machte ihn rasend vor Wut. Er zwang sich, auf die Worte zu achten. Er konnte sich die ganze Szenerie gut vorstellen. Den hypnotisierten Lokführer, der in jene Situation zurückversetzt wurde und plötzlich wieder die Schienen vor sich sah, den Mann, der gestoßen wurde, und die Person, die ihn stieß: Und wenn er die Augen wieder öffnete, würde er Walter ansehen. Phyllis hatte recht. Die Idee war gut.
»Was hältst du davon?« fragte Phyllis stolz.

»Es könnte klappen«, sagte Walter.
»Das meine ich auch«, sagte Phyllis begeistert. »Weißt du, ich möchte gern ein Buch über diesen Fall schreiben. Dann werde ich dich in meinen Danksagungen nennen. Onkel Walter«, sagte sie schelmisch und benutzte die Anrede aus ihren Kindertagen.
»Danke«, sagte Walter feierlich und steckte den Zettel mit dem Namen des Arztes in seine Jackentasche.
»Warte«, sagte sie und griff spielerisch nach dem Zettel in seiner Tasche. »Das ist mein geistiges Eigentum. Ich habe das herausgefunden, und ich will dafür die Anerkennung haben.«
Walter stieß ihre Hand weg, wie man eine lästige Fliege verscheucht, und ging zu dem Tisch, wo der Hammer lag.
»Nein«, sagte Phyllis verärgert, »ich bin zu dir gekommen, weil ich dabei Hilfe brauche. Aber das gibt dir kein Recht, mich zu übergehen.«
Das ist wirklich eine üble Situation, dachte Walter. Stan Hodges war kein schlechter Kerl gewesen. Sie hatten zusammen Poker gespielt, waren zu Picknicks gegangen, hatten die Dinge zusammen getan, die Cops eben tun. Eine Art Kameradschaft war das gewesen. Einer für alle und so weiter. Aber das hier hatte Phyllis selbst zu verantworten. Wenn er noch leben würde, sogar Stan müßte das zugeben. Außerdem mußte er sie zum Schweigen bringen. Diese Geschichte geriet außer Kontrolle, und wenn sie noch lange genug und laut genug rumkläffte, würden die Leute ihr zuhören. Er nahm den Hammer und drehte sich um, sah ihr ins Gesicht. Phyllis, die sich noch immer beklagte, schwieg abrupt, als sie den Ausdruck auf seinem Gesicht sah. »Was hast du mit dem Hammer vor?« fragte sie. »Willst du mir etwa drohen? Das ist ja krankhaft.«
Walter schwieg. Hinter den Gläsern seiner Brille funkelten

seine Augen kalt. Er starrte sie eindringlich und doch wie abwesend an. Es war unheimlich. Noch nie hatte sie einen solchen Blick gesehen. Sie kam sich ganz klein vor, wie ein Stück Dreck. Seine Hände spielten mit dem Griff des Hammers.
»Okay, du kannst den blöden Zettel behalten«, sagte sie. Doch noch während sie das sagte, wußte sie, daß sie keine Entscheidung mehr treffen konnte. Plötzlich war ihr klar, daß sie nie hätte kommen dürfen. Sie war in Gefahr. Das begriff sie; sie war nicht dumm. Geh, dachte sie. Sag nichts mehr. Geh einfach. Sie drehte sich um und hastete zur Tür. Doch mit einer schnellen Bewegung trat Walter vor sie und blockierte ihr den Weg.
»He!« protestierte sie, aber ihre Stimme klang hohl. Beweg dich, befahl sie sich, aber sie konnte sich nicht von der Stelle rühren. In der Sekunde entsetzlichen Begreifens, als Walter den Hammer schwang, hob sie die Hände. Er zielte auf ihren Kopf, und der Hammer fuhr herunter.

32

Mom!«

Der Schrei von oben erschreckte Karen derart, daß sie sich mit dem Messer, mit dem sie gerade einen Apfel schälte, in den Finger schnitt. Sie riß ein Küchentuch von der Rolle ab und wickelte es um ihren Finger.

»Was gibt's?« rief sie und lief in den Flur.

Jenny stürmte die Treppe hinunter. Ihr Gesicht war weiß. In den Händen hielt sie ein Blatt Papier und einen alten, vergilbten Zeitungsausschnitt. Als sie das Blut sah, blieb sie abrupt stehen. »Hast du dich geschnitten?«

»Ja«, sagte Karen unwirsch. »Was ist los? Warum hast du so geschrien?«

Jenny sah ihre Mutter mit großen Augen an und hielt ihr die Papiere hin. »Schau mal. Was ich in Lindas Spardose gefunden habe.«

Karen wollte danach greifen.

»Nein. Beschmier sie nicht mit Blut«, sagte Jenny. »Ich hole dir ein Pflaster.«

»Danke«, sagte Karen. Sie ging ins Wohnzimmer und setzte sich aufs Sofa. Jenny erschien mit einem Pflaster und verband ihrer Mutter den Finger. Karen kam sich wie ein kleines Kind vor, als ihre Tochter das tat.

»So«, sagte Jenny. Sie kniete vor Karen.

»Danke, Liebling«, sagte Karen.

Jenny sah ihrer Mutter in die Augen und ließ die Hand auf Karens Knie liegen. »Mom, ich glaube, ich habe was sehr Wichtiges gefunden.«

Karen betrachtete neugierig die Papiere, die Jenny auf den Couchtisch gelegt hatte. »Was ist das?«
»Lies es«, sagte Jenny. »Ich habe sie in Lindas Spardose gefunden. Lies den Zeitungsartikel zuerst. Aber sei vorsichtig. Die Dinger sind alt.« Sie nahm das blutbefleckte Küchentuch. »Das werfe ich weg, und du liest.«
»Okay«, sagte Karen, griff vorsichtig nach dem Zeitungsausschnitt und überflog ihn. Jenny verschwand in der Küche.
Karen las den alten Zeitungsartikel mehrmals. Ein Strafgefangener war entkommen. Randolph Summers. Eine über vierzig Jahre alte Story aus dem Mittleren Westen. Viel konnte sie mit dieser Geschichte nicht anfangen, aber es war seltsam, daß ein junges Mädchen sie aufgehoben hatte.
Karen legte den Zeitungsausschnitt zur Seite und griff nach dem angeschmutzten lila Blatt Papier. Die Handschrift darauf war unreif, mädchenhaft. Es gab keine Anrede. Worte bedeckten die Seite ohne Absatz, ohne Rand. Sie las:

Ich weiß nicht, was ich tun soll. Niemandem auf der Welt kann ich davon erzählen. Immer wieder habe ich darüber nachgedacht, aber es gibt keine Antwort. Wenn ich sage, was er mir antut, dann wird er das von Daddy erzählen, und Daddy muß dann für sein ganzes Leben ins Gefängnis gehen. Zuerst habe ich ihm nicht geglaubt, aber dann hat er mir diesen Zeitungsartikel als Beweis gegeben. Der Mann auf dem Foto ist mein Vater. Deshalb muß ich schweigen und alles tun, was er will. Aber ich kann es nicht länger ertragen. Er macht so schreckliche Sachen mit mir, und es tut auch weh. Und ich darf es nicht sagen. Jeden Tag, wenn ich aufwache, wünschte ich, ich wäre tot. Ich bitte Gott, mir zu helfen, aber Gott hört mich nicht. Nie werde ich heiraten und ein normales Leben führen können, weil er mich ruiniert hat, und die Männer werden jetzt denken, daß ich nur Abfall bin. Ich weiß, es wäre eine Todsünde, wenn ich mich umbrächte, aber manchmal scheint es mir das Beste zu sein, was ich tun kann.

Karen las das Schreiben mehrmals. Jenny kam wieder und setzte sich neben sie. Aufmerksam beobachtete sie die Reaktion ihrer Mutter.
»Mein Gott«, murmelte Karen. »Armes Ding. Arme Linda.«
Ganz plötzlich begann Jenny zu weinen und sah ihre Mutter hilflos an.
Karen schüttelte den Kopf. Es war entsetzlich, sich das vorzustellen. Sie drückte die Hand ihre Tochter. »Armes Ding«, wiederholte sie, und auch in ihre Augen traten Tränen.
»Was bedeutet das, Mom? Na ja, ich weiß schon, was es bedeutet, aber …«
Karen sah ihre Tochter an, die zwar noch ein Kind war, aber dank Fernsehen und Kino über die häßlichen Seiten des Lebens durchaus Bescheid wußte. Wieder drückte sie Jennys Hand. »Deine Mutter war das Opfer eines entsetzlichen Verbrechens. Sie wurde mit dieser Information über ihren Vater erpreßt.«
»Ihr Vater war ein entlaufener Sträfling? Glaubst du, daß meine … daß ihre Mutter das wußte?«
Karen schüttelte langsam den Kopf. »Nein, das glaube ich nicht. Ich glaube, daß ihr Vater dieses Geheimnis für sich behalten hat. Und Linda ebenfalls. So wie ihr Peiniger das wollte.«
»Und dieser Mensch hat sie erpreßt … aber nicht wegen Geld«, sagte Jenny. Es war keine Frage, sondern eine Feststellung.
»Nein«, sagte Karen grimmig. »Nicht des Geldes wegen. Das arme Mädchen.«

»Warte mal, Mom!« rief Jenny aufgeregt. »Du glaubst doch nicht, daß Dad der Mann war?«
Karen sagte überrascht: »Dad? Nein, nein. Natürlich nicht.« Sie las das Schreiben noch einmal und wünschte, Linda hätte den Namen ihres Peinigers genannt. Dann dachte sie an das junge Mädchen von vor so vielen Jahren, das ihren geliebten Vater, ihre Familie beschützt hatte. Und diesen Schutz mit dem bezahlt hatte, was sie besaß: ihre Unschuld und ihre Würde. »Du hast recht«, sagte sie dann zu Jenny. »Diese Papiere sind sehr wichtig. Dieser Mann, von dem sie spricht, ist ihr Mörder. Dessen bin ich mir sicher. Auch dein Vater hatte recht. Deshalb ist sie wieder hierhergekommen.«
»Was willst du damit sagen, Dad hatte recht?«
Karen war verwirrt. Jenny wußte nichts von diesem Treffen in der Schule. »Ich meinte nur ... er sagte mir, es müsse eine andere Erklärung geben. Und das ist sie.«
Jenny lachte hohl. »Und ich habe geglaubt, sie sei meinetwegen gekommen.«
»Auch deinetwegen«, sagte Karen geistesabwesend, weil sie über die Papiere und ihre Bedeutung nachdachte. »Aber das war nicht der einzige Grund ...«
»Aber warum nach all diesen Jahren?« fragte Jenny. »Das ergibt doch keinen Sinn.«
»Hmm ...« sagte Karen stirnrunzelnd. Sie dachte nach. Linda war gekommen, um Jenny zu sehen. Um ihre Mutter zu sehen ... Und plötzlich begriff sie, warum. Alles ergab einen Sinn. »Weil ihr Vater jetzt tot ist«, sagte sie.
»Wer?« fragte Jenny verwirrt.
»Ihr Vater«, sagte Karen. »Sie hat uns doch erzählt, daß ihr Vater vor ein paar Monaten gestorben ist. Das bedeutet: Der Erpresser hatte keine Macht mehr über sie, da man ja ihren Vater nicht mehr ins Gefängnis stecken konnte.«

Jenny sprang mit einem glücklichen Schrei auf. »Du hast recht! Mom, du bist ein Genie!«
Karen bedeutete ihr, sich wieder zu setzen. »Reg dich nicht so auf. Wir wissen noch nicht, wer dieser Mann ist.« Sie blickte aus dem Fenster, in die Dunkelheit, den herabrinnenden Regen und kam sich plötzlich verletzbar vor. Ein schrecklicher Mensch hatte sie in diese häßliche Geschichte verstrickt und die Schuld auf Greg geschoben. Jemand, der durch und durch schlecht war und zuviel über sie wußte. Sie wünschte, Greg wäre hier, bei ihnen. Sie haßte es, allein im Haus zu sein, ohne ihren Mann. Aber niemand wußte von diesen Papieren, fiel ihr dann ein. Niemand wußte, daß sie sie hatte. Der Mörder glaubte sich immer noch in Sicherheit.
»Die Polizei kann herausfinden, wer dieser Mann ist. Jetzt, wo wir diese Papiere haben. Und Dad kann nach Hause kommen«, sagte Jenny.
»So einfach ist das nicht«, sagte Karen.
»Warum nicht? Wir rufen an und erzählen es.«
»Ich muß nachdenken«, sagte Karen. »Wir müssen das Richtige tun.«
»Komm, Mom. Je eher wir es der Polizei sagen, um so eher kann Dad zurück.«
Karen stand auf und ging zum Telefon im Flur. Jenny folgte ihr, ungeduldig von einem Fuß auf den anderen hüpfend.
»Wen rufst du an?« fragte sie, als Karen wählte.
»Unseren Rechtsanwalt«, sagte sie. »Mr. Richardson.«
»Ruf ihn nicht an. Der kann doch nichts tun.«
Enttäuscht hörte Karen dann die Stimme auf dem Anrufbeantworter: »Mr. Richardson ist geschäftlich verreist. Sie können ihn Dienstag morgen in seiner Kanzlei erreichen.«
Karen legte deprimiert den Hörer auf. »Er ist übers Wochenende verreist«, sagte sie.

»Dann gehen wir zur Polizei!« rief Jenny zufrieden. »Ich habe ihn gerettet«, sagte sie und tanzte wirbelnd durch den Flur. »Ich habe meinen Dad gerettet!«
»Still!« sagte Karen gebieterisch und starrte auf die Dokumente in ihrer Hand. »Still. Ich muß nachdenken.«

33

Die »Harborview Bar« war in Dartswich, einem Fischerdorf, ungefähr zwanzig Meilen von Bayland entfernt. Der Ort war weniger beliebt und wohlhabend als Bayland, weil es dort Umweltprobleme gab und Arbeitslosigkeit herrschte, da erst vor kurzem eine Konservenfabrik geschlossen worden war. Wie der kleine Ort, so wirkte auch die Bar trostlos, mit alten, staubigen Fischernetzen und anderen Gegenständen dekoriert. In einer Ecke stand eine Musikbox, die Hits aus den fünfziger Jahren spielte. Greg fand es irgendwie komisch, daß er in den Sachen, die er hatte mitgehen lassen, hier elegant wirkte, denn die Stammkunden trugen nur schmutzige Arbeitskleidung oder T-Shirts. Ein paar blickten gelangweilt auf, als Greg in die Kneipe kam, und wandten sich dann wieder ihren Gläsern zu. Greg setzte sich auf einen Barhocker an der langen Theke, lächelte den Burschen zwei Hocker weiter gequält an und wartete auf die Bardame.
Schließlich bequemte sie sich zu ihm. Ihr Haar hatte sie zu einem Pferdeschwanz gebunden, und sie trug ein weites T-Shirt. »Was soll's sein?« fragte sie.
Ohne etwas zu bestellen, würde Greg nie an die gewünschte Information kommen, das wußte er. Also bestellte er ein Bier vom Faß. Sie zapfte es und stellte das Glas vor ihn hin. Greg legte eine Fünfdollarnote auf den Tresen und winkte ab, als sie ihm das Kleingeld geben wollte. Das war fast sein letztes Geld, aber, so dachte er nicht ohne Galgenhumor, er hatte ja auch kaum Gelegenheit, welches auszugeben. Er

nippte von seinem Bier und wartete. Wie er vermutet hatte, kam sie zu ihm zurück, als sie ihre anderen Gäste bedient hatte.

Zögernd und mit klopfendem Herzen fing Greg eine Unterhaltung mit ihr an. Die Barfrau – die anderen Gäste nannten sie Yvonne – zündete sich eine Zigarette an und lehnte sich gegen das Regal mit den Flaschen. Wie jede gute Barfrau überließ sie ihm das Gesprächsthema. Schließlich kam er zur Sache.

»Sehen Sie«, sagte er, »ich bin nicht nur hier, um ein Bier zu trinken.«

Yvonne nahm einen tiefen Zug aus ihrer Zigarette, nickte und sah ihn abwartend an.

Greg holte das Foto aus seiner Tasche. »Ich brauche ein paar Informationen.«

Angewidert schüttelte Yvonne den Kopf. »Ein Cop«, sagte sie.

»Ich bin kein Cop«, protestierte Greg und legte das Bild auf den Tresen. »Das ist meine Frau.«

»Oh«, sagte Yvonne, ignorierte das Bild aber.

»Ich weiß, daß sie öfter alleine ausgeht. Den Namen dieser Bar habe ich in ihrem Notizbuch gefunden. Am Montag vor einer Woche. Ich will Sie nicht beleidigen, aber das ist keine Bar, in die Frauen ohne Männerbegleitung gehen.«

Yvonne lächelte verständnisinnig.

»Ich habe da einen Verdacht, wer der Bursche sein könnte«, sagte Greg. »Aber ich brauche Gewißheit.«

»Warum fragen Sie nicht Ihre Frau?« schlug Yvonne vor und drückte die Zigarette aus.

Greg schüttelte den Kopf. Er nahm das Foto und hielt es ihr hin. »Haben Sie an dem Abend gearbeitet?« fragt er.

Yvonne dachte nach. »Letzten Montag? Ja.«

»Können Sie sich das Bild nicht mal anschauen?«

Yvonne versuchte Desinteresse vorzutäuschen, aber die Neugier siegte. Sie nahm das Foto und warf einen Blick darauf. Dann gab sie es Greg zurück. »Ja«, sagte sie.
»Ja, was?« fragte Greg. Sein Herz machte einen Sprung.
»Sie war hier.«
»Ganz allein?«
»Wollen Sie's wissen oder nicht?«
»Mit ...«
»... einem Mann«, sagte Yvonne achselzuckend.
Greg spielte seine Rolle weiter und schlug mit der Hand auf den Bartresen. »Diese Schlampe! Wissen Sie noch, wie der Typ aussah?«
Yvonne kicherte. »Die beiden vergesse ich nicht«, sagte sie und genoß Gregs Reaktion.
»He, Yvonne. Noch eine Runde hier.«
Yvonne lächelte Greg wie eine Katze an. »Ich muß mich um meine Gäste kümmern«, sagte sie.
Greg war völlig verblüfft. Eine Zeugin. So leicht war das – wenn man wußte, wo man suchen mußte. Hoffnung keimte in ihm auf. Sie konnte ihn retten. Sicher würde sie das tun. Jetzt gab es einen Beweis, daß Linda mit einem anderen Mann an jenem Abend zusammengewesen war, lange nachdem er gegangen war. Er würde frei sein. Er versuchte, nicht an die Probleme zu denken, die ihn zu Hause erwarteten. Das Wichtigste jetzt war, sich von dem Mordverdacht zu befreien. Er sah Yvonne am anderen Ende der Bar mit Gläsern hantieren, und sie erschien ihm wie sein Schutzengel.
Als sie zu ihm zurückkehrte und sich wieder eine Zigarette anzündete, hätte Greg sie am liebsten umarmt. Lieber Gott, ich danke dir. Ich verdiene es nicht, aber ich danke dir.
Yvonne deutete mit ihrer Zigarette auf sein Glas. »Stimmt mit dem Bier was nicht?«

»Mein Magen ist nicht in Ordnung«, sagte er wahrheitsgemäß.
»Dann ist Bier immer gut.«
Greg wollte keine Zeit mehr verlieren. »Ich bin überrascht, daß Sie sich so gut an den Mann erinnern«, sagte er.
»Ach, das ist einfach«, sagte sie tonlos. »Schließlich ist er ein Cop.«
Greg starrte sie an, als würde sie chinesisch reden.
»Der Freund Ihrer Frau ist ein Bulle.«
Plötzlich war Greg ganz leicht im Kopf, und er fühlte sich schwach. »Woher wissen Sie das?«
»Was glauben Sie denn?« sagte sie. Der Effekt, den ihre Enthüllung auf Greg hatte, gefiel ihr. »Er kam in die Bar, und ich sah, daß er eine Ausbuchtung unter seiner Jacke hatte. Ich dachte schon, ich würde ausgeraubt oder noch Schlimmeres. Aber als er dann zahlte, sah ich die Polizeimarke in seiner Brieftasche.«
»Ein Cop.« Greg sackte auf seinem Hocker zusammen.
»Er war wohl nicht der Typ, den Sie verdächtigten, wie?«
Greg schüttelte den Kopf.
»Hey, vielleicht turteln die beiden gar nicht miteinander. Vielleicht geht's um was anderes. Jedenfalls sahen sie überhaupt nicht verliebt aus. Außerdem war der Typ so alt, daß er ihr Vater hätte sein können.«
Greg riß sich zusammen. »Wie sah er aus?«
Yvonne dachte kurz nach. »Graues Haar, Brille, hager. Ja, und eine Narbe auf der Stirn.«
Sofort erkannte Greg den Mann nach der Beschreibung. Der Detective, der den Mord an Linda aufzuklären hatte. Walter Ference. Das war unmöglich. Er konnte sich nicht erinnern, daß Linda je von einem Polizisten gesprochen hätte. Obwohl er – das mußte er zugeben – damals während der Zeit ihrer Beziehung sehr wenig von Linda gewußt hatte.

Sie war verstört gewesen, aber sie hatte nicht darüber geredet. Sie war verschwiegen. Doch warum sollte Walter Ference …? Na ja, aus welchen Gründen auch immer, es erklärte vieles. Greg war immer der Ansicht gewesen, daß derjenige, der ihm das angehängt hatte, von seiner Affäre mit Linda schon seit Jahren gewußt haben mußte. Aber Walter konnte auch erst vor kurzem davon erfahren haben, von diesem Zeugen, den er erwähnt hatte. In Greg hatte er dann den idealen Verdächtigen mit einem plausiblen Motiv gefunden und ihm den Schlüssel von Lindas Zimmer untergeschoben. Er war in der idealen Position gewesen, um Greg den Mord anzuhängen.
Ja, das ergab einen Sinn, dachte Greg. Doch gleichzeitig zerstörte es seine Hoffnung, sich entlasten zu können. Er stellte sich vor, er ginge zur Polizei und würde Walter Ference beschuldigen. Hallo, Jungs. Ich habe da einen Verdächtigen, euren Chef. Er sah Yvonne an. Nur eine Hoffnung blieb ihm noch. Doch noch ehe er sprach, wußte er schon, wie die Antwort lauten würde. Die meisten Leute hatten nicht die geringste Lust, sich mit der Polizei anzulegen, geschweige denn, mit dem Finger auf sie zu zeigen. Aber er mußte es probieren.
Greg beugte sich über die Bar. »Ich brauche Ihre Hilfe«, sagte er drängend.
Yvonne lachte spöttisch. »Ich weiß schon, was kommt. Vergessen Sie's.«
»Bitte«, sagte er. »Ich brauche jemanden, der ihn identifiziert.«
Yvonne schüttelte den Kopf. »Einen Bullen in die Pfanne hauen? Bin ich etwa lebensmüde?«
»Sie sind die einzige, die mir helfen kann«, flehte Greg.
»Schauen Sie«, sagte Yvonne. »Tut mir leid, daß Sie ein Problem haben, aber mit Polizisten lege ich mich nicht an.

Engagieren Sie einen Privatdetektiv. Mich lassen Sie da raus.«
»Sie begreifen die Situation nicht«, sagte Greg hilflos. Er merkte, daß er sie nicht erklären konnte. Er stand unter Mordverdacht und war auf der Flucht. Das machte ihn krank. »Bitte«, sagte er. »Mein Rechtsanwalt könnte sich mit Ihnen in Verbindung setzen.«
Yvonnes Augen wurden schmal. Rechtsanwälte konnte sie überhaupt nicht ausstehen. Sie wollte absolut klarstellen, daß sie sich raushalten würde. »Hören Sie mir gut zu«, sagte sie aufgebracht. »Ich habe Sie nie gesehen. Ich habe die beiden nie gesehen. Ich weiß nichts. Kapiert?«
»Aber ...« Er wollte nach ihrem Arm greifen, als wäre das ein Rettungsring.
»Hast du Probleme, Baby?« Ein stämmiger, rotgesichtiger Gast näherte sich Gregs Barhocker und starrte ihn streitlustig an. Greg wandte das Gesicht ab. Er hatte Angst, erkannt zu werden.
»Raus hier!« sagte Yvonne. »Verschwinden Sie.«
Greg glitt vom Hocker. Er konnte keinen Druck auf sie ausüben. Sie schuldete ihm nichts. Und sie würde ihre Meinung nicht ändern. Außerdem war es unklug, die Aufmerksamkeit auf sich zu lenken. Er mußte nachdenken. Und das konnte er hier nicht.
»Okay«, murmelte er. »Danke für das Gespräch. Entschuldigen Sie.« Dann eilte er mit gesenkten Augen zur Tür, um so schnell wie möglich aus der Reichweite von Yvonnes dickbäuchigem Retter zu gelangen.

34

Walter fuhr vorsichtig Phyllis' Volvo auf den Parkplatz des Cape Shore Einkaufszentrums und parkte in der Mitte, an einer unauffälligen Stelle. Es konnte Wochen dauern, bis jemandem der Wagen auffiel. Und diese Zeit war wichtig. Er brauchte Zeit.
Der Regen war günstig. Bei diesem Wetter trieben sich hier nicht mal Jugendliche rum. Er stieg aus dem Wagen und ging schnell zum Haupteingang, nur für den Fall, daß ihn jemand hatte kommen sehen. Nach einer Weile marschierte er zurück, zur Bushaltestelle. In dieser Regennacht war der Bus gut besetzt. Walter wählte einen Platz hinten. Er spähte aus dem Fenster in die Dunkelheit und sah sein Gesicht. Regentropfen rannen wie Tränen über die Scheibe.
Es war ein ganz normales Gesicht, außer der Narbe über der Braue. Nichts in diesem Gesicht ließ darauf schließen, daß er vor einer Stunde eine Frau erschlagen hatte. Während der Bus über die Straße rollte, ging Walter noch einmal seinen Plan durch.
Ehe er aus dem Haus gegangen war, hatte er Phyllis' Leiche in den Keller geschafft. Die Kellertür ging direkt auf die Einfahrt hinaus, wo sein Wagen stand. Später in der Nacht wollte er die Leiche in den Kofferraum legen. Niemand in der Nachbarschaft fand es ungewöhnlich, wenn er zu allen möglichen Zeiten kam und ging. Das gehörte zu seinem Beruf. Wo er die Leiche hinbringen wollte, darüber hatte er lange nachgedacht.
Nach reiflicher Überlegung war er zu dem Schluß gekom-

men, daß er es am besten so aussehen ließ, als wäre sie vom Einkaufszentrum aus entführt worden. Er wollte sich der Leiche an einer Stelle entledigen, wo sie erst nach Monaten gefunden würde, damit sie sich zersetzen konnte. Je weniger von ihr übrigblieb, um so weniger Beweise gäbe es. Jeder Cop wußte das. Mit Rachel Dobbs, dem Mädchen, das alle Amber nannten, hatte er Glück gehabt. Sogar er nannte sie jetzt Amber. Mit Linda hatte er nicht so viel Glück gehabt. Der Müllcontainer war ihm als günstiger Ort erschienen, sich Lindas Leiche zu entledigen. Wenn nur diese Leute ihren Müll nicht illegal dort entsorgt hätten, wäre Linda ohne Zwischenfall zur nächsten Deponie transportiert worden und verschwunden. Irgendwie hatte er das Gefühl, daß die Umstände sich jetzt gegen ihn verschworen. Er runzelte die Stirn, und seine blasse Narbe fing an zu pochen. Nie hatte er geplant, jemanden umzubringen. So einer war er nicht. Das mit Amber war ein Unfall gewesen. Nichts weiter. Es war unfair, ihn dafür verantwortlich machen zu wollen. Eine dicke Frau räusperte sich und starrte Walter böse an. Er blickte auf und sah, daß sie seinen Schirm mißbilligend betrachtete. Er nahm ihn vom Nebensitz. Die Frau machte ein großes Theater und wischte den Sitz demonstrativ ab, dann ließ sie sich darauf fallen. Walter drückte sich ans Fenster.

Erwachsene Frauen fand er ziemlich abstoßend. Solange er zurückdenken konnte, hatten ihm Teenager gefallen und sado-masochistische Sexualpraktiken. Aber die hatte er nur in seiner Phantasie ausgelebt. Jahrelang. Richtig auf den Geschmack gekommen war er erst in Vietnam, wo es Unmengen jugendlicher Prostituierter gab. Einmal hatte er sogar einem Mädchen die Nase gebrochen, aber ein paar Dollar hatten die Puffmutter besänftigt. Zurück in den Staaten, hatte er sich gesagt, daß er sich nun wieder mit seinen

Phantasien begnügen müsse. Und so wäre es wohl auch geblieben, wenn nicht das Schicksal eine Rolle gespielt hätte.

Die ganze Geschichte hatte damit angefangen, daß er in einem bewaffneten Raubüberfall ermittelte und dabei zufällig auf Informationen über Randolph Summers stieß. Und wußte, daß er dieses Gesicht kannte. Ironischerweise kam ihm ausgerechnet in der Kirche die Erleuchtung. Beim Gottesdienst saß er hinter Jack Emery und dessen Familie. Er achtete nicht auf die Predigt, saß nur neben Emily und starrte auf das hübsche junge Mädchen vor ihm, wobei er sie in Gedanken auszog. Ihr Vater saß neben ihr, und da überfiel ihn blitzartig die Erkenntnis. Randolph Summers war Jack Emery. Wären sie auf der Straße gewesen, hätte er den Mann wahrscheinlich festgenommen, aber sie waren in der Kirche. Und während er dort saß und über die Festnahme nachdachte, kam ihm diese Idee. Die mit Jack Emerys Tochter.

»Wie heißt die Straße hier?« fragte die Frau neben ihm.

Walter starrte aus dem Fenster. »Congress Street«, murmelte er, noch ganz in seine Erinnerungen versunken.

Die Frau hievte sich hoch und ging zur Tür. Walter atmete erleichtert auf.

Seine Gedanken wanderten wieder zu Linda. Mehrere Jahre hatte er über sie verfügt. Absolut. Jeden Wunsch hatte er sich erfüllt, jede Phantasie ausgelebt. Und das hatte besser geklappt, als er jemals zu träumen gewagt hätte. Und dann lief sie davon. Lange hatte er alle sexuellen Wünsche unterdrückt, sich mit Pornographie zufriedengeben müssen und davon geträumt, nach seiner Pensionierung nach Asien zurückzukehren. Und dann, eines Tages als er dienstfrei hatte, hatte er Rachel Dobbs beim Diebstahl in einem Schallplattengeschäft erwischt. Er war ihr gefolgt und hatte sie

angesprochen. Wie sich herausstellte, war sie aus Seattle und von zu Hause davongelaufen. Sie hatte niemanden, und sie hatte Angst und war bereit, alles zu tun. Und er hatte nicht widerstehen können.
Aber das war ein Fehler gewesen. Er hatte sie nicht so unter Kontrolle wie Linda. Sie fing an, ihn zu bedrohen, und da hatte er die Beherrschung verloren. Wie sie sich ihm widersetzt hatte, hatte ihn rasend gemacht. Und der Hammer im Werkzeugkasten war schnell zur Hand gewesen. Walter rutschte unbehaglich auf seinem Sitz hin und her. Plötzlich schien das Licht im Bus unangenehm hell.
»Bayland«, rief der Fahrer.
Walter stieg aus. Es tat wohl, wieder im Dunkeln zu sein.
Er öffnete seinen Schirm und machte sich auf den Weg nach Hause. Den Wagen hatte er abgestellt. Jetzt mußte er noch die Leiche loswerden. Nach langem Überlegen hatte er beschlossen, sie in einem der Sommerhäuser zu deponieren, deren Besitzer dieses Jahr nicht kamen, weil sie eine Europareise machten. Er wußte das, weil die Polizei dieses Haus jede Woche überprüfen sollte. Aber die Garage würde nicht inspiziert werden. Niemand würde das Tor das nächste halbe Jahr oder vielleicht Jahr öffnen.
Walter blickte auf und konnte sein Haus in einiger Entfernung sehen. Im Tageslicht wirkte es schäbig, die Farbe bröckelte ab, die Dachschindeln waren geborsten. Doch in der Dunkelheit wirkte es noch immer imposant. Walters Vater, Henry Ference, war ein berühmter Anwalt gewesen, und Walter glaubte, dessen Klugheit geerbt zu haben. Oft dachte er, daß er ebenso erfolgreich wie sein Vater hätte sein können. Nur die Umstände waren gegen ihn gewesen. Als Walter jung war, hatte es kein Geld mehr für eine kostspielige Ausbildung an einer renommierten Universität gegeben. Deshalb hatte er sich für die Polizei entschieden, aber

noch immer schienen sich die Umstände gegen ihn verschworen zu haben.
Diese Geschichte mit Phyllis beispielsweise. Sie war einfach mit dieser Hypnose-Idee aufgetaucht, und niemals hätte sie davon abgelassen. Wie ein Hund, der seinen Knochen nicht mehr losläßt. Und Walter wußte nur eins: Falls der Lokführer sich an das Gesicht des Mannes erinnerte, der Eddie auf die Schienen gestoßen hatte, würde das Walters Gesicht sein.
Das Ganze hatte jetzt einen Dominoeffekt. Nach Amber hatte er nie wieder töten wollen. Diese Tat hatte ihn entsetzt. Aber dann war Linda mit ihren Drohungen gekommen. Sie wollte ihn bloßstellen und hatte irgendeinen Unsinn über DNA-Tests erzählt, die beweisen würden, daß Jenny Newhall sein Kind sei. Nur war das kein Unsinn. Sie konnte ihn ruinieren. Da hatte er noch nicht gewußt, daß sie auch Greg Newhall erzählt hatte, er sei der Vater. Er hatte nur eines gewußt, daß ihr Tod eine Notwendigkeit war – es gab keine andere Wahl. Und als er sie in dem Müllcontainer abgeladen hatte, mußte er in ihr Zimmer zurückkehren, um sich zu vergewissern, daß sie nichts hinterlassen hatte, was auf ihn hindeuten könnte. Was er nicht wußte, war, daß Eddie in dem Schrank versteckt auf ihre Rückkehr gewartet hatte. Und statt dessen Walter sah, der das Zimmer durchsuchte. Eher unabsichtlich hatte Eddie bei seiner Befragung auf dem Revier diese Information preisgegeben, weil er dachte, er könnte dann nicht wegen Voyeurismus angeklagt werden. Doch sobald er geredet hatte, hatte er seinen Fehler bemerkt. Eddie hatte bei diesem Handel viel mehr zu bieten gehabt, das mußte sich Walter wider Willen eingestehen. Aber es war nicht schwierig gewesen, Eddie vor den Zug zu stoßen. Von anderen Leuten hatte er immer gehört, daß es für einen Mann, wenn er erst einmal getötet hatte, immer

leichter wurde, wieder zu töten. Diese Leute hatte er immer für Bestien gehalten. Er dagegen war nicht so. Er war zivilisiert. Er hatte diese Menschen nur aus einem einzigen Grund getötet: weil es notwendig gewesen war. Er mochte das Töten gar nicht. Aber er mußte zugeben, daß es ihm jetzt leichter fiel.
Walter war vor seiner Haustür angekommen. Sorgen brauchte er sich keine zu machen. Er war fast aus dem Schneider. Er mußte sich nur darauf konzentrieren, was als nächstes zu tun war. Erst würde er sich einen Tee gegen die Kälte aufbrühen und dann die Leiche wegschaffen. Er schlug die Haustür hinter sich zu, schloß ab und starrte in den düsteren Flur. Plötzlich erschien vor ihm eine Gestalt in der Dunkelheit.
»Himmel, Herrgott noch mal!« schrie Walter.
»Ich bin's, Walter«, sagte Emily.
»Was tust du hier?« fragte er wütend.
»Ich konnte es einfach nicht aushalten«, sagte Emily entschuldigend. »Ich bin gegangen und habe mir ein Taxi genommen. Bitte, sei mir nicht böse.«
Walter starrte sie nur an.

35

Was ist mit dem Bild passiert?« fragte Emily zaghaft und schenkte ihrem Mann eine Tasse Tee ein. Walter betrachtete das Loch in der Wand, die helle Stelle auf der Tapete, wo das Bild gehangen hatte. Er hatte es in den Müll geworfen, als er die Küche geputzt hatte, ehe er mit Phyllis' Volvo weggefahren war. Eine automatische Geste, da er alles, was nur an einen Kampf erinnern konnte, beseitigt hatte. Obwohl das Bild heruntergefallen war, ehe Phyllis die Küche betreten hatte. »Es ist runtergefallen«, sagte er knapp.
»Und das Glas ist zerbrochen?«
»Ja. Ich habe es weggeworfen.«
»Dann muß ich etwas anderes an diese Stelle hängen«, sagte Emily.
»Ja«, sagte Walter. Beide wußten, daß sie das nie tun würde. In der Küche herrschte Schweigen, bis auf Emilys lautes Schlucken, als sie ihr Ginger Ale trank. Sie stellte das Glas auf den Tisch, nahm es wieder und wischte mit einer Serviette sorgfältig über den Tisch. »Ich weiß, daß du böse bist, weil ich nach Hause gekommen bin«, sagte sie versuchsweise.
»Nein. Ich bin nicht böse.«
»Ich habe mich dort nicht wohl gefühlt. Alle diese persönlichen Fragen. Die Isolierung hat mir nicht so viel ausgemacht. Ganz ehrlich. Es war nicht schön, aber ich habe das wohl verdient. Nur diese Gruppen und diese psychologischen Gespräche habe ich einfach gehaßt. Immer sollte ich

über … na, du weißt schon … die Vergangenheit reden. Die sind nicht glücklich, bis man ihnen alles erzählt hat. Und ich glaube, es gibt Dinge, die nur mich und Gott etwas angehen.«
Walter nickte.
»Aber jetzt wird es mir wieder gutgehen. Daran glaube ich.«
»Dann ist ja alles in Ordnung«, sagte Walter und nippte von seinem Tee.
Emily lehnte sich zurück und fühlte, wie ihr Herz wieder schwer wurde. Ein so vertrautes Gefühl. Er würde sie nicht kritisieren. Das tat er nie. Er wurde nie wütend, wenn sie etwas sagte oder tat. Sie brauchte ihm nie etwas zu erklären. Er ist geradezu der perfekte Ehemann, dachte sie und spürte wieder diese eigenartige Leere in sich. Sie wußte, was die Leute dachten: daß sie dankbar sein sollte. Die meisten Männer hätten sie längst vor die Tür gesetzt oder geschlagen oder alles mögliche mit ihr gemacht. Walter verlor nie die Geduld mit ihr oder machte ihr Vorwürfe. Tränen traten ihr in die Augen. Sie wischte sie weg. Er schien es nicht zu merken.
Beim Läuten des Telefons schraken beide zusammen. Emily sah ihren Mann ängstlich an. »Das ist vielleicht Sylvia«, sagte sie.
»Ich will nicht mit ihr reden«, sagte Walter.
»Sie wird sich fragen, warum ich zu Hause bin«, sagte Emily besorgt.
»Das geht sie nichts an«, sagte Walter.
Emily merkte, daß er nicht ans Telefon gehen würde. Sie wünschte sich, zu den Leuten zu gehören, denen es nichts ausmachte, das Telefon läuten zu lassen, aber sie bekam dann Schuldgefühle. Wenn jemand anrief, war es ihre Pflicht, sich zu melden. Bei der Aussicht, Sylvias schrille, vorwurfsvolle Stimme zu hören, krampfte sich ihr Magen

zusammen. Sie leckte sich die Lippen und flüsterte: »Hallo?«

»Mrs. Ference?« fragte eine ihr unbekannte Stimme.

»Ja.«

»Ich bin Karen Newhall. Ich weiß, es ist spät, und es tut mir leid, Sie und Ihren Mann zu Hause zu belästigen, aber ich muß Detective Ference sprechen.«

Emily war erleichtert. Doch die Erleichterung würde nicht von Dauer sein, denn Sylvia würde bald alles erfahren – aber wenigstens jetzt war sie in Sicherheit. Sie hielt Walter den Hörer hin. »Für dich«, sagte sie.

Walter stand auf und nahm den Hörer. »Ja?« sagte er.

Emily trug das Geschirr zur Spüle, wusch es ab und trocknete es.

»Was für Informationen?« fragte Walter argwöhnisch mit leiser Stimme. Er wandte seiner Frau den Rücken zu.

»Sie haben das Richtige getan, mich anzurufen«, sagte er dann. »Aber Sie brauchen nicht aufs Revier zu kommen. Ich komme zu Ihnen, das ist bequemer für Sie. Okay, okay. Bis später dann.« Walter legte auf.

»Ich muß noch mal fortgehen«, sagte er.

Emily nickte. »In Ordnung. Mir geht's gut«, sagte sie, obwohl er nicht gefragt hatte. »Ich gehe früh zu Bett.« Wegen des Anrufs brauchte sie ihn gar nicht zu fragen. Über berufliche Dinge sprach Walter nie zu Hause.

»Vielleicht kannst du nicht einschlafen«, sagte er. »Dann solltest du etwas nehmen. Ich habe Schlaftabletten.«

»Nein«, sagte Emily. »Keine Tabletten. Sie sind genauso schlimm wie Alkohol. Das habe ich bei den Beratungsgesprächen gelernt. Sie nennen das, eine Abhängigkeit durch eine andere ersetzen. Nein. Wenn ich nicht schlafen kann, sehe ich eben fern oder räume einen Schrank auf oder so was.«

Walter seufzte und starrte auf die Kellertür, die der Küche gegenüberlag. Es war unwahrscheinlich, daß sie in den Keller ging. Sie hatte Angst vorm Dunkeln und den Spinnweben. Aber eine wenn auch noch so winzige Möglichkeit blieb doch.

Die Tür abzuschließen hatte keinen Sinn, das würde sie nur neugierig machen. Er beobachtete seine Frau, die sich in der Küche zu schaffen machte. Ihre Hände zitterten noch immer vom Alkoholentzug.

Nein, dachte er, es gibt nur eine Möglichkeit: Ich muß sie heute abend außer Gefecht setzen. Er ging in den Flur und öffnete die Tür einer antiken Kommode. Von dort holte er eine Flasche Wodka, die Emily hinter ihrem gutem Porzellan versteckt hatte. Sorgfältig plazierte er die Flasche auf der Kommode, zwischen einer Vase mit getrockneten Blumen und dem gerahmten Foto seiner Mutter. Dann öffnete er die Tür des Kleiderschranks im Flur und rief: »Hast du meinen anderen Regenmantel gesehen? Es regnet noch immer, und der hier ist naß.«

Ahnungslos kam Emily aus der Küche. »Ich bin sicher, daß er da hängt. Wahrscheinlich ganz in der Ecke.«

Walter nickte in Richtung Wodkaflasche auf der Kommode. »Übrigens, das da habe ich gefunden. Du willst das Zeug sicher wegschütten.«

Emily sah die Flasche lange ängstlich und sehnsuchtsvoll an. »Ja, das will ich«, sagte sie.

Walter kramte weiter im Schrank rum und tat ganz überrascht, als er seinen Mantel fand. »Ja, du hast recht«, sagte er. »Hier ist er.« Dann betrachtete er etwas auf dem Boden des Schranks und mimte Erstaunen. »Sieh doch mal«, sagte er, griff in den Schrank und hielt ein Paar verstaubte schwarze Cowboystiefel hoch. »Na, diesen Schrank kannst du ja putzen, wenn dir heute danach ist.« Er betrachtete die

Stiefel liebevoll. »Ich war sechzehn, als ich die getragen habe.«
»Ja. Ich müßte eine ganze Menge putzen«, sagte Emily entschuldigend.
Walter betrachtete noch immer die Stiefel und seufzte dann geräuschvoll. »Ich habe die Stiefel für die Jungs aufgehoben. Für Joe und Ted. Ich dachte, sie würden sie eines Tages tragen.«
Emilys Gesicht wurde leichenblaß; sie konnte den Blick nicht von den Cowboystiefeln lösen.
Walter gab sie ihr. »Wir brauchen die Dinger jetzt nicht mehr. Das ist das erste, was du wegwerfen kannst.«
»Nein!« sagte Emily und bedeckte ihr Gesicht mit den Händen.
Walter runzelte die Stirn, als würde ihre Reaktion ihn wundern. »Ich sehe keinen Grund, die Stiefel noch länger aufzubewahren. Die Kinder kommen doch nie mehr zurück.«
Emily wandte sich von ihm ab.
Walter stellte die Stiefel neben die Wodkaflasche. »Mach damit, was du willst«, sagte er. »Ich muß jetzt gehen.«
Emily nickte nur. Sie sah ihm nicht nach, als er das Haus verließ. Als er fort war, ging sie zur Kommode und nahm die Stiefel in ihre zitternden Hände. Dann stellte sie sie in den Schrank zurück. Sie straffte die Schultern, wollte sich aber nicht umdrehen. Es war, als riefe die Flasche sie, mit einer Stimme, die nur sie hören konnte.

36

Ich bin froh, daß wir nicht aufs Revier müssen«, sagte Jenny, zog den Vorhang zurück und hielt nach Detective Ference Ausschau. »Ich wünschte, wir hätten das alles schon hinter uns«, sagte sie.
»Ich auch«, sagte Karen und sah in den Regen hinaus. Der Regen war der entscheidende Faktor gewesen, Detective Ference anzurufen. Denn sie stellte sich Greg ungeschützt da draußen im Regen vor, wie ein Schwerverbrecher gejagt, obwohl er unschuldig war. Das hatte nichts mit dem zu tun, was er ihr angetan hatte. Ihre jahrelange Sorge um sein Wohlergehen war ihr zur zweiten Natur geworden. Jenny hatte recht. Sie mußte die Polizei benachrichtigen, damit Greg so schnell wie möglich wieder wie ein Mensch leben konnte.
Jenny schaltete den Fernseher ein. Das Gelächter einer Show, die gerade lief, zerrte an Karens Nerven. »Kannst du das nicht ausmachen, Liebling?«
»Ich will mich doch nur zerstreuen«, sagte Jenny aufsässig.
»Ich weiß, aber der Lärm ...«
»Schon gut, schon gut.«
Karen betrachtete den Umschlag auf dem Couchtisch und fragte sich zum tausendsten Mal, ob sie das Richtige getan hatte. Sie hatte eine Vorsichtsmaßnahme ergriffen. Im Souterrain hatte Greg ein kleines Büro eingerichtet. Dort hatte Karen Fotokopien von beiden Papieren gemacht und die Originale in den Safe gelegt. Sollte die Polizei mit den

Kopien nicht zufrieden sein, mußte sie eben warten, bis Arnold Richardson wieder in seiner Kanzlei war.

»Ich finde es nett von Detective Ference, daß er zu uns kommt«, sagte Jenny.

»Manchmal erinnerst du mich an deinen Vater«, meinte Karen.

»Warum?«

»Ach, du weißt doch, wie er ist, wenn alles nach seinem Kopf geht. Dann ist er zu allen nett.«

»Ist das vielleicht verkehrt?« fragte Jenny aggressiv.

»Nein, überhaupt nicht. Es fiel mir nur auf.«

»Du magst Detective Ference doch auch. Deshalb hast du ihn angerufen, oder?«

»Ich habe ihn angerufen, weil er diese Untersuchung leitet. Ich zeige diese Papiere doch nicht jedem kleinen Polizisten.«

»Aber er *war* nett zu uns«, beharrte Jenny. »Wenn man ihn mit anderen vergleicht.«

Karen seufzte. »Wahrscheinlich. Trotzdem will ich dir etwas sagen. Ich habe nichts dagegen, wenn ich in unserem Haus nie wieder einen Cop sehe.«

»Ich auch nicht.« Dann sagte Jenny zögernd: »Wenn Dad wieder heimkommt, dann werden sicher ein paar Polizisten kommen und mit ihm reden wollen.«

Karen entging die unausgesprochene Frage hinter Jennys Worten nicht. »Jetzt kümmern wir uns erst einmal um die Gegenwart, oder?«

Aber Jenny ließ nicht locker. »Du läßt ihn doch wieder hier wohnen, oder nicht?«

Karen wandte den Blick ab und schwieg.

»Mom, das mußt du!« rief Jenny.

»Ich glaube, ich höre ein Auto«, murmelte Karen.

Jenny schien unschlüssig, dann lief sie zum Fenster und

spähte hinaus. »Unser Wachhund fährt fort«, sagte sie, »und ein anderes Auto biegt in die Auffahrt ein.«
Jetzt ist es soweit, dachte Karen und ging nervös zur Haustür. Sie öffnete sie und sah Walter Ference aus seinem Wagen steigen.
»Er ist da«, rief sie Jenny zu.

Greg kauerte zitternd vor einem Loch in der Hecke und starrte zu Walter Ferences Haus hinüber. Das Frösteln hatte während der Rückfahrt von Dartswich angefangen und war stärker geworden, als er das Auto auf dem Parkplatz des Bahnhofs wieder abgestellt hatte. In einer Telefonzelle hatte er die Adresse des Detectives herausgesucht und war hergekommen. Unterwegs war es ihm immer schlechter gegangen. Und jetzt hatte er Fieber.
Greg kannte das alte Haus. Er war oft hier vorbeigefahren und hatte sich jedesmal gewünscht, es renovieren zu können. Früher einmal mußte es außerordentlich schön gewesen sein.
Der Nieselregen hatte ihn vollständig durchnäßt. Er hatte Halsschmerzen, und sein ganzer Körper schmerzte. Er dachte kurz an Karen, die ihn immer ermahnte, seinen Regenmantel anzuziehen, weil sie sich Sorgen machte, wenn er draußen im Regen ungeschützt herumlief. Sie hatte immer gesagt, er würde dann krank. Doch das spielte jetzt wohl keine Rolle mehr.
An die Fahrt konnte er sich kaum noch erinnern. Wohl deshalb, weil er Fieber hatte und so mit seinen Gedanken beschäftigt war. Jetzt kannte er seinen Feind. Er wußte nur noch nicht, wie er ihm begegnen sollte. Am Bahnhof hatte er überlegt, wo er die Nacht verbringen könnte, doch dann fiel es ihm wie Schuppen von den Augen. Er versteckte sich vor dem Mann, der ihm einen Mord angehängt hatte! Er

versteckte sich wie eine Ratte in der Kloake. Er konnte hier draußen sterben, auf der Flucht vor seinem Feind. Und er war unschuldig. Plötzlich beschloß Greg aus dieser klarsichtigen Erkenntnis heraus, nicht mehr wegzulaufen. Unter keinen Umständen mehr. Es war besser, er stellte sich seinem Schicksal.

Jetzt lag er also da und beobachtete das Haus seines Feindes. In der Auffahrt stand kein Wagen, die Fenster waren nicht erleuchtet. Wenn je ein Haus verlassen aussah, dann dieses. Er hatte beschlossen, in das Haus einzudringen. Er wollte Walter Ference überraschen, ihn in seine Gewalt bringen und mit seinen Verbrechen konfrontieren. Er wollte ihn bedrohen. Sollte Ference nicht zu Hause sein, würde er warten. Er würde bereit sein, wann immer er zurückkam.

Von seinem Versteck aus konnte Greg die Vorder- und Hintertür gut sehen, selbst in der Dunkelheit. Die Kellertür, die auf die Zufahrt hinausging, war wahrscheinlich verschlossen. Er hoffte, ein zerbrochenes Kellerfenster zu finden. Das wäre eine Möglichkeit.

Gerade als er sein Versteck verlassen wollte, hörte er, wie die Haustür nebenan geöffnet wurde, und er sah einen Mann in den Lichtkreis davor treten. »Rusty!« rief der Mann und wartete auf ein Bellen als Antwort. Doch es blieb aus. Er rief ins Haus: »Lillian, hast du Rusty rausgelassen?« Von drinnen kam Gemurmel. »Wo ist der verdammte Hund nur?« schimpfte der Mann und kehrte, die Tür hinter sich zuschlagend, in sein Haus zurück.

Stille herrschte wieder in der Nacht, und Greg huschte zur Schmalseite des Hauses. Er probierte es mit der Kellertür. Wie erwartet, war sie verschlossen. Er kroch zu einem Fenster, das zerbrochen war, und brach die restlichen Splitter aus dem Rahmen. Dann prüfte er das Schloß im Licht einer kleinen Stablampe, die er im Handschuhfach des Toyota gefunden hatte. Das Schloß sah solide aus. Doch unter Aufbietung aller seiner Kräfte gab es Millimeter für Millimeter nach und ließ sich schließlich öffnen. Dann stemmte er das Fenster, so gut es ging, auf. Er dachte nicht darüber nach, was er tun würde, wenn er erst einmal im Haus war. Als das Fenster schließlich ganz nach oben glitt, stieß er einen triumphierenden Seufzer aus und erstarrte, als er ein Tappen hörte und dann einen heißen Atem im Genick spürte.

Greg drehte sich abrupt um und sah in die dunklen, fragenden Augen eines großen, struppigen, rotbraunen Hundes. Vorsichtig beobachtete er das Tier, doch der Hund schien ihm nicht feindlich gesonnen, sondern nur neugierig zu sein. Sollte der Hund Walter Ference gehören, konnte Greg seinen Plan vergessen. Niemals würde er in das Haus kommen. Vorsichtig griff er nach dem Halsband und las im Licht der Taschenlampe, was darauf geschrieben stand: »Rusty, Lund, 27 Hickory Drive, Bayland, Mass.« Greg gab Rusty einen freundschaftlichen Klaps. »Guter Junge, Rusty«, flüsterte er. Es tat so wohl, das warme Fell des Hundes zu berühren, und Greg preßte kurz seine Stirn gegen die warme Flanke des Tieres. Rusty wandte den Kopf und leckte Gregs Nase. »Danke, Rusty«, sagte er. »Geh jetzt.«

Der Hund jedoch rührte sich nicht, sondern setzte sich und sah neugierig zu, wie Greg zuerst seine Füße und dann die Beine durch das Fenster steckte und in den Keller glitt. Mit einem leisen Plumps landete er auf dem Boden. Dann hörte er, wie der Hund draußen davontrottete. Plötzlich war Greg müde. Einfach zu müde, um seinen Plan durchzuführen. Das alles kam ihm so unsinnig vor. Mit einem seltsam distanzierten Erschrecken wurde ihm bewußt, daß er kurz davor war, ohnmächtig zu werden.

Greg schüttelte sich, als wollte er diese Lethargie von sich

abschütteln. Du mußt wach bleiben, ermahnte er sich. Es schien zu helfen. Mit der Taschenlampe leuchtete er durch den Raum. Es herrschte ein heilloses Durcheinander. Jahrzehnte schien niemand diesen Keller betreten zu haben. Und das ganze Chaos war von einer dicken Staubschicht und Spinnweben bedeckt.
Im Licht der Lampe bahnte er sich einen Weg durch den Unrat. Er wollte nach oben und mußte die Treppe finden. Wieder überlief ihn ein Schauder; ihm war eiskalt. An der Wand neben der Kellertür entdeckte er einen Haufen alter Kleider, die über einem Rohr, das quer über die Decke lief, hingen. Eine Jacke, dachte er. Das wäre gut. Er fand ein dickes Flanellhemd, das er anzog. Es roch nach Moder und kratzte, aber es wärmte ihn.
Er drehte sich um in Richtung Treppe und stieß sich den Kopf an einer Hängelampe. Vor Schreck ließ er die Taschenlampe fallen, unterdrückte aber einen Schrei. Die Lampe war ausgegangen, als sie zu Boden gefallen war. Über ihm im Haus war es so still wie in einem Grab. Leise fluchend tastete er nach der Taschenlampe. Er würde sie noch brauchen. Hier unten wollte er kein Licht einschalten. Wie blind tastete er auf dem Boden herum und hatte plötzlich das untrügliche Gefühl, menschliches Fleisch zu berühren. Kaltes Fleisch. Fünf Finger. Eine menschliche Hand. Er keuchte und fiel hin. In der Dunkelheit konnte er undeutlich die Umrisse einer sitzenden Gestalt mit ausgestreckten Beinen erkennen.

37

Walter nahm die Fotokopie des Zeitungsartikels und überflog sie.
»Der Zeitungsausschnitt ist wirklich alt«, sagte Jenny. Sie saß ihm gegenüber auf dem Sofa, neben ihrer Mutter. »Er ist ganz gelb und fleckig.«
Ohne ein Wort nahm er das andere Blatt und las es. Lange, als würde er den Text auswendig lernen.
Karen beobachtete ihn, wartete auf seine Reaktion.
Walter starrte noch immer auf das Papier und sagte: »Woher haben Sie das?«
»Es war in Lindas Spardose«, sagte Jenny. Dann sah sie ihre Mutter an. »Soll ich es ihm erzählen, Mom?«
»Ja.«
Als Jenny aufgeregt berichtete, wie sie in den Besitz der Spardose gekommen war und die beiden Dokumente entdeckt hatte, hörte Walter unbewegt zu.
»Ich verstehe«, sagte er nur, als sie geendet hatte.
Die Reaktion des Detectives war enttäuschend. Karen beugte sich vor und deutete auf die Papiere.
»Was halten Sie davon? Mir scheint, daß dadurch erhebliche Zweifel an der Schuld meines Mannes entstehen.«
»Wieso denn?« sagte Walter.
»Ist das nicht offensichtlich? Linda wurde als junges Mädchen sexuell mißbraucht. Sie kam zurück, um ihren Peiniger bloßzustellen. Wenn das kein Mordmotiv ist!«
»Es sei denn, der Vergewaltiger war Ihr Mann«, sagte Walter ruhig.

»Ach, kommen Sie, Detective! Sie hat uns ihr Baby überlassen.«
»Meine Mom hat alles rausgekriegt«, sagte Jenny eifrig. »Erst nach dem Tod ihres Vaters konnte sie wiederkommen. Damit der nicht ins Gefängnis mußte.«
»Das ist doch nur eine Hypothese«, sagte Walter kopfschüttelnd.
»Das ist die Wahrheit!« rief Jenny.
»Es könnte sein, falls diese Papiere ihr wirklich gehört haben«, räumte Walter ein.
»Es *sind* ihre Papiere«, beharrte Jenny.
»Hör damit auf!« sagte Karen streng. Und dann zu dem Detective: »Ich bin bereit, das vor Gericht zu beschwören. Wir fanden diese Papiere in Lindas Spardose. Dort hatte sie sie versteckt.«
»Ich frage mich nur ...«
»Was fragen Sie sich?«
»Ich frage mich, ob das nicht ein verzweifelter Versuch Ihrerseits ist, sogenanntes Beweismaterial vorzulegen, um den Kopf Ihres Mannes zu retten.«
»Das ist lächerlich«, sagte Karen zornig. Durch die Unterstellung des Polizisten fühlte sie sich schuldig, was sie maßlos ärgerte.
»Ich fürchte, daß ich nicht der einzige sein werde, der so denkt«, sagte Walter schulterzuckend.
»Nein!« rief Jenny. Tränen traten in ihre Augen. »Das ist nicht fair. Ich habe das in ihrer Spardose gefunden, wie wir Ihnen gesagt haben.«
Karen wurde plötzlich bewußt, wie nutzlos dieses Gespräch war. Sie atmete tief ein und stand auf.
»Das reicht jetzt. Diese ganze Geschichte regt meine Tochter nur auf. Ich hatte gehofft, Sie davon zu überzeugen, daß Sie hinter dem falschen Mann her sind. Aber ich ha-

be mich wohl geirrt. Wir warten, bis unser Anwalt zurück ist.«
Karen wollte nach den Papieren greifen, doch Walter legte seine Hand darauf. »Ich habe nicht gesagt, daß mich diese Papiere nicht interessieren, Mrs. Newhall. Was Sie behaupten, stimmt schon ... ich meine, Sie haben recht. Eine andere Person könnte in den Mordfall verwickelt sein. Obwohl Linda nicht einmal angedeutet hat, wer dieser Mann sein könnte ...«
»Das weiß ich ebensogut wie Sie«, sagte Karen steif.
»Aber das sind nicht die Originale«, sagte Walter. »Das sind nur Fotokopien.«
»Ich habe die Originale«, sagte Karen.
»Kann ich sie einmal sehen?«
Karen zögerte. Dann sagte sie: »Ich habe beschlossen, sie nur unserem Anwalt zu zeigen.«
»Na ja. Dann sind diese Kopien wertlos. Ich muß die Originale sehen, um ihre Authentizität bestätigen zu können. Natürlich macht das einer unserer Experten im Labor.«
»Gib ihm die Originale, Mom«, sagte Jenny drängend.
Da erst merkte Karen, wie naiv sie gewesen war. Natürlich mußte die Polizei die Originale haben. Das war logisch.
»Bitte, Mom«, flehte Jenny. »Bitte. Tu's für mich.«
Walter sah sie erwartungsvoll an.

38

Die Person rührte sich nicht. Greg sah wieder hin. Es ist eine Schaufensterpuppe, dachte er. Doch jetzt, als er genauer hinschaute, sah er, daß der Kopf in einem merkwürdigen Winkel zur Seite geneigt war. Es muß eine Puppe sein, dachte er. Sie haben doch alles mögliche Zeug hier unten. Dreh dich einfach um und geh die Treppe hoch.
Doch statt dessen knipste er die Taschenlampe an, die er wieder gefunden hatte, und ließ den Lichtstrahl über die Gestalt gleiten.
Die Augen waren starr, glasig. Eine Gesichtshälfte war mit getrocknetem Blut bedeckt. Greg stand auf und ging näher an den Körper heran. Er beugte sich vor und berührte das Gesicht. Es war eiskalt.
»Oh, mein Gott!« schrie er und sprang in Panik zurück.
Die Frau war tot. Sein Herz hämmerte in seiner Brust. Er taumelte noch einen Schritt zurück. Wer war sie? Mein Gott, dachte er, dieser Mann ist ein Monster. Dann zwang er sich, die Tote noch einmal anzusehen. Er kannte sie nicht. Eine junge Frau, mit eingeschlagenem Schädel.
Lauf weg! dachte er. Lauf! Nur raus hier. Aber seine Beine verweigerten ihm den Dienst. Und dann kam ihm ein anderer Gedanke: Hier ist er, der Beweis, daß Ference ein Mörder ist. Bleib cool. Doch wieder stieg Panik in ihm auf. Was sollte er tun? Der Polizei erzählen, daß er in Ferences Keller eine Leiche gefunden hatte? Nach ihm suchten sie doch. Auch diesen Mord würden sie ihm in die Schuhe schieben.

Er konnte ja nicht einmal erklären, warum er hier war. Doch dann kam ihm eine Idee.

Vorsichtig ging er zurück zur Treppe, die in die Wohnung führte. Langsam stieg er die Stufen hoch und hielt sich am Geländer fest. Im Haus war es totenstill. Falls jemand da war, mußte er fest schlafen. Er mußte seine Chance um jeden Preis wahrnehmen. Die Kellertür war nicht verschlossen. Er drückte sie langsam auf und betrat einen nur schwach vom Mondlicht und der Straßenlaterne draußen erleuchteten Raum.

Er stand in einer sauberen, leeren und alten Küche. Er durchquerte sie und schloß die Küchentür. Dann ging er zum Wandtelefon, atmete tief durch und wählte.

»Die Polizei, bitte«, sagte er mit rauher Stimme. Während er wartete, sagte er sich, daß er besser aus einer Telefonzelle hätte anrufen sollen. Aber wenn dann Ference in der Zwischenzeit zurückkam und die Leiche beseitigte? Außerdem wußte Greg, daß er jede Sekunde, die er sich auf der Straße aufhielt, in Gefahr war.

Eine Stimme im Hörer sagte: »Bayland Police Department.«

»Ich lebe im Haus Hickory Drive siebenundzwanzig und war gerade draußen, um meinen Hund zu rufen. Ich glaube, er hat im Grundstück meines Nachbarn einen Einbrecher aufgestöbert. Können Sie jemanden vorbeischicken, der mal nachschaut? Es ist das Haus von Mr. Ference.«

»Detective Ferences Haus?«

»Ja. Am besten, Sie schicken einen Streifenwagen. Vielleicht ist es blinder Alarm, aber ...«

»Einer unserer Männer ist in der Nähe. Ich schicke ihn sofort hin.«

»Danke«, sagte Greg und legte schnell auf, damit der Polizist keine weiteren Fragen stellen konnte. »Jetzt braucht ihr mir nicht mehr zu glauben«, sagte er mit grimmiger Befriedi-

gung. »Jetzt könnt ihr euch mit eigenen Augen davon überzeugen.« Dann drehte er sich um.
Emily Ference stand im Türrahmen und zielte mit einem Revolver auf ihn.

39

Karen schüttelte den Kopf. »Tut mir leid. In diesem Punkt bin ich unnachgiebig.«
»Na, dann gibt es wohl nichts mehr zu sagen«, entgegnete Walter und stand auf.
»Nein!« schrie Jenny wieder. »Warten Sie. Was wird aus meinem Dad?«
Karen zögerte kurz, blieb aber standhaft. »Das war's dann also.« Sie wollte zur Haustür gehen. »Auf Wiedersehen.«
»Mom, du ruinierst alles!« rief Jenny.
»Ein oder zwei Tage länger spielen jetzt auch keine Rolle mehr«, sagte Karen mit gespielter Überzeugung. »Ich möchte, daß Sie jetzt gehen.«
»Mrs. Newhall«, sagte Walter gelassen, »ich fürchte, daß ich ohne diese Papiere nicht gehen kann.«
Karen war empört. »Dies ist mein Haus. Und ich bitte Sie zu gehen.«
»Mom, du veärgerst ihn.«
»Ich bin in meiner Eigenschaft als Polizeibeamter hier«, sagte er. »Diese Dokumente sind Beweismittel. Sie gehören Ihnen nicht. Jetzt muß ich sie beschlagnahmen.«
Plötzlich fühlte sich Karen schwach. Sie hatte sich blindlings auf diese Sache eingelassen, obwohl ihr Instinkt ihr geraten hatte zu warten. Niemals hätte sie die Polizei anrufen dürfen.
Törichterweise hatte sie angenommen, daß die Polizei sie und Jenny als unschuldige Opfer betrachtete, aber in deren Augen war die ganze Familie irgendwie schuldig. »Dafür

brauchen Sie doch eine gerichtliche Verfügung oder irgend etwas anderes«, sagte sie.
Walter lachte leise, als amüsierte ihn Karens Unfähigkeit, sich korrekt auszudrücken. »Ich brauche keine Beschlagnahmeverfügung. Ich glaube nicht, daß Sie mit dem Ausmaß meiner Befugnisse in dieser Situation vertraut sind.«
Karen kaute auf ihrer Unterlippe. Das stimmte. In rechtlichen Fragen kannte sie sich nicht aus. Wie sollte sie auch? Das hatte vor diesen Ereignissen nicht zu ihrem Leben gehört. Trotzdem leuchtete ihr nicht ein, was Detective Ference forderte. »Ich gebe zu«, sagte sie, »daß mich Ihre Terminologie verwirrt. Aber was geschieht, falls diese Dokumente einfach verschwinden?«
»Sind Sie nicht etwas paranoid, Mrs. Newhall?«
»Sie würden genauso denken, wenn Sie an meiner Stelle wären.«
»Ich gebe Ihnen eine Empfangsbestätigung«, sagte er ruhig.
Karen dachte darüber nach. »Nein«, sagte sie.
»Wollen Sie ins Gefängnis gehen, weil Sie Beweise zurückhalten?«
»Sie hätten nicht einmal davon gewußt, wenn ich es Ihnen nicht gesagt hätte«, protestierte Karen.
»Aber jetzt weiß ich davon. Und Sie sind verpflichtet, mir die Dokumente zu überlassen.«
Karen fühlte sich gefangen. Wie ein Schmetterling im Netz. Den Ausdruck »Zurückhaltung von Beweismitteln« hatte sie schon gehört. War das so etwas wie Mißachtung des Gerichts? Konnte er sie deswegen festnehmen? Jenny wäre dann allein. Eine unmögliche Situation. Sie hatte es satt, wie eine Kriminelle behandelt zu werden; dabei wollte sie doch helfen, die Wahrheit herauszufinden.
Und derselbe Instinkt, der ihr geraten hatte, auf ihren Anwalt zu warten, riet ihr jetzt, sich allein auf ihren gesun-

den Menschenverstand zu verlassen. Sie raffte all ihren Mut zusammen und sagte: »Sie können die Fotokopien haben. Aber die Originale bekommen Sie erst nach Rücksprache mit meinem Anwalt. Denn meiner Meinung nach haben Sie kein Recht, sich am Eigentum anderer Leute zu vergreifen. Wir leben nicht in einem Polizeistaat. Und jetzt verlassen Sie mein Haus!«

Detective Ference trat vor sie, hob die Hand und schlug ihr, so fest er konnte, ins Gesicht.

40

»**W**arum, um Himmels willen, haben Sie das getan?« fragte Emily.
Greg starrte sie an. Mit ihrer freien Hand hatte sie das Licht eingeschaltet, und sie stand im Türrahmen wie ein Kind, das eine Spielzeugwaffe hielt. Sie war schmal und zart, hatte große, blaue Augen und blondgraues, kurzgeschnittenes Haar.
Zuerst war er so verwirrt, daß er den Sinn ihrer Frage nicht verstand. Dann wurde ihm bewußt, daß sie sein Telefongespräch mitgehört haben mußte. »Ich habe im Keller eine schreckliche Entdeckung gemacht«, sagte er.
»Außer diesem Hemd?« fragte sie und lächelte über ihren Scherz.
In dem ruhigen Ausdruck ihrer Augen lag etwas Unheimliches. Sie hatte einen Bademantel und Pantoffeln an. Der Revolver schien für ihre Hand zu schwer zu sein. Doch die Anwesenheit eines Fremden in ihrer Küche schien sie überhaupt nicht zu verwirren oder ärgerlich zu machen. »Sind Sie krank?« fragte Emily mitfühlend.
Greg nickte. Zögernd sagte er dann: »Ja.«
»Setzen Sie sich«, sagte sie.
Er wußte nicht, ob sie nun verrückt war oder er im Fieber Wahnvorstellungen entwickelte. Er warf einen Blick zur Hintertür. Der Streifenwagen näherte sich dem Haus. Er durfte hier auf keinen Fall gesehen werden und blieb deshalb stehen.
»Ich hörte Sie im Keller rumoren«, stellte Emily fest.

Gregs Verwirrung nahm zu. »Ich dachte, daß niemand hier wäre.«
»Es ist auch niemand hier«, sagte Emily, schmerzlich lächelnd. Sie senkte die Waffe.
Was tut sie nur? fragte sich Greg. Warum hat sie keine Angst?
»Was tun Sie hier?« fragte Emily.
»Ihr Mann ... Ich habe gegen Ihren Mann eine Beschwerde.«
Emily lächelte versonnen. »Vielleicht kommt er erst ziemlich spät wieder. Sie können gerne auf ihn warten.«
Greg hätte sie plötzlich am liebsten geschüttelt. »Ist das ein Spiel?« fragte er.
»Nein«, antwortete Emily überrascht. »Wieso?« Den Revolver schien sie vergessen zu haben. Er baumelte in ihrer Hand.
»Sie kennen mich nicht. Ich bin in Ihr Haus eingedrungen. Stehen Sie unter Drogen, oder haben Sie etwas eingenommen? Das könnte für Sie gefährlich werden.«
Emily schüttelte nachdrücklich den Kopf. »Keine Drogen«, sagte sie. »Kein Alkohol. Ich bin gerade zurückgekommen. Aus einem ...« Sie preßte die Lippen aufeinander. »Ich habe ein Alkoholproblem. Aber jetzt bin ich nüchtern. Und was die Gefahr betrifft – Sie scheinen mir ein anständiger Mann zu sein. Außerdem schreckt mich der Tod nicht. Ich würde ihn willkommen heißen. Es ist das Leben, das so schwer ist.«
Plötzlich wurde Greg sehr wütend. »In Ihrem Keller liegt die Leiche einer Frau«, sagte er ohne Vorwarnung. »Sie wurde ermordet.«
Emilys Gesicht wurde aschfahl, und sie schwankte leicht. Tränen traten in ihre Augen, aber sie schluchzte nicht. Fasziniert beobachtete Greg sie. Sie zog einen Stuhl vom Tisch heran und setzte sich.

»Wissen Sie, wer diese Frau ist?« fragte er.
Emily schüttelte den Kopf, dann sah sie ihn voller Sorge an.
»Und Sie? Wissen Sie es?«
Greg fuhr sich mit den Fingern durchs Haar. Sein Kopf schmerzte. »Haben Sie überhaupt begriffen, was ich Ihnen gesagt habe? Jemand hat diese Frau ermordet. Und ich glaube, daß es Ihr Mann war.«
Greg hätte irgendeine Reaktion erwartet. Doch Emily starrte nur vor sich hin. »Er ist Polizist, müssen Sie wissen.«
»Ja, das weiß ich. Aber trotzdem ...«
»Polizisten sind Meister darin, ihre Gefühle zu verbergen. Das lernen sie durch ihren Beruf. Sie sehen viele häßliche Dinge. Und dann lernen sie, sich nichts anmerken zu lassen. So habe ich Walter immer eingeschätzt. Sogar als ich ihn kennenlernte, war er so. Aber damals habe ich gedacht, daß stille Wasser eben tief sind ...«
Irgend etwas stimmt mit ihr nicht, dachte Greg. Was sie sagt, ergibt keinen Sinn. »Ich muß jetzt gehen«, sagte er. Er wandte sich zur Tür und erwartete fast, einen Schuß zu hören, den dumpfen Schmerz zwischen den Schulterblättern zu spüren. Statt dessen hörte er sie voller Melancholie sagen: »Das sind meine Söhne.«
Aus irgendeinem Grund überlief ihn ein Schauder. Er drehte sich um. Sie hatte ein zerknittertes Foto aus der Tasche ihres Bademantels geholt und auf den Tisch gelegt. Neben den Revolver, der bereits dort lag. Die Jungen auf dem Foto waren blonde Kleinkinder. Ihre kleinen, runden Körper strotzten vor Gesundheit, Lebensfreude und Gelächter, als könnten sie aus dem Bild springen und diese geisterhafte Frau umarmen.
»Ja«, sagte Greg. Familienfotos. Eine Ermordete im Keller. Er wußte nicht, ob er lachen oder weinen sollte.
»Ich habe sie getötet«, sagte Emily.

41

Blut schoß aus Karens Nase, und sie taumelte zurück und fiel neben dem Sofa auf die Knie. Jenny schrie.
Walter drohte Karen mit dem Finger. »Reden Sie nicht in diesem Ton mit mir! Sie haben mir keinerlei Anweisungen zu erteilen.«
Karen bedeckte mit der Hand stöhnend ihre Nase. Sie starrte ihn entsetzt an. Natürlich hatte sie von brutalen Polizisten gehört. Aber sie dachte, daß solche Methoden außer sich geratenen Kriminellen galten und nicht Frauen und Kindern im eigenen Haus in einer ruhigen Kleinstadt wie Bayland. Sie kam stolpernd auf die Füße und wischte ihre blutbefleckte Hand an ihrem Hemd ab. Wut und Empörung stiegen in ihr auf.
»Wie können Sie es wagen?« sagte sie. »Wie können Sie es wagen, Hand an mich zu legen? Ich wollte nur mit der Polizei zusammenarbeiten. Ich werde dafür sorgen, daß Sie aus dem Polizeidienst entlassen werden. Ich werde einen solchen Wirbel machen, daß Ihnen Hören und Sehen vergeht. Da draußen ist ein Kollege von Ihnen«, rief sie und deutete zum Vorgarten.
»Nein, da ist keiner«, sagte Walter. »Ich habe ihn woanders hingeschickt.«
Irgend etwas in seinem Ton ließ Karen frösteln. Doch sie schwieg.
»Ich habe Sie gefragt, und ich frage Sie wieder. Wo sind diese Papiere?«

Karen zitterte am ganzen Körper. Ihre Hände waren eiskalt. Sie brauchte lange für ihre Antwort. »Sie sind nicht im Haus«, sagte sie schließlich.

Mit haßerfüllten Augen ging Walter auf sie zu und schlug ihr mit der Faust ins Gesicht. Karen sah Sterne und hörte Jenny schreien. Sie sank auf Hände und Knie, und es wurde dunkel vor ihren Augen. Aber sie kämpfte. Sie zwang sich, die Augen zu öffnen. Jenny saß weinend neben ihr.

»Sie kapieren nichts«, sagte Walter. »Wo sind die Papiere?«

»Unten, im Safe«, schluchzte Jenny. »Wir gehen jetzt runter und holen sie.«

Haß erfüllte Karens Herz, als sie sich zitternd auf ihre Arme stützte. »Nein«, sagte sie.

Walter zog seine Waffe, packte Jenny am Genick wie ein Kätzchen und riß sie hoch. »Sind Sie sich dessen ganz sicher?« sagte er.

»Schon gut«, sagte Karen. »Schon gut. Lassen Sie sie los.«

Walter drückte den Lauf seines Revolvers an Jennys Schläfe und zerrte sie in den Flur. Jenny leistete keinen Widerstand, nur entsetzliche Angst war in ihren Augen. Karen folgte den beiden taumelnd und starrte hilflos auf den Detective, als er Jenny brutal in den Flurschrank stieß und die Tür hinter ihr abschloß.

»Sie erstickt da drin!« schrie Karen.

»Nicht, wenn Sie sich beeilen«, sagte er.

»Sie Schwein! Sie krankes Schwein!« sagte Karen.

»Los! Machen Sie schon.«

»Gut«, sagte Karen. »Gut.« Vor der Kellertür blieb sie stehen und sagte, ohne den Detective anzusehen: »Glauben Sie etwa, daß Sie damit davonkommen? Mein ganzes Leben habe ich hier verbracht. Die Leute kennen mich. Was Sie

meinem Mann auch anhängen mögen, mich bringen Sie nicht zum Schweigen. Dafür werden Sie bezahlen, das schwöre ich.« Walter stieß sie rüde vorwärts. »Ich finde einen Weg.«
»Nein, das werden Sie nicht«, sagte Walter.

42

In Gregs Kopf drehte sich alles. Er starrte Emily an. War sie die Mörderin? Schützte Ference seine Frau?
»Oh, nein. Nicht so«, sagte Emily leicht spöttisch, als sie Gregs Entsetzen bemerkte. »Es geschah bei einem Autounfall. Und ich saß am Steuer.«
Greg war bestürzt. Plötzlich sah er die zarte Frau in einem anderen Licht. Mitleid überkam ihn. »Das tut mir sehr leid«, sagte er aufrichtig. Das Foto war alt, also mußte der Unfall vor vielen Jahren passiert sein. Trotzdem konnte er keine passenden Worte für Emilys Schmerz finden. Die Zeit heilt solche Wunden nicht. »Wie schrecklich für Sie.«
Emily sah ihn dankbar an. Fast hoffnungsvoll. Dann erlosch das Leuchten in ihren Augen, und sie starrte wieder auf das Foto.
»Sie können sich mein Leid nicht vorstellen. All die langen Jahre.« Sie sah Greg an. »Darf ich Ihnen etwas erzählen? Sie sind ein Fremder, aber Sie verstehen mich, nicht wahr? Sie verstehen Kinder ... dann werden Sie auch das verstehen.«
Greg wußte, er sollte fliehen. Aber er war unfähig, sich zu rühren. Sie fesselte ihn mit ihrer Stimme, diesen Augen, versonnen und geistesabwesend. »Nach dem Unfall war ich lange im Krankenhaus. Und ich war schwach, als ich nach Hause kam. Walter kümmerte sich um mich. Da habe ich es herausgefunden.«
Emilys Blick wanderte in die Vergangenheit. »Niemand

weiß, was Schuld ist. Agonie.« Ihre Worte kamen zögernd, als spräche sie eine fremde Sprache.
»Nein«, murmelte er und versuchte, sich das vorzustellen. »Nein, wahrscheinlich nicht.« Er konnte den Blick nicht von ihr abwenden. Gerade hatte er ihr gesagt, daß ihr Mann ein Mörder sei und daß sein letztes Opfer hier in ihrem Haus liege, und sie erzählte von der Vergangenheit. Sie muß verrückt sein, dachte er. Doch trotz ihres leicht verwirrten Benehmens erschien sie ihm nicht verrückt.
Sie sah ihn an und sagte, als hätte sie seine Gedanken gelesen: »Ich weiß, Sie denken, ich bin seltsam ... Sie sagen schreckliche Dinge über meinen Mann. Und daß ich nicht überrascht bin. Ich möchte Ihnen das erklären ... Sehen Sie, das weiß ich schon lange.«
»Daß Ihr Mann ein Mörder ist?« sagte Greg.
»Oh, nein. Das nicht. Natürlich nicht. Aber ich wußte, daß er kein normaler Mensch ist. Seit dem Unfall. Sehen Sie, er sprach nie über den Unfall. Er kümmerte sich um mich, und er brachte mich in dieses Haus zurück, aber er sagte nie ein Wort darüber. Ich habe Ihnen schon gesagt, ich war an seine Art gewöhnt ... seine Reserviertheit. Das ist für eine junge Frau ziemlich enttäuschend, aber die Kinder waren so voller ...« Ihr Gesicht leuchtete, dann wurde es wieder traurig. »Na ja, wir hatten Kinder. Nach dem Unfall machte er mir nie einen Vorwurf. Jeder sagte, es sei nicht meine Schuld, und auch er war immer dieser Meinung. Doch ich konnte mir das nicht vorstellen. Ich glaubte, daß er mir unter dieser Fassade sehr böse sein mußte. Deshalb sagte ich mir eines Tages, Emily, du mußt ihn das fragen. Du mußt deine Zweifel aus der Welt schaffen.« Plötzlich sah sie Greg verwirrt an. »Vielleicht wollen Sie das alles nicht hören«, entschuldigte sie sich. »Normalerweise rede ich nicht darüber. Aber Sie scheinen das zu verstehen ...«

»Nein, nein. Sprechen Sie weiter«, sagte Greg, obwohl er wußte, daß er sich hätte davonmachen müssen. Aber das konnte er nicht. Er mußte sie reden lassen.

»Ich ging ins Wohnzimmer, wo er saß und las. Und ich sagte: ›Walter, ich muß mit dir reden. Ich weiß, daß du mich hassen mußt …‹ Und er blickte auf und sagte: ›Nein, ich hasse dich nicht.‹« Emily schaute Greg verwundert an. »Können Sie sich vorstellen, wie erleichtert ich war? Ich konnte sehen, daß er aufrichtig war. In seinem Benehmen oder in seinen Augen war kein unterdrückter Zorn. Es war, als wäre etwas in mir befreit worden, und ich brach zusammen und weinte. Ich sagte, warum sei ich nicht diejenige gewesen, die starb, und daß nichts auf der Welt unsere Kinder zurückbringe, und dann sah er mich an, und wissen Sie, was er sagte?«

Ihr Gesicht drückte Unglauben und gleichzeitig Entsetzen aus. Greg schüttelte den Kopf, ihr Gesicht faszinierte ihn. »Was?« flüsterte er.

»Er sagte: ›Das ist wirklich schade, nicht wahr?‹« Emily sah Greg an, sie gab ihm Zeit, die Banalität, die Gleichgültigkeit dieser Worte zu begreifen. »Nur so. Als würde er über Kinder reden, von deren Schicksal er in der Zeitung gelesen hat. Es ist schade.«

Greg schauderte. Automatisch, ohne nachzudenken, versuchte er, die Reaktion ihres Mannes zu erklären, um sie zu trösten. »Manchmal haben Männer Schwierigkeiten, ihre Gefühle auszudrücken …« Dann schwieg er. Sie hatte recht. Walter Ference war kein Mensch, er war ein Mörder …

»Nein. Ich war auf den Punkt gekommen. Bis dahin hatte ich mir immer gesagt, daß er ein Mann sei, der seine Gefühle verbirgt. Doch dann begriff ich. Es gab nichts Verborgenes. Ich wußte, daß ich allein war. Ganz allein. Seitdem bin ich immer allein gewesen.«

»Ja«, sagte Greg. »Sie müssen sich von ihm trennen.«

»Sie verstehen mich nicht«, sagte Emily kopfschüttelnd. »Das ist ein Teil meiner Strafe. Für meine Söhne.«
»Aber Sie tragen keine Schuld daran. Es war ein Unfall.«
»Sie sind so nett«, sagte Emily lächelnd. »Sie sind Mr. Newhall, nicht wahr?«
Greg sah sie überrascht an. Sie hat es die ganze Zeit gewußt, dachte er. »Ja.«
»Das ist sonderbar. Vor nicht allzu langer Zeit ist Walter zu Ihrem Haus gefahren.«
Angst überfiel Greg. Am ganzen Körper brach ihm der Schweiß aus. »Warum?«
»Das weiß ich nicht. Ihre Frau hat ihn angerufen. Und jetzt sind Sie hier. Geben Sie auf?« fragte Emily.
»Nein«, sagte Greg.
Ein Klopfen an der Tür ließ beide zusammenzucken, als erwachten sie aus demselben Traum. Emily stand auf. Greg sah sie verzweifelt an.
Ohne ein Wort ging Emily aus der Küche zur Haustür und öffnete sie.
Larry Tillman stand mit einem Kollegen davor. »Emily?« fragte Larry. »Geht es Ihnen gut?«
»Mir geht es gut, Larry«, sagte sie freundlich.
»Wir haben gerade einen Anruf von Ihrem Nachbarn bekommen. Er sagte, daß sich hier jemand rumtreiben soll.«
»Ich habe nichts gehört.«
»Da Walter nicht zu Hause ist, sind wir gekommen, um das für ihn zu überprüfen. Ihr Nachbar, dieser Lund«, sagte Larry und zog sein Notizbuch zu Rate, »dachte, er hätte jemand in den Keller einsteigen sehen.«
»Ja, dann schauen Sie doch da mal nach«, sagte Emily.
Sie trat beiseite und ließ die beiden Männer ins Haus. »Die Kellertür ist in der Küche.«
»Danke«, sagte Larry.

Er folgte ihr in die Küche. Auf dem Tisch lag kein Revolver mehr. Sonst war niemand in der Küche. Emily öffnete die Kellertür.

»Hier«, sagte sie, »Sie brauchen sicher Licht«, und betätigte den Schalter.

43

Karen umfaßte das Geländer mit beiden Händen und stolperte die Treppe zu Gregs Büro hinunter. Walter stieß sie mit seiner Waffe in den Rücken.
»Was erhoffen Sie sich?« sagte sie. »Damit kommen Sie nie durch. Früher oder später wird mein Mann von dem Verdacht befreit. Wenn nicht durch diese Beweise, dann irgendwie anders ...«
»Halten Sie den Mund«, sagte Walter. »Öffnen Sie den Safe.«
»Warum tun Sie das?« fragte sie. »Soll mein Mann um jeden Preis verurteilt werden? Weil er geflohen ist? Weil die Polizei dann ...« Sie wollte gerade sagen: »dumm dasteht«, ließ es aber bleiben. »Er ist nur geflohen, weil er unschuldig ist und dachte, daß niemand ihm glauben würde ...«
»Meine Gründe gehen Sie nichts an«, sagte Walter. »Öffnen Sie den Safe.«
Karen konnte hören, wie Jenny oben im Schrank tobte. Ein dumpfes Hämmern war zu hören. »Wollen Sie Ihre Tochter noch lange da drin lassen?« sagte Walter. »Holen Sie endlich die Papiere.«
»Okay«, sagte sie. »Okay«, obwohl sie ihn viel lieber beschimpft hätte, es aber nicht wagte.
»Was ist? Machen Sie endlich!« befahl Walter und trat sie schmerzhaft ins Gesäß. Mit zitternden Händen stellte Karen die Kombination ein, während ihre Gedanken rasten. Sie stellte Berechnungen an. Er hatte das richtige Alter, und er hätte auch durch seinen Beruf von Randolph Summers

erfahren können. Außerdem hätte er Greg Beweismaterial unterschieben können. Alles ergab einen Sinn. Einen schrecklichen Sinn.

Beide hörten das Klicken, als die Kombination griff. »Öffnen Sie!« befahl er.

Karen drückte den Griff nach unten, und die Tür schwang auf. Sie nahm die Papiere heraus. Ihre plötzliche Erkenntnis änderte die Situation völlig. Jetzt wollte sie diesen Mann so schnell wie möglich loswerden. Er war ein Monster, das jungen Mädchen auflauerte. Und Jenny war oben. Sie mußte ihm Widerstand bieten, auch wenn sie sich dazu kaum in der Lage fühlte. Kalter Schweiß brach ihr aus.

»Sie sind eine Schande für die gesamte Polizei«, sagte sie. »Einen Unschuldigen so zu hetzen.«

Dieses Mal trat er ihr in die Rippen. Sie krümmte sich und klammerte sich, Halt suchend, an die Safetür. Das Atmen bereitete ihr einen stechenden Schmerz. Walter entriß ihr die Papiere.

»Stehen Sie auf!«

Sie sah, wie er die Beweise – ihre letzte Chance – zerknüllte und in seine Jackentasche steckte. Unendliche Traurigkeit überkam sie, doch dafür war keine Zeit. Sie mußte ihre aggressive Haltung beibehalten, damit er nicht erfuhr, daß sie sein Geheimnis nun kannte.

»Die Treppe hoch!«

Wegen ihrer Schmerzen humpelte Karen. Als sie oben waren, sagte sie: »Sie haben jetzt, was Sie haben wollten. Warum verschwinden Sie nicht und lassen uns in Ruhe?«

»Machen Sie die Schranktür auf«, sagte er.

Panik ergriff sie, und sie wußte, daß er es merkte. Sie konnte es am Ausdruck seiner Augen sehen.

Er packte sie am Arm und riß sie brutal weg.

»Nein!« schrie sie.

Er schloß die Tür auf und zog Jenny, die versuchte, ihm in die Hand zu beißen, aus dem Schrank.

Karen rappelte sich auf und griff nach ihrer Tochter. Er ließ es zu, daß sie Jenny fortzog. Vielleicht ist es noch nicht zu spät, dachte Karen verzweifelt. Sie versuchte es noch einmal mit Widerstand. »Verschwinden Sie aus meinem Haus! Nehmen Sie Ihre dreckigen Papiere, und hauen Sie ab!«

»Ich fürchte, das ist nicht möglich. Jemand könnte Ihnen Ihre Geschichte glauben«, sagte er, und in seinen Augen war eine eisige Kälte.

Karen suchte nach einer Antwort. »Niemand bei Ihrer korrupten Polizei wird auf mich hören.«

Walter lächelte dünn. »Sie werden keine Gelegenheit mehr haben, mit der Polizei zu reden. Nicht nach Ihrem Selbstmord. Das ist nur zu begreiflich. Eine Frau, die durch den ganzen Druck zum Äußersten getrieben wird, nachdem sie erfahren hat, daß ihr Mann ein Ehebrecher und Mörder ist. Selbstmord ist keine Seltenheit. Und natürlich nehmen Sie Ihr Kind mit in den Tod. Sie wollen es doch nicht in dieser feindlichen Welt allein lassen. Man wird Sie mit einer Waffe in der Hand finden.«

Jenny fing an zu schluchzen.

Karen wurde mit entsetzlicher Gewißheit klar, daß er es ernst meinte. »Dieser Polizist da draußen weiß, daß Sie hier waren.«

»Oh, daran habe ich gedacht«, sagte Walter ruhig. »Ich sagte ihm bereits, daß Sie mich angerufen haben und daß Sie hysterisch waren, als Sie anriefen, völlig verstört. Die ständige Anwesenheit der Polizei hat Sie in diesen Zustand versetzt. Ich sagte ihm, ich würde mit der Situation schon fertig. Das hat er verstanden.«

»Es ist nicht nötig, daß Sie das tun«, flehte Karen. »Ich sage

nichts. Ich verspreche es. Mir würde doch sowieso niemand glauben. Alle würden denken, daß ich einfach nur hysterisch bin.«
»Sie würden nichts als Ärger machen« sagte Walter angewidert. »Außerdem würden Sie den Mund nicht halten. Das tun Frauen nie.«
»Na gut«, sagte Karen. »Aber lassen Sie Jenny gehen. Sie ist nur ein Kind und hat ihr ganzes Leben noch vor sich. Was mit mir passiert, ist mir egal, aber verschonen Sie meine Tochter.«
»Ach, ich verstehe«, sagte er. »Schließlich könnte sie auch meine Tochter sein. Aber das Alter zählt in diesem Fall nicht. Die meisten Mädchen ihres Alters sind genauso verräterisch wie ihre Mütter. Sogar schlimmer.«
Während Walter redete, hatte er die beiden ins Wohnzimmer geschoben. »Sehen wir mal, wie es hätte passiert sein können«, sagte er mehr zu sich selbst. »Natürlich würden Sie Ihr Kind zuerst erschießen.«
»Mom«, schluchzte Jenny und klammerte sich an Karen, »warum tut er das?«
Karen war vor Angst wie gelähmt. Hätte er sie gefesselt, er hätte sie nicht besser beherrschen können. Der Anblick des Revolvers an Jennys Schläfe machte ihr jede Reaktion unmöglich. Wenn er Jenny erschoß, wollte sie auch nicht mehr leben. Das war der Mann, der Linda ermordet hatte, wurde ihr plötzlich klar. Und wer weiß, wie viele andere noch. Er würde ihr Kind vor ihren Augen erschießen, falls sie jetzt nicht handelte.
Sie spannte ihre Muskeln an, sprang vor und entriß ihm Jenny. »Lauf!« schrie sie. »Lauf, Jenny, lauf!«
Doch Jenny stand wie angewurzelt da und starrte auf Walters Waffe.
Walter wollte Karen aus dem Weg schieben, um zu Jenny zu

gelangen. Instinktiv wehrte sich Karen. Der Revolver erschien vor ihren Augen wie eine zischende Schlange. Doch plötzlich änderte Karen ihre Taktik. Sie wehrte sich nicht mehr, sondern schlug Jenny nieder und ließ sich über sie fallen. Jenny schrie vor Schmerzen auf. Karen lag über ihrer Tochter und bedeckte mit ihrem Körper schützend Jenny.
»Jetzt müssen Sie erklären, wie ich mich in den Rücken geschossen habe«, sagte sie.
»Stehen Sie auf!«
»Fahren Sie zur Hölle!« sagte Karen. Sie spürte Jennys vor Schluchzen geschüttelten zarten Körper unter sich. »Kannst du atmen, Liebling?«
Jenny murmelte etwas.
»Los! Bewegung!« brüllte Walter.
»Sie können mich mal«, sagte Karen.
»Na gut, du Miststück«, sagte er. »Ganz wie du willst.« Dann kniete sich Walter neben sie und hielt den Lauf der Waffe an ihre Schläfe. »Dann mache ich's eben so. Sie zuerst. Dann die Kleine. Sie retten sie nicht, wenn Sie sie mit Ihrem Körper bedecken.«
»Das weiß ich«, sagte Karen weinend. »Ich tue nur, was ich kann.«
»Schade«, sagte Walter.
Er drückte die Waffe gegen ihre Schläfe. Jenny schluchzte.
»Es tut mir leid, Baby«, sagte Karen. »Es tut mir leid.«
Sie schloß die Augen, murmelte ein Gebet und hörte dann einen Schuß.
Walter schrie und fiel auf den Rücken. Karen blickte auf und sah Greg in der Tür stehen, bleich und schwitzend; seine Augen glänzten. In der Hand hielt er einen Revolver, von dessen Lauf Rauch aufstieg.
Walter richtete sich auf, rückte seine Brille zurecht und sagte höhnisch zu Greg: »Ein guter Schütze sind Sie nicht.«

»Weg von meiner Familie, sonst zeige ich es Ihnen«, sagte Greg.
Karen rappelte sich auf, und Jenny hob den Kopf. »Dad!« schrie sie.
»Lassen Sie Ihre Waffe fallen, und gehen Sie da rüber!« befahl Greg.
Karen und Jenny klammerten sich aneinander und hielten den Atem an, als Walter seine Waffe auf den Boden legte und zurücktrat. Und dann – noch ehe Karen sie halten konnte – sprang Jenny auf, rannte zu ihrem Vater und umarmte ihn stürmisch. »Daddy!« rief sie. »Du bist wieder zu Hause!«
Greg, der bereits geschwächt war, taumelte zurück. Walter erkannte sofort die Gelegenheit und stürzte sich auf ihn. Greg stieß Jenny beiseite, und beide Männer kämpften verzweifelt miteinander. Karen kroch zu Walters Revolver. Doch als sie ihn hatte, konnte sie ihn nicht benutzen. Noch nie hatte sie eine Waffe in der Hand gehabt, sie wagte nicht zu schießen, aus Angst, sie könnte Greg treffen. »Ruf die Polizei an!« befahl sie Jenny und hielt noch immer die Waffe in ihren zitternden Händen. Doch noch ehe Jenny das Telefon erreicht hatte, fiel ein Schuß. Greg und Walter starrten sich an, dann löste Greg seinen Griff. Blut färbte sein Hemd rot, und er verdrehte die Augen.
»Oh, mein Gott!« schrie Karen.
Sekundenlang begriff sie nichts. Alles schien wie in Zeitlupe abzulaufen. Gregs Beine klappten unter ihm zusammen, und er fiel, Walter mit sich reißend.
»Greg!« schrie sie.
Doch da drehte sich Walter um, richtete den Revolver auf sie und entwand ihr seine Waffe. Sie konnte Jenny schluchzen hören.
Walter grinste sie höhnisch an. »Perfekt«, sagte er. »Jetzt

kann ich euch alle eliminieren. Ich werde sagen, daß ich in eine Falle geraten bin.«

Karen sah ihm in die Augen und dachte, das sind Killeraugen. So sieht ein Mörder aus. Er hat Linda ermordet, ihren Mann niedergeschossen. Er war bereit, auch sie und Jenny umzubringen. Eine unheimliche Ruhe überkam sie. Das ist das Ende, dachte sie. Und ihr fiel der 23. Psalm ein: »Der Herr ist mein Hirte ...«

»Lassen Sie die Waffe fallen, Detective«, dröhnte eine Stimme.

Walters Kopf schnellte hoch. Larry Tillman stand mit ausgestrecktem Arm, einen Revolver in der Hand, in der Tür.

»Larry«, sagte Walter. »Wie schön, daß du da bist. Schau mal, wen wir da haben.« Er deutete auf Greg. »Diese Leute haben mich in eine Falle gelockt. Ich bin froh, daß ich noch lebe.«

Der rothaarige Cop richtete weiterhin seine Waffe auf seinen Vorgesetzten. Neben ihm standen Polizisten, ebenfalls mit gezogenen Revolvern. Draußen heulten Sirenen. Streifenwagen hielten mit quietschenden Reifen vorm Haus.

»Wir haben Phyllis Hodges gefunden«, sagte Larry.

Karen stand auf. Sie wußte nicht, was das mit Phyllis Hodges bedeuten sollte. Sie ging zu Greg. Eine Blutlache breitete sich unter ihrem Mann aus. »Rufen Sie einen Krankenwagen«, flüsterte sie.

44

Die Lifttüren öffneten sich, und Alice Emery, gefolgt von ihrem Sohn Bill, betrat die dritte Etage des North Cape Medical Center. Obwohl es mitten in der Nacht war, liefen überall Polizisten herum. Alice kannte die ganze Geschichte bereits. Sie hatte mit einer Handarbeit vor dem Fernseher gesessen und in den Nachrichten den Bericht über Greg Newhall und Detective Walter Ference gehört. Dann hatte sie sofort auf dem Revier angerufen und von einem Schulfreund, der Polizist war, Einzelheiten erfahren. Alice ging zur Schwesternstation.
Eine dunkelhäutige Schwester schaute auf: »Kann ich Ihnen helfen?«
»Ich möchte mich nach Mr. Newhall erkundigen«, sagte Alice. »Wie geht es ihm?«
»Er ist noch im OP«, sagte die Schwester.
Alice schaute auf die Uhr. »Immer noch?«
»Gehören Sie zur Familie?«
»Nein, eigentlich nicht«, sagte sie zögernd. »Oder doch, auf eine Weise. Ich möchte gern mit der Familie sprechen.«
»Das geht jetzt nicht. Die Familie will niemanden sehen«, sagte die Schwester. Sie gab Alice einen Block und einen Bleistift. »Sie können eine Nachricht hinterlassen, wenn Sie wollen. Ich übermittle sie gerne.«
»Gut«, sagte Alice zerstreut. »Ich möchte, daß sie wissen, daß ich hier war.« Sie schrieb ein paar Zeilen. »Danke.«
Dann ging sie zu Bill, der an der Wand lehnte. Sein Haar war nicht gekämmt, seine Augen trübe. Er hatte geschlafen,

als seine Mutter anrief, um sich von ihm zum Krankenhaus fahren zu lassen. Nachts fuhr Alice nicht gern. Während der Fahrt hatte sie pausenlos auf ihn eingeredet, doch er hatte kaum zugehört.
»Wie sieht's aus?« fragte er seine Mutter.
»Er ist noch im Operationssaal. Die Familie will niemanden sehen.«
Bill sah auf seine Uhr. »Dann ist er aber schon lange drin.«
Alice nickte.
»Gehen wir«, sagte er und drückte auf den Liftknopf. Die beiden warteten schweigend und fuhren dann allein nach unten. Als sie über den Parkplatz zum Wagen gingen, sagte Bill: »Hoffentlich kommt er durch.«
Alice stieg ein, als ihr Sohn ihr die Tür aufhielt. »Das hoffe ich auch.«
Dann stieg Bill ein. »Ich kann es noch immer nicht fassen«, sagte er. »Wenn ich denke, was er Linda angetan hat ...«
Plötzlich traten Tränen in seine Augen.
Seine Mutter sah ihn mit leichter Verachtung an. »Schade, daß du nicht mehr Mitleid mit ihr gehabt hast, als sie noch lebte«, sagte sie.
Bill starrte durch die Windschutzscheibe. »Ich war so wütend auf sie«, sagte er. »Das andere wußte ich ja nicht, weder das mit Dad, noch was dieser Bastard Ference mit ihr gemacht hat. Ich gab ihr nur die Schuld, daß sie mein Leben ruiniert hat. Und als sie zurückkam, konnte ich nur daran denken.«
Plötzlich hatte Alice kein Verständnis mehr für ihren Sohn.
»Mit deinem Leben ist doch nichts verkehrt. Du hast es selbst gestaltet. Wenn es jetzt nicht so ist, wie du es haben wolltest, trägst du allein die Schuld daran. Du willst immer nur die anderen für alles verantwortlich machen. Ich schäme mich für dich, Bill, wenn ich dich so reden höre.«

Bill machte nicht einmal den Versuch, sich zu verteidigen, er schien seine Mutter gar nicht zu hören.

»Was ist denn an deinem Leben so schlecht? Du hast einen guten Job und eine nette Familie«, hielt sie ihm vor.

Doch Bill schüttelte nur den Kopf, und Tränen liefen über seine Wangen. »Irgendwie wollte ich sie bestrafen. Wenigstens eine Zeitlang. Dann hätte sich schon wieder alles eingerenkt. Aber diese Zeit hat es nicht gegeben. Ich hatte nie Gelegenheit, ihr zu sagen …«

Alice preßte zornig die Lippen aufeinander, als ihr Sohn den Kopf auf das Lenkrad sinken ließ. Sie starrte in den Regen hinaus und dachte an ihren Mann, der sein häßliches Geheimnis all die Jahre bewahrt hatte. Und an ihre Tochter, die den Preis dafür bezahlt hatte. Den höchsten Preis. Und Alice hatte nie etwas geahnt. Wie hatte sie nur so blind sein können? Ohne Fragen zu stellen, hatte sie Jacks Version von seiner Vergangenheit akzeptiert. Er war ein guter Ehemann gewesen, und ihr paßte es einfach, ihm zu glauben, gestand sie sich ein. Kamen ihr einmal Zweifel, erstickte sie sie schnell. Bitterkeit erfüllte sie jetzt. Sie seufzte. Dann sah sie ihren Sohn an und tätschelte seine Schulter. »Jeder macht Fehler«, sagte sie. »Manchmal wünschen wir uns alle, daß wir die Zeit zurückdrehen könnten.«

Das Krankenhaus hatte ihnen ein Zimmer zur Verfügung gestellt, wo sie ungestört warten konnten. Sogar jetzt, mitten in der Nacht, wollten die Reporter sich auf sie stürzen. Karen saß mit geschlossenen Augen da, aber sie schlief nicht. Jenny blätterte rastlos und ohne Interesse in Zeitschriften.

Sie hatten ihn nicht im Krankenwagen begleiten dürfen, denn formal gesehen, war Greg noch immer in Haft, obwohl Chief Matthews sofort gekommen war und ihnen versichert hatte, daß Detective Ference unter Anklage stünde. In dieser Hinsicht hatten sie nichts mehr zu fürchten. Nun mußten sie nur noch warten.

»Mom!« rief Jenny, und Karen öffnete die Augen. »Da kommt ein Arzt.«

Beide standen auf und gingen auf den Mediziner zu.

»Ist die Operation vorbei?« fragte Karen.

»Nein. Wir haben Probleme«, sagte er.

»Was für Probleme?« fragte Karen.

»Er hat sehr viel Blut verloren und hat außerdem die Blutgruppe AB negativ. Das ist selten, und wir haben keine Konserven mehr. Deshalb warten wir jetzt auf Blut dieses Typus', das wir aus Boston angefordert haben«, sagte der Arzt. Dann sah er Jenny ernst an. »Ich erzähle Ihnen das alles, weil es sehr hilfreich wäre, wenn wir den Patienten mit frischem Blut versorgen könnten. Seine Tochter …«

»Vielleicht habe ich dieselbe Blutgruppe!« rief Jenny.

»Wir würden das gern testen …«

»Sie wurde adoptiert«, sagte Karen schnell.

»Oh, ich verstehe«, sagte der Arzt stirnrunzelnd.

»Mom«, protestierte Jenny, »er ist mein leiblicher Vater.« Dann sagte sie zu dem Arzt: »Mein Blut soll getestet werden.«

»Nun, wenn es sein muß«, stimmte Karen zögernd zu.

»Ist sie seine biologische Tochter?« fragte der Arzt.

»Ja.«

»Ich würde nicht fragen, wäre die Situation nicht so kritisch. Kennen Sie die Blutgruppe Ihrer Tochter?«

»Nein.«

»Dann geben Sie also die Einwilligung?«

Karen nickte nur.

»Komm mit, junge Dame. Wir müssen uns beeilen.«

Jenny winkte Karen zu, als sie ging. Karen machte sich große Sorgen. Sie hatte es nicht aussprechen wollen, aber ein

widerlicher Gedanke war ihr gekommen. Wahrscheinlich schon zu dem Zeitpunkt, als sie Lindas Brief gelesen hatte. Jenny könnte genausogut nicht Gregs Tochter sein. Schließlich hatte Ference sie bis zu ihrer Flucht mißbraucht. Vielleicht war ihre Affäre mit Greg auch geplant gewesen, um von Ference loszukommen. Vielleicht war sie bereits schwanger gewesen, als sie mit Greg schlief. Alle diese schrecklichen Hypothesen gingen Karen durch den Kopf, während sie wartete. Natürlich würde sie nie etwas davon zu Jenny sagen: daß ihre Tochter das Kind eines Monsters sein könnte.
Plötzlich platzte Jenny ins Zimmer und zeigte ihrer Mutter demonstrativ die Verbände an beiden Armen. »Mom!« rief sie. »Sieh nur.«
»Setz dich, junge Dame«, sagte der Krankenpfleger, der sie begleitet hatte. »Du mußt dich jetzt ausruhen.«
Jenny sagte strahlend: »Wir haben dieselbe Blutgruppe. Ich habe ihm mein Blut gegeben.«
Karen mußte weinen und nahm Jenny in die Arme. »Jetzt wird alles gut, Mom.«
Karen schmiegte ihre Wange auf Jennys seidiges Haar und streichelte sie. »Du hast sicher recht«, sagte sie und fühlte sich plötzlich leer, ganz ohne jedes Gefühl. Sie schloß die Augen und dankte Gott. Zum erstenmal, seit der Alptraum begonnen hatte, dankte sie Gott, daß Jenny Gregs Fleisch und Blut war. »Ruh dich aus«, murmelte sie. Mutter und Tochter glitten in einen leichten Schlaf.
Etwas später kam eine Schwester und rüttelte Karen an der Schulter. Sie wachte auf.
Auch Jenny öffnete sofort die Augen und fragte: »Wie geht es ihm?«
»Der Arzt sagt, daß Sie ihn jetzt kurz sehen können, aber er ist sehr schwach.«

Jenny war sofort an der Tür. »Komm, Mom.«
Karen stand langsam auf und steckte ihr Hemd in die Hose.
»Beeil dich«, sagte Jenny.
Die beiden folgten der Schwester über den Gang in die Intensivstation.
Zuerst erkannte Karen Greg fast nicht. Er war so blaß wie die Laken seines Bettes, und überall hingen Schläuche. Sein blondes Haar schien grau geworden zu sein. Er atmete gurgelnd und hatte die Augen geschlossen.
»Oh, Daddy!« rief Jenny und sah ängstlich die reglose Gestalt auf dem Bett an.
Da öffnete er die Augen und ließ seinen Blick müde durch den Raum wandern, bis er an Jenny haften blieb. Er lächelte schwach. »Hallo, Jenny«, flüsterte er.
Jenny eilte zu ihm und nahm vorsichtig seine Hand. »Du wirst wieder gesund«, sagte sie tapfer. »Du brauchst nur Ruhe. Alles wird jetzt wieder gut.«
Er sah sie starr an, als würde er sie aus großer Ferne betrachten. Dann schluckte er.
»Jetzt ist alles vorbei«, sagte sie, und Tränen traten in ihre Augen. »Die Polizei weiß, daß du es nicht getan hast. Also brauchst du nur noch gesund zu werden.«
»Okay«, flüsterte er. Dann bewegte er mühsam den Kopf und sah Karen an, die neben der Tür stand. Ihre Blicke begegneten sich.
Karen drehte es das Herz um. Noch war sie nicht ohne Bitterkeit, doch unendliches Mitleid erfüllte sie beim Anblick seines geliebten Gesichts. Sie sah sich wieder, wie sie zu Walter Ferences Füßen kauerte, um Jenny mit ihrem Körper zu schützen, und er war dagewesen. Im schlimmsten Augenblick ihres Lebens war er dagewesen; sie hatte die Augen geöffnet und ihn gesehen, krank und schwach, aber bereit, seine Familie zu retten. Er war

wieder der Mann gewesen, den sie schon immer gekannt hatte.

Jenny streichelte ihrem Vater übers Haar. »Du mußt schnell gesund werden, damit du heimkommen kannst, okay?« sagte sie mit tränenerstickter Stimme.

Ein Schatten huschte über sein Gesicht, und er senkte den Blick.

Jenny drehte sich zu ihrer Mutter um: »Ist es nicht so, Mom?« rief sie. »Das wollen wir doch, nicht wahr?«

Karen zögerte. Der Gedanke an Rache durchzuckte sie. Sie konnte sich jetzt umdrehen und einfach gehen. Das würde ihn so verletzen, wie er sie verletzt hatte. Sogar mehr. In seinem geschwächten Zustand könnte es ihn umbringen. Die perfekte Rache.

Und wer würde dann am meisten leiden? dachte sie. Sie kannte die Antwort. Die Zeit der Wahrheit, dachte sie. Sie ging zu ihm, und er sah sie an. Er versuchte, sie ruhig anzusehen, war aber zu geschwächt. Sie sah, wie er vor Schmerz zusammenzuckte, und sie schämte sich.

»Schon gut«, flüsterte sie grimmig. »Ich brauche dich.« Dann beugte sie sich über ihn und küßte ihn sanft.